明治維新１５０年

栃木県誕生の系譜

はじめに

栃木県はどう創られたか

2018年は明治維新からちょうど150年という節目の年でした。本書はこれを記念して2018年6月から2019年3月まで下野新聞に掲載された『明治維新150年　栃木県誕生の系譜』に加筆し、上梓されたものです。

150年前の1868（慶応4）年1月、国内は鳥羽・伏見の戦いで始まった戊辰戦争という内戦の中で、明治新政府による軍政、そして民政が布かれました。

下野新聞は半世紀前に、論説室の村上喜彦さんが『明治百年　野州外史』という大作の中でこの模様を取り上げております。今回の連載では戊辰戦争に加えて栃木県の誕生・発展期まで取材範囲を広げ、樺沢修特別編集委員（現・くらし文化部長）とともに全国の関係地を歩いて、栃木県がどう創られていったのかを探りました。

戊辰戦争前後を第1部の「新政府軍と旧幕府軍」、佐賀藩出身の県令による栃木県草創期を第2部「藩から県へ」、そして県庁移転を断行するなどした薩摩藩出身の第3代県令三島通庸を第3部「剛腕県令」で取り上げ、最終の第4部では明治以降、「栃木県の近代化を担った人々」に光を当てました。

はじめに

戊辰戦争の裏舞台では、幕府の軍艦奉行勝海舟と親しかった黒羽藩主大関増裕が地元でなぞの死を遂げ、日光山門主だった輪王寺宮公現法親王が戦火の広がった東北で、当時の奥羽越列藩同盟に擁立され盟主の役割を果たしたという研究者の指摘もあります。

栃木県は古代から地政学的に重要な地域でした。中世には足利氏や宇都宮氏、小山氏ら有力御家人・武士団の拠点地があり、江戸時代になると日光に神君家康が鎮座して徳川幕府の聖地となりました。戊辰戦争はそんな幕藩体制から近代の中央集権体制に移行する過程で起きており、徳川の聖地日光を抱えていた栃木県は特に激しい戦場になりました。戦いの後に薩長土肥の一角の佐賀藩がとどまり、また栃木県の歴代県令・知事に薩摩藩関係者が多いのは、重要地域の治安維持という側面があったからでしょう。

佐賀藩出身では初代県令鍋島貞幹、薩摩藩出身では3代県令三島の存在が際立ち、現在の栃木県の骨格をつくった三島に至っては「泣く子も黙る鬼県令」「自由民権運動の弾圧者」という異名が付いております。本書では県外にも足を伸ばしてそうした歴史の深掘り、なぞのひも解き、人物の再評価を進めました。

出版に際し、元栃木県歴史文化研究会常任委員長の大嶽浩良さん、那須野が原博物館前館長の金井忠夫さんをはじめ、内外の歴史解明に取り組む研究者の方々から丁寧なアドバイスをいただきました。この欄を借りて深く御礼を申し上げます。

元下野新聞社特別編集委員　綱川　栄

目次

本書は2018年6月9日から2019年3月30日までの下野新聞に連載された「明治維新150年 栃木県誕生の系譜」に加筆・修正をし、書籍化したものです。

本文中に出てくる人物の肩書などは取材当時のものです。
＊県史、県庁、県内など県のみの表記は、すべて栃木県のことを指します。

題字　村松太子

＊掲載されている各施設などへの交通は一例です。
バスなどは本数が少ない所も多いので、事前にご確認くださいますようお願いします。
表紙カバー：高橋由一 作『三県道路記念帖栃木県 栃木県庁ノ図』（那須野が原博物館提供）
表紙：『戊辰戦記絵巻物後編「野州安塚戦争之図 其の二」』（長岡市立中央図書館蔵）

新政府軍と旧幕府軍

―戊辰戦争で下野も戦地に―

幕末の下野には幕府の影響を強く受ける10ほどの小藩が分立していた。

南に徳川将軍の江戸城、東に御三家の水戸藩、北に一門の会津藩が控え、下野自体にも神領日光と広大な幕領、多数の旗本直参領、他藩領があった。そんな政治、軍事的な地理環境もあって、下野の諸藩は佐幕的で自らの態度をなかなか決められない傾向にあった、といわれる。

米国のペリーが浦賀に来航すると、下野の諸藩には港湾警備などの軍役を課せられ、藩財政が一挙に厳しくなる。庶民の生活も開国に伴う物価の高騰などで極度に苦しくなった。

そこに尊王攘夷論者による桜田門外の変、坂下門外の変が起きる。坂下門外の変は水戸浪士が中心だったが、下野からも呼応者が出た。宇都宮藩は藩主侍講の大橋訥菴、豪商で訥菴の義弟の菊池教中らが捕縛され、窮地に陥った。これに水戸天狗党の争乱が加わって、下野諸藩は抗争の渦に巻き込まれていった。

戊辰戦争はそんな事件の直後に起き、下野の諸藩は新政府軍に恭順するか否かで藩内が混乱した。直前にあった黒羽藩主のなぞの死、譜代宇都宮藩の変わり身の早さには、混とんとする情勢の変化に対応しようとする切迫感、葛藤が感じられる。宇都宮は戦国時代末、昭和の太平洋戦争で戦火に遭っているが、この戊辰戦争でも城下が火の海になり、市街地を焼失している。

第1部では戊辰戦争の前後で、下野の先人が苦悩の末にどう決断し行動してきたのか、足元の歴史を見つめなおした。

幕末動乱

輪王寺宮の命運も左右

２０１８年のＮＨＫ大河ドラマ「西郷《せご》どん」の舞台の一つ、薩摩藩蔵屋敷は、東京都港区のＪＲ田町駅付近にあった。新政府軍参謀の西郷隆盛《さいごうたかもり》と旧幕府軍総裁の勝海舟《かつかいしゅう》は今から１５０年前の１８６８（慶応４）年旧暦３月14日、ここで会談し、江戸無血開城を決めた。

しかしその直前、前将軍徳川慶喜《とくがわよしのぶ》の意向を受けた日光山トップで上野寛永寺貫首の*輪王寺宮公現法親王《りんのうじのみやこうげんほうしんのう》と新政府軍の東征大総督有栖川宮《ありすがわのみや》が駿府城で会っていたことは、あまり知られていない。

岐阜聖徳学園大学長の藤井徳行《ふじいのりゆき》さんによると、１８６８年1月、幕府軍が鳥羽・伏見の戦いで敗れると、大坂城を脱出し江戸で謹慎していた慶喜は自らの恭順の意を朝廷に伝えてもらおうと輪王寺宮に上京を依頼した。輪王寺宮は伏見宮家《ふしみのみや》の出身で孝明天《こうめい》皇の義兄弟、明治《めいじ》天皇の義理の叔父でもあった。

輪王寺宮はそれまで政治に関与しておらず、朝廷との間に立つことを固辞し続けていた。だが最終的に慶喜の依頼を受けてしまったことが、波乱の生涯を送るきっかけとなる。

1868年3月6日、依頼を受けた輪王寺宮は駿府に向かい、有栖川宮に謹慎中の慶喜の意を伝え、その助命と東征の中止を訴えた。ところが京都で参内することを伝えると、有栖川宮の態度は一変する。『復古記』によると、有栖川宮は「慶喜の反逆は明白であり、今になって許しを請うてもどうにもならない」と突き放した。輪王寺宮は失意のまま上野に戻るしかなかった。

有栖川宮は皇女和宮《かずのみや》との婚約内定を、幕府側の強引な降嫁要請によって破談にされていた。作家の吉村昭《よしむらあきら》さんは著書『彰義隊』の中で「有栖川宮の胸に消すことのできない傷が残っており、積年の恨みを一挙に晴らそうとしていると思える」と輪王寺宮への対応について記した。

この直後、新政府軍の西郷は、勝が派遣した旧幕臣山岡《やまおか》鉄舟《てっしゅう》と事前に交渉を進めて

＊13代輪王寺宮　北白川宮能久（きたしらかわのみやよしひさ）親王（1847－1895）。伏見宮家に生まれ、幕末に東叡山寛永寺貫首、日光山門跡を兼ねるなど宗教界のトップに就いた。明治維新後は僧侶から軍人へと転身。孝明天皇の義弟に当たる。

輪王寺の奉安殿に安置されている輪王寺宮（北白川宮能久親王）の木製騎馬像

いる。一方で、輪王寺宮からの嘆願については一切これを認めていない。

この経緯について藤井さんは「西郷らは、輪王寺宮が特権を生かして年少の天皇に会い、倒幕の真意を尋ねたり、徳川への寛大な処分を請われたりしては困ると考えたのだろう」と推測する。

こうして輪王寺宮は歴史の表舞台には登場することなく埋もれていった。

最後の輪王寺宮公現法親王の歯と髪を納めた「牙髪塔」が、日光山中に立っている。北隣にある「奉安殿」には明治以降、陸軍将校となった輪王寺宮の騎馬像が納められている。日光山輪王寺教化部長の鈴木常元《すずきじょうげん》さんは「政治に翻弄《ほんろう》された宮をふびんに思った兄小松宮《こまつのみや》さまの発願によって建てられたのです」と説明する。

木像は栃木県の有形文化財に指定された傑作だが、立ち入り禁止区域にあるためか、存在を知る人はほとんどいない。

皇家に生まれて幼くして仏門に入り、戊辰戦争では旧幕府軍のシンボルとなって東北の地を転々とした。その輪王寺宮のイメージが、明治維新政府の将校北白川宮として馬に乗る軍服姿とは重ならないこともあるのだろう。Ⓣ

●輪王寺宮 関連年表

1853（嘉永6）.	6	ペリー浦賀に来航
1861（文久元）.	10	皇女和宮の降嫁を勅許
1862（文久2）.	1	坂下門外の変
1864（元治元）.	7	禁門（蛤御門）の変が起きる
1866（慶応2）.	1	坂本龍馬の仲介で薩長同盟が成立
	12	孝明天皇が崩御
1867（慶応3）.	10	徳川慶喜が大政奉還
	12	王政復古の大号令
1868（慶応4）.	1	鳥羽・伏見の戦い
	2	徳川慶喜、上野寛永寺で謹慎。恭順に不満を持つ幕臣たちは独自行動を取る
	3	輪王寺宮、駿府で官軍大総督有栖川宮と会談
	4	江戸城無血開城
	5	奥羽越列藩同盟が成立 新政府軍、上野の彰義隊を総攻撃。輪王寺宮、上野から逃れる
	7	輪王寺宮、白石（宮城）に移る。奥羽越公議府できる
	8	会津戦争
（明治元）.	9	明治に改元
1869（明治2）.	5	箱館の榎本軍が降伏（戊辰戦争終了）

輪王寺宮

列藩同盟のシンボルに

「戊辰戦争」は1868年初頭の「鳥羽・伏見の戦い」から「箱館戦争」までを指している。この1年4カ月間で宇都宮なども戦場となったが、大勢は第一弾の「鳥羽・伏見の戦い」で決していたといわれる。

鳥羽・伏見の戦いで幕府軍は1万5千人の兵力を擁したが、薩長軍の勢力は、この3分の1ほどだったとされる。幕府軍の各藩寄せ集めの行軍隊列は、京都南郊から最後尾の大坂城まで、細長く続いていたという。

岐阜聖徳学園大学長の藤井徳行さんによると、鳥羽街道から入京を強行しようとした幕府軍に、薩摩軍は最新兵器の大砲を使って破裂弾を打ち込み、天皇軍であることを示す錦旗を翻して迎え撃った。

＊白石城・歴史探訪ミュージアム
〒989-0251 宮城県白石市益岡町1-16
（益岡公園内）
【交通】JR東北新幹線 白石蔵王駅から車で5分。JR東北本線白石駅から徒歩10分

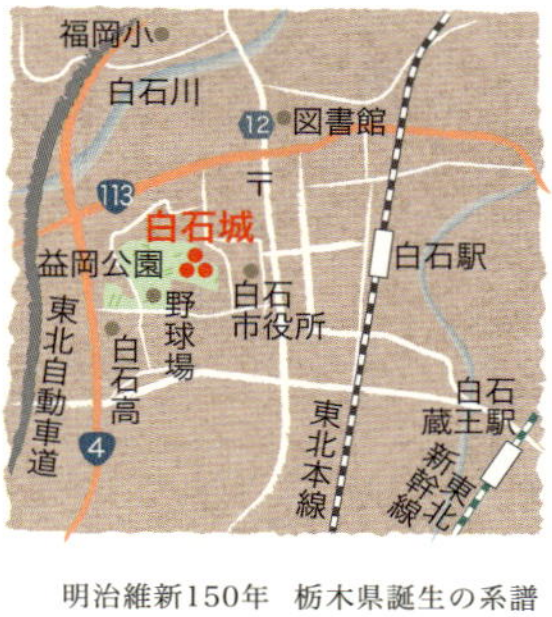

戦闘隊形にない幕府軍はこれで大いに混乱した。

錦旗の登場に幕府兵の士気はなえ、徳川将軍慶喜は、大坂城から江戸に逃げ帰ってしまう。

藤井さんは「幕府軍には指揮官や戦術がなかった。権威が権力に勝った戦いだった」とみている。

この事態の到来を、徳川家康《いえやす》の側近*天海《てんかい》が、すでに予測していたという説もある。

諸説の一つ『東照宮鎮座史記』は、天海が1616年4月に大御所家康と対面し、西国の藩が反乱を起こした時に備えて関東に天皇の一子

＊**慈眼大師天海**　戦国末期、凋落の一途にあった日光を救った中興の祖。日光山は小田原北条氏に加担したため戦後、豊臣秀吉から所領を没収されたが、徳川家康の神霊東照大権現の鎮座をきっかけに徳川幕府から天海宛てに神領が寄進された。家康をはじめとする徳川3代の相談役で、会津美里町の出身といわれる。

を宮門跡として招請し、将軍家が「朝敵」とならない策があることを明かしていた、と伝えている。「宮門跡」は幕末まで日光山、東叡山寛永寺のトップを兼ねた輪王寺宮を指している。

実際に天海がこの輪王寺宮の擁立構想を、病床にあった家康に示せたかどうか分からないが、藤井さんによると幕末の水戸藩主徳川斉昭《なりあき》はこの天海の意図を、西国諸大名が天皇を擁して討幕運動に走った時の対抗策と信じていた。斉昭は著書の『不《ふ》慍《おん》録』で、勤皇家の立場から「幕府が非常の時でも、日光の宮（輪王寺宮）を仰いで京都の天皇に対抗するようなことがあってはならない」と戒めている。

1868年の鳥羽・伏見の戦いで実際に幕府軍が敗れると、この輪王寺宮の存在が幕府内でクローズアップされてくる。幕府軍の歩兵奉行だった大鳥圭介《おおとりけいすけ》らの主戦論者がまず、「宮を推戴して直ちに抗戦すべきだ」と主張したという。

しかし慶喜は朝廷に恭順の姿勢を取り続ける。江戸城を新政府軍に明け渡すと、上野にある徳川家祈願寺の寛永寺にいた慶喜は、水戸に移って引き続き謹慎。このため寛永寺に立てこもった彰義隊の警護の対象は輪王寺宮に替わっていった。

輪王寺宮は彰義隊に擁立されて日光山に移されるという計画もあったようだが、そうはならなかった。

情報を得た新政府軍が輪王寺宮のもとに江戸城への登城を要請したが、宮側はこれを拒否。横浜市の歴史研究者柴《しば》田《た》宣《よし》久《ひさ》さんによれば、寺と彰義隊は「宮が寺に留まる限り、新政府軍は攻撃ができない」とみていた。しかし5月15日、新政府軍は集中攻撃に踏み切り、天海が造り上げた天台宗の関東の拠点はたちまち焦土と化した。

上野を脱した輪王寺宮は江戸の寺院などに潜伏した後、仙台藩が借りた旧幕府の船で北に向かった。東北地方では、新政府軍の動きをにらんだ「奥羽越列藩同盟」が結成されていた。

仙台市史によると、平潟（茨城）から会津に入り、米沢を経て仙台の仙岳院、白石へと移った。そして6月中旬、「奥州朝廷」ともいうべき政権が誕生したという情報が流布される。

輪王寺宮が滞在した白石城。* 城の手前に宮の「御殿」があった＝宮城県白石市益岡町1丁目

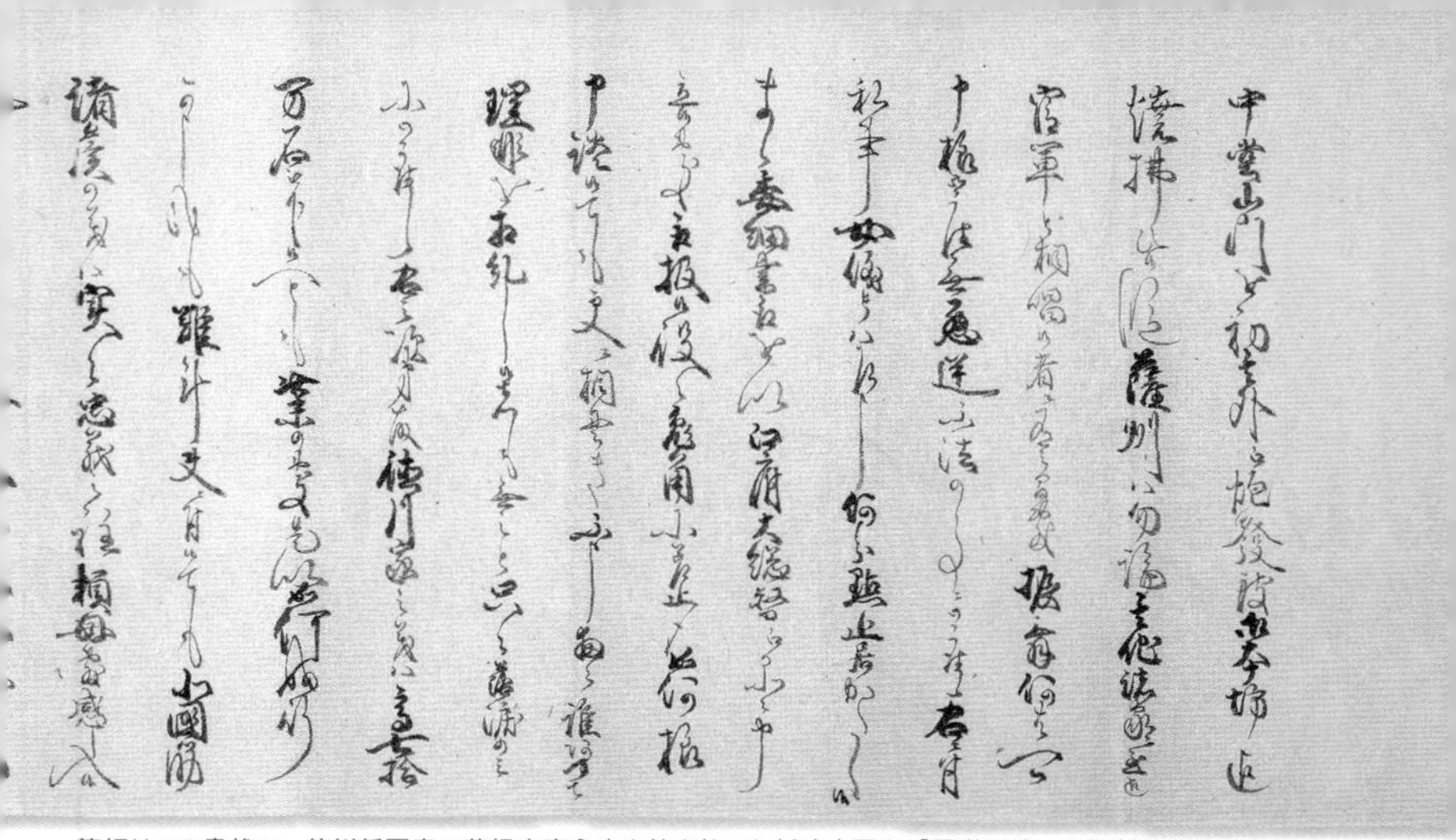

篤姫はこの書状で、徳川将軍家の菩提寺寛永寺を焼き払った新政府軍を「悪逆不法」と批判している

7月中旬になると宮は、寛永寺僧や日光山の侍従、仙台藩家臣などと白石城に入り、1カ月半滞在。宮城県白石市の歴史研究者細田《ほそだ》紀明《のりあき》さんは「これによって奥羽越列藩同盟は宮を事実上の盟主として活動を始めた」と説明する。

奥羽越列藩同盟は城内に軍議所を設けてこれを「公議所」と称した。

輪王寺宮はここで「東武皇帝」として擁立され、「東北朝廷」の布陣まで決まっていたという。

この「東北朝廷」の成立については研究者の見方が分かれているが、藤井さんは「元号を大政に改めるという、東北朝廷の閣僚名簿が史料として残されており、当時の関係者によって本気で考えられたものといえる。列藩同盟を基盤として薩長土肥の京都政府に対抗しようとした」とみている。

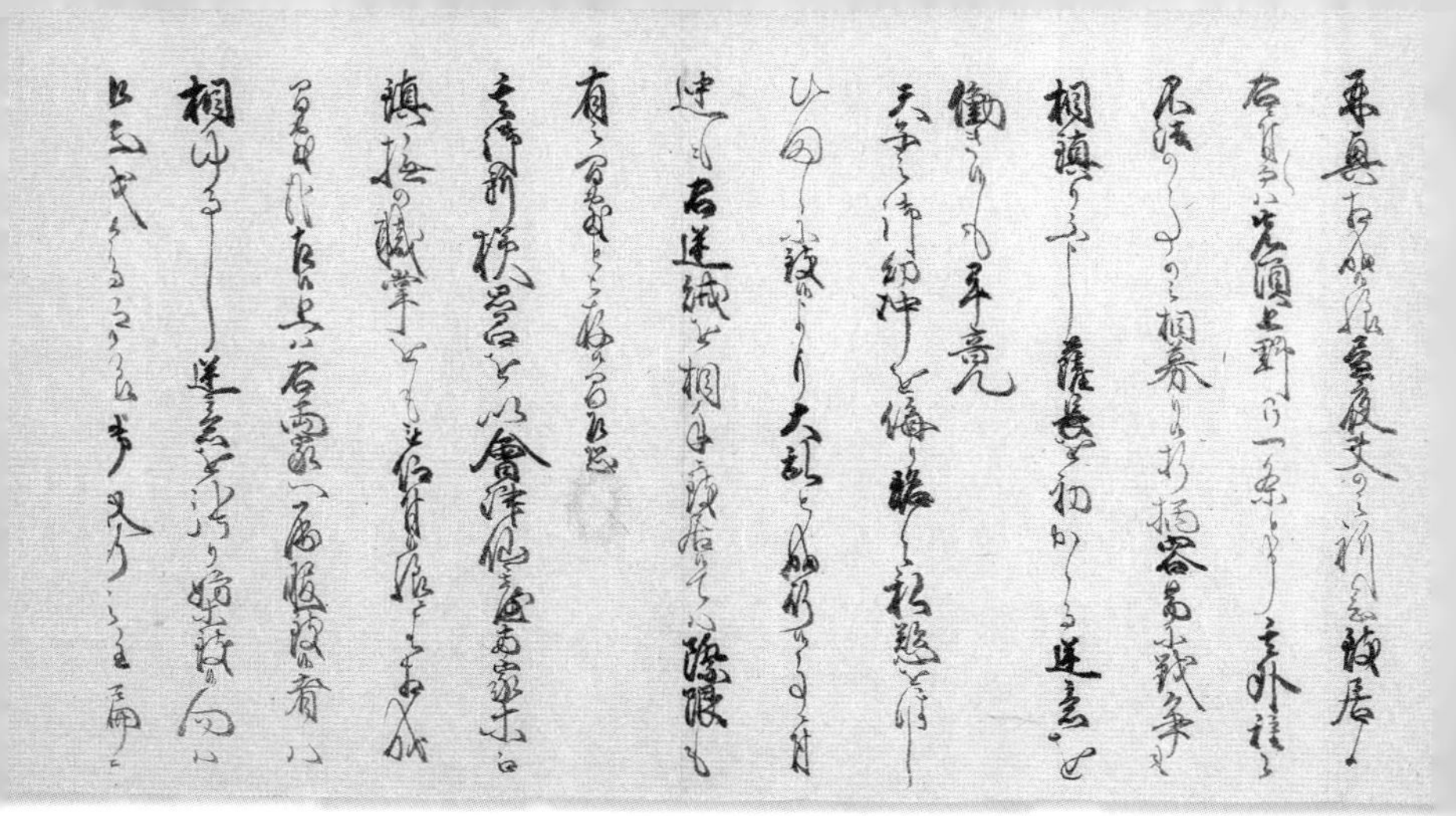

天璋院書状写　輪王寺宮公現法親王宛（仙台市立博物館蔵）。

興味深いことにこの時期に、江戸の天璋院《てんしょういん》篤姫《あつひめ》から輪王寺宮に書状が届いていた。それによると篤姫は、天皇の勅額が架かる寛永寺の中堂山門に新政府軍が砲撃を加え、本坊まで焼き払ったことを「悪逆不法」と非難。一方で白石城に留まる輪王寺宮を「薩摩の追討と徳川家の再興が成るよう願っている」と励ましていた。

薩摩藩を出生地とする篤姫が、薩長軍を「逆賊」と言い「黙止しがたい」と記している。この書状を送った篤姫について、細田さんは「半ば監視された状態で官軍の非を敢然と述べており、その度胸には驚かされる」と評している。

しかし三十藩を超えていた奥羽越列藩同盟はその後、次々と降伏。同盟の中心である仙台藩が白旗を揚げると、輪王寺宮も官軍に謝罪し仙台を離れていった。

輪王寺宮 陸軍将校で再出発

輪王寺宮（後の北白川宮能久親王《きたしらかわのみやよしひさしんのう》、1847〜1895年）の生涯は、皇族から僧侶、陸軍将校とそれぞれが別人のように見える。ひ孫で作家の有馬《ありま》頼義《よりちか》さんは、文藝誌への寄稿で「（宮の人生は）まるで歴史の中の一コマの影絵でしかないようである」と記した。

輪王寺宮は伏見宮《ふしみのみや》邦家《くにいえ》親王の第9子として生まれた。翌1848年、仁孝《にんこう》天皇の*猶子《ゆうし》となり、1858年に輪王寺宮の附弟（弟子）となって名を能久と改め、出家して法名を公現《こうげん》と称した。1867年、重病の輪王寺宮慈性《じしょう》親王に代わって職を継いだ。最後の輪王寺宮として歴史に刻まれている。

戊辰戦争で旧幕軍のシンボルとなり、敗戦後は京都で謹慎生活を送る。プロシャ留学を経て1871年、北白川家を継ぎ、陸軍将校として再出発。日清戦争によって割譲された台湾の近衛師団長となったが、前線でマラリアにかかり逝去した。

輪王寺宮（北白川宮能久親王）
（日光山輪王寺提供）

輪王寺境内にある輪王寺宮（北白川宮能久親王）の牙髪塔（現在立入不可）
＝日光市山内

その48年間の人生はあまりにも波乱に富んでいる。北白川家の現当主道久《みちひさ》さんは「曽祖父は『私は何もお国の役に立ってないから』と、過酷な戦地への出征を志願したと聞いている」と明かす。激的な歴史の転換期、皇族でありながら朝敵となってしまった苦悩が、親王を軍人として戦地に向かわせたのだろうか。

＊**猶子**　江戸時代まで存在した、家督相続を前提としない親子関係を結ぶ制度。

黒羽藩主の死（上）

幕臣消え新政府に傾く

新政府か、それとも旧幕府側か。1868年1月、「鳥羽・伏見の戦い」で戊辰戦争の火ぶたが切って落とされると、下野国内の各藩はどちらに付くか二者択一を迫られた。

この年の3月、いち早く新政府に従う意志を表明したのが黒羽藩だった。5月に奥州出陣、会津城の戦いでは先陣を務めた。後に軍功などが高く評価され、明治政府から異例の1万5千石の褒賞が与えられている。

戦功の裏には、洋式小銃約670丁を有するなど1万8千石の小藩としては破格の軍備と整備された軍隊があった。軍制改革に取り組んだのは、戊辰戦争勃発の直前に謎の死を遂げた藩主大関増裕《おおぜきますひろ》だった。

「大関とまた取組んだ　麟太郎《りんたろう》　こんどの角力《すもう》は急度《ちょっと》勝安房《かつあわ》」

＊大関公之碑
〒324-0234 栃木県大田原市前田1073
鎮国神社境内
【交通】西那須野塩原ICから車で35分。那須塩原駅から市営バス雲厳寺線・須賀川線で40分、上前田下車戊辰戦争が始まる3年前、増裕が江戸幕府の初代海軍奉行に就いた後に、こんな落書があったと県立博物館の史料に紹介されている。増裕と軍艦奉行の勝麟太郎（海舟）という西洋式兵学に明るいコンビへの庶民の期待感がうかがえる。

増裕は、20代前半まで勝の門下で蘭学などを学んだ。3万5千石の譜代遠州横須賀藩（静岡県）藩主の家に生まれた増裕は、1861年に外様黒羽藩の大関家を継ぐ。大名になるとその後、旗本である14歳年長の勝との地位は逆転していく。

1853年の米国東インド艦隊司令官ペリー来航以降、海外諸国に対抗するとともに、反幕府勢力に備える必要に迫られていた幕府は、軍制を一変させるべく直属の常備軍を創設した。そこで頭角を現したのが、西洋式兵学に精通していた増裕である。25歳で初代陸軍奉行に就き、28歳で海軍奉行になった。

勝の日記にはこの頃から増裕が登場する。特に倒幕派の動きが強まる1867年は頻繁だ。ほとんど

●大関増裕 関連年表（上）

1837（天保8）.12	遠州横須賀城に生誕
1853（嘉永6）．6	ペリー浦賀に来航
1860（万延元）．3	桜田門外の変
1861（文久元）.10	大関家の養子となり家督を継ぐ
1862（文久2）．1	坂下門外の変
12	陸軍奉行に就任
1863（文久3）．3	病気を理由に幕府公職を辞す
7	薩英戦争
1864（元治元）．7	第1次長州征討
1865（慶応元）．7	海軍奉行に就任
1866（慶応2）．1	薩長同盟が成立
6	第2次長州征討
11	黒羽藩領内で百姓一揆がおこる
1867（慶応3）．1	若年寄（海軍副総裁、海軍奉行兼務）となる
10	徳川慶喜が大政奉還
12	黒羽領内で狩猟中に急死

小林華平著「大関肥後守増裕公略記」（1909 年出版）に掲載された写真。
海軍奉行の大関増裕（右から1人目）と軍艦奉行の勝海舟（同3人目）が写る

が仕事上の内容だが、中には「羽黒候へ西洋の馬具を貸す（原文ママ）」と私的と思える記述もある。同じ年に撮影された写真には、当時禁止されていた総髪姿の2人が残っている。

「大関肥後公は、頗《すこぶ》る気概あり」。勝は増裕の死後、1868年の日記で増裕を振返っている。増裕が幕府の腐敗をただそうと（将軍徳川慶喜に）忠

告しようとしたが届かなかったという逸話を紹介し、増裕の気概と志をさえぎった幕府の上層部を批判している。

勝の日記や書状を分析した元県立博物館技幹で日光観音寺住職の千《ち》田《だ》孝《こう》明《みょう》さんは「同じ志を持つ2人は、最初は仕事上の付き合いだったが、徐々に胸襟を開き励まし合った」と推し量る。

増裕は幕府の重臣として軍備増強にまい進する一方、黒羽藩の行く末にも気をもんでいた。大幅な人事刷新を行い、特に軍制改革に力を注ぎ、兵隊役を藩政公務から分離させ、独自の軍隊を編成した。

大田原市黒羽芭蕉の館学芸員の新井《あらい》敦史《あつし》さんは「増裕が行った藩の軍制改革は下野国内で突出していた。その方向性は長州、薩摩などの雄藩と一緒だったのではないか」とみている。

一方で藩の重臣たちが、増裕の改革を否定するような動きをみせていた。増裕は、海軍奉行就任8カ月で「（藩政改革の）すべてが旧弊に戻ろうとしている」と海軍奉行の辞職願草案を記す。藩ではその後、改革に伴う増税に反対する百姓一揆が起きた。

1867年10月、徳川慶喜は朝廷に大政を奉還。増裕は衝撃を受け、自宅に引きこもった。訪ねて来た勝に、増裕は海軍奉行辞職の相談をしている。

「外ならぬ仲ということで胸中を包み隠さず話し合うことができた」。その時の勝の対応に、増裕は書状でこう感謝した。

大政奉還後、幕臣の増裕は朝廷にも密使を送っていた。幕府側に付くか、新政府か。先が見通せない中、増裕は2方面作戦を考えていたのだろうか。

そして黒羽藩の大隊の兵士訓練のため、一時帰藩していた12月9日、増裕は急死した。銃弾が頭を貫通していた。王政復古の大号令が発せられた日だった。

新井さんは「密使派遣がどこまで藩内で共有されていたかは分からないが、幕府の重臣だった増裕が亡くなったことで、新政府に従おうという藩の動きが強まったのは確かだろう」とみている。

大田原市前田の鎮国

社境内に「*大関公之碑」がひっそりと立っている。増裕の死後、待子《まちこ》夫人が勝に文面を依頼し、1874年に建立された。

「泰西兵制　我瞠乎後　奮熱学習　公為魁首…」

勝が西洋の軍制の学習に熱を入れる増裕を惜しみなくたたえた文面が、2人の仲を今に伝えている。K

勝海舟の筆による「大関公之碑」＝大田原市前田

大関横丁 地域に親しまれ

大関家にまつわる事物などが描かれた常磐線ガード下の壁画
＝東京都荒川区

東京都台東区の国道4号と明治通りの交差点は「大関横丁」の名で地域に親しまれている。近接する荒川区内に黒羽藩大関家の江戸下屋敷があったことに由来する。

荒川区荒川ふるさと文化館によると、下屋敷は、日光・奥州両街道の1番目の宿「千住宿」から日本橋寄り約1キロにあった。屋敷の広さは2・7

ヘクタール。大関家は、隣の対馬国府中藩宗家と共同で土地を購入し、表通りへ抜ける道を作った。村人の生活道にも利用され「横丁」と呼ばれた。

明治時代になっても大関家がこの地にとどまり、地域の人々と関わりをもったことなどが大関横丁の呼称を生み出したようだ。

都電荒川線脇に「大関横丁由来之碑」が立つほか、大関家の名残がここかしこにある。常磐線ガード下には織物を研究した第11代藩主増業《ますなり》の姿や甲冑《かっちゅう》が描き込まれた巨大な壁画が環境美化の一環として制作され、かつては増裕と待子夫人にまつわる幕末の落書「夫婦して江戸町々を乗りあるき　異国の真似するばかの大関」が書かれた木札も立っていた。

同館は2016年、大関家など地区にあった大名屋敷をテーマに企画展を開催。学芸員の亀川泰照《かめかわやすてる》さんは「人々が大関家をこの地の歴史のひとつとして受け止めているのは確かだ」と話す。

黒羽藩主の死（下）

方針転換 他殺説に符合

黒羽藩主大関《おおぜき》増《ます》裕《ひろ》は、江戸幕府将軍徳川慶喜が政権返上を上表した約2カ月後の1867年12月、領内で不慮の死を遂げた。

初代海軍奉行に就いていた増裕は、自藩の大隊訓練のため帰藩していたと県立博物館の史料にある。倒れたのは大田原市南金丸の八幡宮（那須神社）近く。狩猟中だったとされる。

黒羽藩城代浄法寺《じょうぼうじ》高譜《たかつぐ》は、日記に増裕が銃弾に倒れた後の様子を詳述している。

それによると、増裕が自分で携えていた13発込めの鉄砲から飛び出した弾が、左耳の脇から右耳上に貫通。約10メートル離れて控えていた2人の家臣が異変に気付き介抱したがすでに脈はなかったという。別の家臣にもただしたところ、

＊大雄寺（増裕の墓）
〒324-0233 栃木県大田原市黒羽田町450
【交通】矢板ICから車で40分。JR那須塩原駅から市営バス雲厳寺線・須賀川線で35分、大雄寺入口下車

「（弾が出たのは）ご自分の鉄砲」に間違いないと口をそろえた、と残る。

その時着用していたという増裕の黒いマントが、同市前田の市黒羽芭蕉の館で常設展示されている。

左脇には十数センチほどの切れ目。学芸員の新井《あらい》敦史《あつし》さんは「増裕が倒れた直後に人為的に切られたものだろう。心臓が動いているかどうか確かめたのではないか」と生々しい状況を説明する。

増裕の死には事故、自殺、他殺説がある。地元では自殺説を唱える人が少なくない。幕府の

増裕が急死した際に身に着けていたとされるマント
＝井上正信氏所蔵、大田原市黒羽芭蕉の館借用

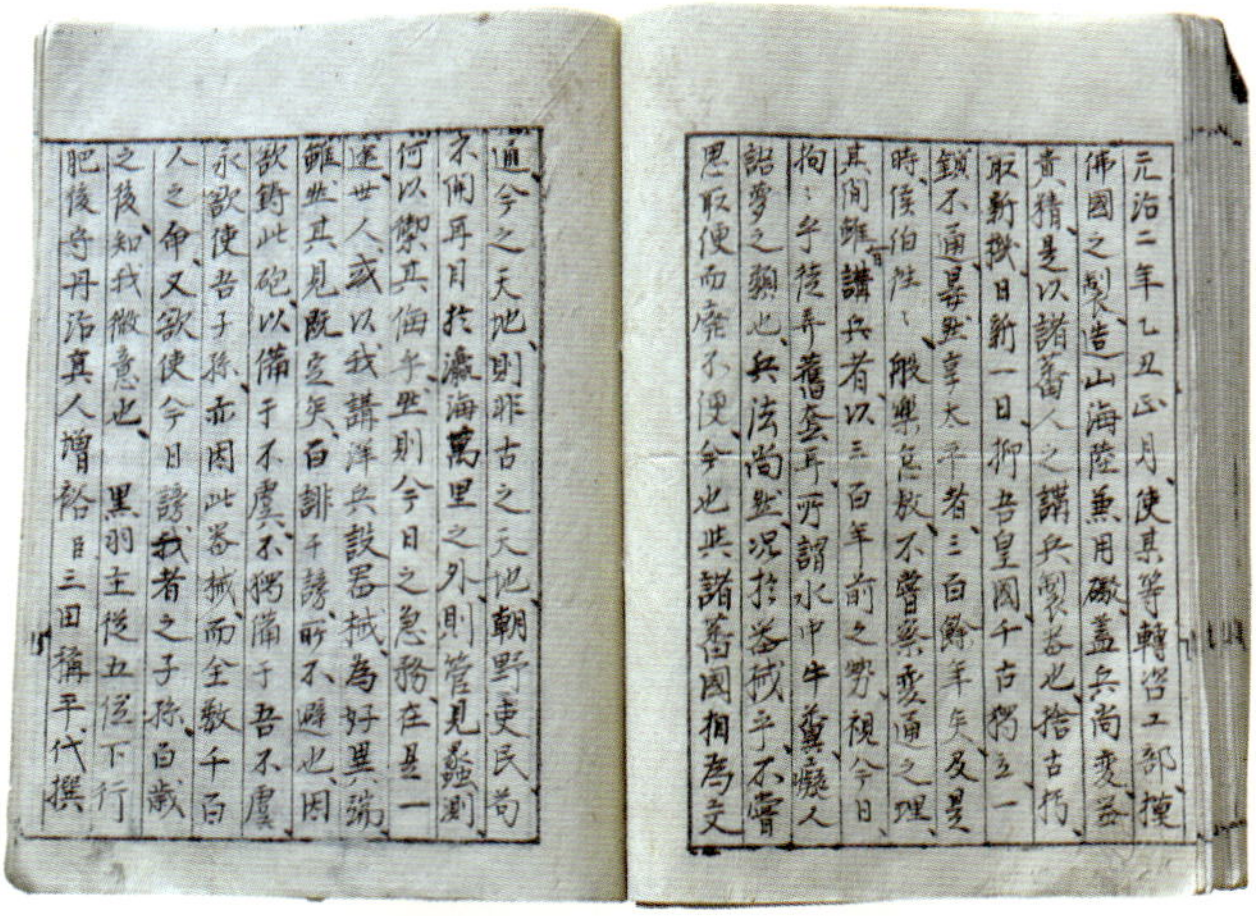
元治二年乙丑正月使其等轄咨工部揀
佛國之製造山海陸兼用礟蓋兵尚変器
貴精是以諸藩人之講兵製器也捨古竹
取新獄日新一日抑吾皇國千古獨立一
鎖不通晏然享太平者三百餘年矣及是
時候伯牲〻般樂怠敖不曽察変通之理
其間雖有講兵者以三百年前之勞視今日
拘〻乎徒弄舊套耳所謂水中牛糞癡人
話夢之類也兵法尚然況於器械乎不曽
思取便而廃不便令也共諸藩國相為交
通今之天地則非古之天地朝野吏民苟
不開耳目於瀛海萬里之外則管見蠡測
何以禦其侮乎然則今日之急務在是一
遂世人或以我講洋兵設器械為好異端
雖然其見既定矣百誹千謗所不避也因
欲鋳此砲以備于不虞不獨備于吾不虞
永欲使吾子孫亦因此器械而全數千百
人之命又欲使今日謗我者之子孫百歳
之後知我微意也　黒羽主従五位下行
肥後守丹治真人増裕自三田称平代撰

大田原市八塩の三田家に伝わる「地山文集」。
その中に収録されている「鋳大砲記」のページ

要職にある自分がいては、藩として新政府に従えない。そのために自ら身を引いた、などと動機を想定する。

しかし、研究者の間では第1級史料である高譜の日記や書状などから、他殺説が有力だ。

「大隊操練ができるよう準備しておくように」。増裕は高譜に宛てた帰藩直前の書状でこう促した。さらに農兵の訓練の実見、拠点巡見の希望を伝えている。

亡くなったときに増裕が携えていた銃は全長1メートル。当時の最新式とみられる。元県立博物館学芸員で県立高教員の舩《ふな》木《き》明《あき》夫《お》さんは「銃の長さを考えれば、不自然な姿勢をとらないと頭を貫くのは無理。家臣が近くにいれば気付くはずだし、高譜の日記や増裕との書簡を時系列で追ってみても、自殺の可能性は見つからない」と断言する。

高譜の日記には、増裕が死亡した翌日、狩猟に同行した家臣の父親の1人が家老に取り立てられたとある。新井さんは「この処遇が他殺の可能性を示唆している」と指摘する。

加えて増裕の死後すぐ、大隊訓練の準備が中止になり、兵制改革のために藩士・町民・農民から集めていた御用金などの返金が決定した。舩木さんは「増裕がやってきたことが直ちに全部否定されている。他殺の可能性はかなり高い」と言い当てる。

他殺ならば、なぜ増裕は殺されなければならなかったのか。

「大政奉還の後、もう幕府に付いていくわけにはいかない、幕府の中核にいる増裕の首をすげ替えた方が藩のためだ、という流れがあったのかもしれない」と新井さんは推察する。

さらに、かねて増裕は一部の重臣に対し、腐敗政治を行っていると激しく非難していた。舩木さんは「養子の藩主より自分たちの方が偉いという意識が重臣にあったようだ。増裕を黙らせたい、と考えたのではないか」と推し量る。

増裕は藩内の軍制改革を支えるため、新田や鉱山開発を行ったが、結局は増税に結

び付き、負担を強いられた農民らの一揆を招いた。黒羽町誌は「増裕が多くの重臣をあたかも愚なる者と見下し、人材登用と称する施策が側近政治になってしまった」と負の側面にも言及する。

洋式兵制化や農兵の組織化など、増裕は頑固なまでに軍備強化にこだわった。火薬を自給するための硫黄・硝石製造や大砲の製造にまで取り組み、小藩ながら大小砲12門を所有した。

増裕が苦心して整備した独自の軍制は、戊辰戦争の中で皮肉にも新政府軍として威力を発揮した。

藩学問所学頭の三《み》田《た》称平《しょうへい》が、増裕に代わって書いた「鋳大砲記」が三田家に伝わる。

そこには、家臣や領民らから非難されてでも大砲を作る意味について、「遠い将来まで領民の命を守るため」と記されている。足利大

● 大関増裕 関連年表（下）

1862（文久２）.12	陸軍奉行に就任
1863（文久３）. 6	学問所（作新館の前身）に関する規定を発する 黒羽藩内で洋式砲術を開始
1864（元治元）. 7	第１次長州征討
1865（慶応元）. 7	海軍奉行に就任
1866（慶応２）. 1	薩長同盟が成立
3	黒羽藩に農兵制を設ける
6	第２次長州征討
11	黒羽藩領内で百姓一揆がおこる
1867（慶応３）.10	徳川慶喜が大政奉還
12	黒羽領内で狩猟中に急死
1868（慶応４）. 1	鳥羽・伏見の戦い。戊辰戦争始まる
5	黒羽藩、奥州出陣
1869（明治２）. 6	黒羽藩、新政府から永世禄１万５千石が与えられる

大関家の菩提寺、大雄寺境内に立つ増裕の墓。* 隣に待子夫人の墓が並んでいる
＝大田原市黒羽田町

講師の大沼《おおぬま》美雄《よしお》さんは「武士の存在理由とは何か、を考えた末の増裕の政策だった」と解く。

戊辰戦争での軍功により、黒羽藩は明治政府から小藩としては異例の1万5千石が与えられた。増裕の意志は結果として生かされた。明治政府からの褒賞を、増裕ならばどう受け止めたのだろうか。

増業引退後 重臣が実権

戦国時代に烏山城主那須《なす》氏の重臣だった大関氏は、1590年の小田原攻めで豊臣秀吉《とよとみひでよし》から本領安堵《あんど》を受けた。その後、1600年の関ケ原合戦の働きによって、近世大名の地位を確立した。

大田原市黒羽芭蕉の館の史料によると、大関家は江戸時代を通じて改易されず、一度の国替えもない。これは関東の外様大名として異例という。大関氏は徳川氏と関係が近く、2代大関政増《まさます》は家康の側室の娘シャン姫と婚姻を結んでいる。外様になったのは、4代将軍徳川家綱《いえつな》の時代と考えられる。

16代続く歴代藩主の中で、改革に特段の手腕を発揮したのが11代増業と15代増裕だ。増業は藩校「何陋館《かろうかん》」の創設などで教育振興を図るとともに、殖産興業にも力を入れ藩財政の立て直しを図った。しかし逆に借財が増える結果となり、重臣から藩主引退勧告を突きつけられた。

増業引退後、藩の実権は一部の重臣らに移行した。12代増儀《ますのり》は14歳で藩主になり、続く増《ます》昭《あきら》も15歳で家督を継いだこともあって、重臣たちが実権を握る状況が続く。増業から16代増《ます》勤《とし》まで6人の藩主のうち4人が養子だった。

黒羽芭蕉の館学芸員の新井敦史さんは「養子の藩主は、藩の伝統を強く意識する一方で、藩の隆盛のために改革に取り組んだ。強いリーダーシップを発揮した藩主の後、振り子が反対に振れた」との見方を示した。

黒羽神社に立つ大関増裕像＝大田原市黒羽田町

天狗党事件

挙兵の余波 下野諸藩に

栃木市西部にある観光名所太平山*は、江戸時代末の１８６４年４月、水戸天狗《てんぐ》党が立てこもった山としても知られている。水戸藩内の尊王攘夷《そんのうじょうい》派がこの年の３月、筑波山で挙兵。４月には宇都宮から日光に入り、その後標高３４０メートルほどの太平山に滞陣した。挙兵時には１７０人余りだったが、太平山には全国から集まり、４００人以上に膨らんだ。宇都宮藩士や壬生藩士のほか農民、医師もいたという。

幕末の下野諸藩は、この天狗党の動きに神経をとがらせていた。

１８５３年６月、米国のペリーが浦賀に来航して開国を迫ると、幕府は「開国やむなし」とかじを切る一方、皇女和宮降嫁などの公武合体政策を進めて権威の回復を図ろうとした。これが各地の尊王攘夷運動の炎に油を注ぎ、筑波

＊太平山（天狗党滞陣碑）
〒328-0054 栃木県栃木市平井町
【交通】JR両毛線・東武日光線栃木駅から車で10分。栃木駅から関東バス倭町経由国学院行で15分国学院前下車、徒歩25分。栃木ICから15分

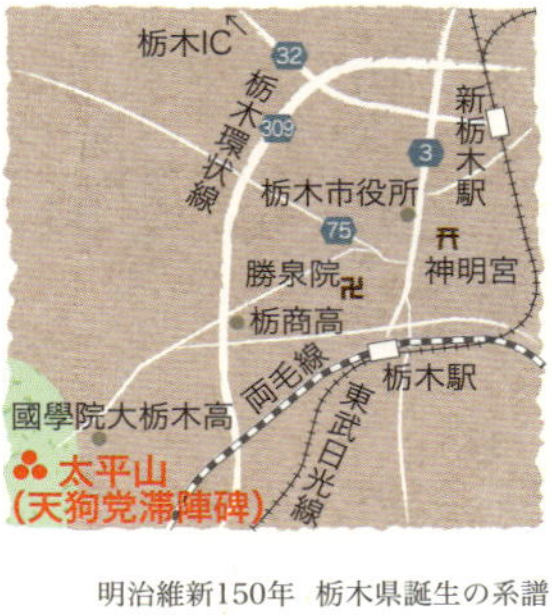

山では天狗党が挙兵した。

●天狗党の乱 関連年表

1853（嘉永6）.	6	ペリー浦賀に来航
1858（安政5）.	8	水戸藩に「戊午の密勅」降る
	9	安政の大獄始まる
1859（安政6）.	8	徳川斉昭に国許永蟄居の命
1860（万延元）.	3	大老井伊直弼、水戸藩浪士らに暗殺される（桜田門外の変）
	8	斉昭、水戸で没する
1861（文久元）.	5	水戸藩士、江戸の英国公使館を襲う（東禅寺事件）
	11	宇都宮藩主侍講を務めた大橋訥菴ら捕縛される
1862（文久2）.	1	老中安藤信正、水戸・宇都宮藩士に襲われる（坂下門外の変）
1863（文久3）.	8	会津・薩摩藩が公武合体派と結び宮中の尊攘派追放（8月18日の政変）
1864（元治元）.	3	天狗党、攘夷を訴え筑波山に挙兵
	4	天狗党、宇都宮藩に攘夷決起への同調求める
		日光に参詣した後、太平山に滞陣（5月30日まで）
	6	天狗党の分派、栃木町を焼き打ち
	7	禁門（蛤御門）の変
	12	天狗党、加賀藩に投降
1865（元治2）.	2	幕府、天狗党の武田耕雲斎ら352人を敦賀で処刑

『水戸市史』によると、天狗党は「東照宮の神《しん》廟《びょう》に祈願して攘夷の先鋒《せんぽう》となる」と日光行を決めると、先代水戸藩主徳川斉昭の子息が当主となっている喜連川家を表敬訪問するという前触れで下野入り。宇都宮藩に面会を求めた。

面会を受け入れるべきか否か。宇都宮藩内は柔軟派と断固拒否派に割れ、揺れに揺れた。

この時、「筑波勢に周旋を拒否するのは宇都宮藩の恥」と対応したのが中老の縣信緝《あがたのぶつぐ》だった。宇都宮市の郷土史研究家、小林友雄《こばやしともお》さんの著書によると、会談では天狗党の首領格*藤田小四郎《ふじたこしろう》が「宇都宮藩は元来、勤皇の志の篤《あつ》い所として敬意を持っている。貴藩の協力をいただきたい」と熱弁を振るった。

＊**太平山**　栃木市にある山で標高341メートル。栃木県立自然公園。太平山神社や上田秋成の「雨月物語」の舞台の1つである大中寺、上杉謙信が長逗留した謙信平、天狗党帯陣碑などがある。日本夜景遺産に認定されており、桜やアジサイが咲く季節には、だんごやたまご焼きなどを求める花見客でにぎわう。

当時、宇都宮藩は厳しい立場に立たされていた。1862年1月、幕府老中安藤信正《あんどうのぶまさ》が水戸浪士らに襲われた「坂下門外の変」には下野の志士も加わっており、宇都宮藩主*侍講《じこう》の*大橋訥菴《おおはしとつあん》、義弟の菊池教中《きくちきょうちゅう》らが襲撃を計画したとして事前に捕縛されていた。天狗党が持ちかけた連携にはこうした背景もあった。

縣は藤田に「尽力を阻む気持ちは決してない。けれども兵を動かすことは君命を待たずには決しかねる」と応じた。この時の縣について、下野の戊辰戦争に詳しい県歴史文化研究会元常任委員長の大嶽浩良《おおたけひろよし》さんは「理解はするが『和して同せず』と考えたのだろう」と推測する。この時期は公武合体派が力を持つようになり、若き日に脱藩して訥菴の塾で学んだ縣も、慎重な行動を取らざるを得なかったという。

藤田らは日光参詣への仲介を求め、縣はその旨を日光奉行に伝えた。

しかし天狗党による占拠を恐れた日光奉行は、参詣を差し止める命令を出す。縣は日光奉行と会談し、激しいやりとりの末、厳しい条件付きで参拝が許されることになった。

この時の警備体制が『日光市史』に記されている。それによると、日光奉行は館林藩などに地元農民兵を加えて約1300人、大砲7門という迎撃態勢を取った。この中を縣に続いて天狗党も参詣した。

＊藤田小四郎 ふじた・こしろう（1842―1865）　江戸時代末期の水戸藩士。水戸天狗党の首領格。水戸学学者藤田東湖の4男。東湖の影響を強く受け、尊王攘夷思想を掲げて活動。

太平山頂の謙信平に立つ天狗党滞陣碑。「勤王士義旗此地揚（勤皇の士がこの地に義の旗を立てる）」と彫られている＝栃木市平井町

日光での滞在を許されず下山した天狗党は、宿坊がある太平山に向かう。そこで近隣の豪農、豪商を回って武装品や物資、軍用金の調達に奔走するなどした。

　1カ月半の滞陣の後、天狗党の本隊は水戸藩内の抗争に対応するため筑波山に向かったが、*田中愿蔵《たなかげんぞう》隊は別行動で下野に戻り、壬生藩を攻略しようとしたもの

＊**侍講**　君主に仕え、学問を講義する官職。

の断念。栃木町に現れて町民を斬殺し、役人などに軍用金の上納を求め、これが入れられないと町に火を放って常陸（茨城）方面に逃げた。焼失軒数は350〜400軒、被災者は700人ともいわれた。

町民を恐怖させた『焼打事件』を調べて出版した栃木市史編さん委員の稲葉誠太郎《いなばせいたろう》さんは、蛮行になすすべのなかった足利藩の栃木陣屋が「町民の嘲笑を浴び、権威と信頼を失った」と記した。

宇都宮藩中老の縣も、天狗党に同情的だったとして藩命で幽閉処分となった。

幕府は「焼打事件」の後、天狗党の追討軍を編成して宇都宮藩にも出兵を命じた。ところが宇都宮藩は戦いの後、幕府から藩主の隠居謹慎と棚倉（福島）への国替えを

1864（元治元）年の天狗党の動き

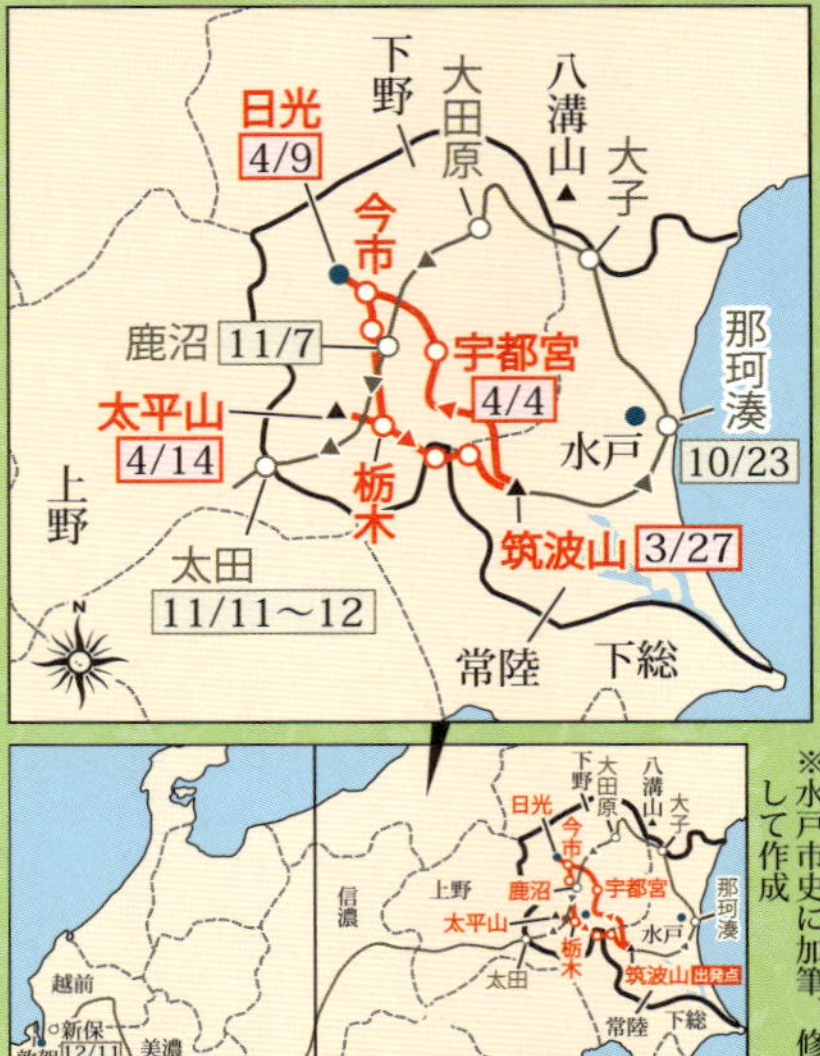

※水戸市史に加筆、修正して作成

＊ **大橋訥菴** おおはし・とつあん（1816—1862）　幕末の儒者。宇都宮藩主の侍講。「王政復古」をいち早く唱え、その影響は宇都宮藩や水戸藩にも及んだ。坂下門外の変の前に義弟菊池教中とともに捕縛され、門弟が老中安藤信正の襲撃を決行した。

命じられる。大嶽さんは「宇都宮藩士が天狗党に加わっていたことや、藩が幕府の指揮を仰がず帰陣してしまったこと」を理由に挙げている。宇都宮藩にとって、天狗党の波紋はあまりにも大きかった。T

水戸市松本町の常磐共有墓地にある「水戸殉難志士」の墓。（茨城県水戸市松本町 13-34）
天狗党の乱や会津戦争などで国事に殉じた水戸藩士などを祀っている

＊**田中愿蔵** たなか・げんぞう（1844—1864）　水戸天狗党幹部。1864年、藤田小四郎が筑波山で挙兵すると、これに加わって一隊を指揮。しかし本隊と別行動を取り、栃木宿で町に軍資金を要求し、受け入れないと知ると宿場に放火して350軒以上を焼失させた。天狗党は那珂湊で幕府軍の攻撃を受けて陥落、田中隊は北に敗走し、愿蔵は真名畑村（現・福島県東白川郡塙町）で捕縛され久慈川の河原で斬首された。

尊王攘夷 大衆運動の面も

筑波山から下山する天狗党は首領格がかご、隊長格は馬に跨がり、軍勢の中央では白装束の男たちが先代水戸藩主徳川斉昭の神位《しんい》を載せた白木の神輿《みこし》を担いだ。『水戸市史』などによると、それぞれが白い鉢巻に羽織、袴《はかま》、陣笠《じんがさ》といういでたちで、「尊王攘夷」と大書した吹き流しを翻し、整然と隊列を組んだ。

この前年の１８６３年、徳川14代将軍家茂《いえもち》が上洛《じょうらく》し、義兄に当たる孝明天皇に「横浜鎖港」を約束したが、幕閣の猛反対に遭ってスタンスが定まらない。茨城県立歴史館史料学芸部長の永井博《ながいひろし》さんによると、天狗党は攘夷のさきがけになろうとした。

斉昭は攘夷を目的とした領民教育機関として地方に15の郷校を置いた。永井さんは「尊王攘夷の考えは、領民と距離が近い斉昭の時代にできた郷校を拠点に広がっており、大衆運動の側面もあった」と説明する。

しかし天狗党は１８６４年６月の「栃木町焼打事件」などで幕府から追討を受け、行き場を失った彼らは、斉昭の息子一橋《ひとつばし》慶喜を頼って西上を決意。大嶽浩良さんによると、信濃まで粛然と進んで12月には揖斐《いび》（岐阜県）に着いた。ここで頼みとする慶喜が逆に征討総督と

天狗党員が敦賀で投降後、囚われていたニシン倉。後に福井県敦賀市から水戸市に移築され、現在は松本町の回天神社にある

して天狗党の入洛《じゅらく》を防ぐため大津（滋賀県）で待ち構えていることを知り、越前で投降した。

加賀藩は一行を敦賀の寺に収容し手厚くもてなしたが、身柄を引き渡された幕府軍は彼らを海岸のニシン倉に監禁し1865年2月、水戸藩元家老武田《たけだ》耕雲斎《こううんさい》や首領格藤田小四郎ら352人を処刑した。『茨城県史』によると、死者は1300人以上、うち在郷出身者は800人を超えた。

宇都宮藩の苦悩

山陵修補で窮地を打開

大阪府羽曳野市の住宅街の一角に*応神《おうじん》天皇陵古墳（5世紀）がある。同市などが世界文化遺産登録を目指す百舌鳥《もず》・古市《ふるいち》古墳群（2019年7月に世界遺産に登録）の49基の中でも、同じころ造営された仁徳《にんとく》天皇陵と並ぶ最大規模を誇る。訪れた5月下旬、こんもりとした陵は、厳かな雰囲気に満ちていた。

応神天皇陵古墳
〒583-0857 大阪府羽曳野市誉田
【交通】近鉄南大阪線土師ノ里駅から徒歩20分

天皇・皇后などの墓である「山陵」は、この応神陵をはじめ、柵で囲われ鳥居や玉垣からなる拝所が設けられているのが一般的だ。約150年前、この様式を確立し、3年4カ月かけて大阪府や京都府、奈良県に広がる80カ所を超える山陵の修補を行ったのが、幕末の宇都宮藩だった。

奈良県立橿原考古学研究所長の菅谷《すがや》文則《ふみのり》さんは「宇都宮藩の修補で一番大

応神天皇陵古墳＝2016年撮影　大阪府羽曳野市提供

● 宇都宮藩 関連年表

1860（万延元）. 3	桜田門外の変
1861（文久元）. 8	アメリカ公使館警護の命令を拒否
1862（文久２）. 1	坂下門外の変
閏 8	幕府から山陵修補の許可を得る
10	山陵修補開始。戸田忠至が山陵奉行となる
1863（文久３）. 7	薩英戦争
1864（元治元）. 4	天狗党が宇都宮に入る
7	第１次長州征討
1865（元治２）. 1	天狗党不始末により藩主戸田忠恕が隠居・謹慎となる
3	幕府から奥州棚倉へ国替えを命じられる
（慶応元）.10	山陵修補の功により棚倉国替え中止
12	山陵修補が完成
1866（慶応２）. 1	薩長同盟が成立
3	戸田忠至が１万石分与され、高徳藩成立
1867（慶応３）.10	徳川慶喜が大政奉還

きいのは、各御陵を特定したこと。鳥居を建てたりする祀り方や管理の仕方など、現在につながる御陵の在り方の骨格を作った」と評価する。

そもそもこの大事業を、7万8千石の小藩にすぎない宇都宮藩が行ったのは、なぜか。

1862年、老中安藤信正が江戸で襲撃された「坂下門外の変」。幕府の公武合体策に反対する水戸藩などの勤皇の志士によるこの事件で、宇都宮藩の関係者も次々と逮捕された。

その数カ月前には、幕府から受けた米公使館警護の命令を拒否している。幕府からにらまれる事態が続き、窮地に立った藩は起死回生の策を講じる必要に迫られていた。

家老間瀬《ませ》忠至《ただゆき》は、江戸藩邸で重鎮の縣信緝に打開策を諮問した。縣は数日間考え抜き、こう答えた。

「大事業はできないが、山陵修補なら何とかできるのではないか。蒲生君平の志を継ぐことにもなる」

宇都宮出身の学者蒲生《がもう》君平《くんぺい》（1768〜1813年）は、天皇陵が不明確で荒廃していると嘆き、自ら調査して研究書「山陵志」を著した。『宇都宮市史』によると、江戸初期の水戸藩主徳川光圀《みつくに》が表した「山陵尊崇」を継承したといわれる。ただ幕末の水戸藩主徳川斉昭が建言した山陵修補は、幕府の財政難からか、受け入れられていない。

社会に尊王思想が広がる中、幕府は皇女和宮の降嫁問題で尊王攘夷派からの非難にさらされていた。宇都宮藩は、国難打開のための山陵修補の必要性を幕府への建白書で訴え、「かゆをすすってもやり遂げる」と自藩で費用を持つ決意を示した。建白書提出の6日後、許可が下りた。

水戸藩に下りなかった許可が宇都宮藩に下りたことについて、県立博物館主任研究員の飯塚《いいづか》真史《まさし》さんは「朝廷は先祖の墓が荒れ果てて心を痛めていた。朝廷の力を使って体制を立て直そうとしていた幕府と思惑が合致した」とみている。

忠至は山陵修補に自身の命運をかけた。10代の藩主の名代で事業に当たることを願い出た。養子先の姓である間瀬から戸田《とだ》に戻したのも、藩主一族としての覚悟ともみえる。先発した縣に続いて京都に上り、1862年秋、朝廷から山陵奉行を任じられた。

「陵の頂に麦をはじめとする作物を植え付けて不浄(肥料)を与え、石棺が暴かれ庶民の墓もある」

大和国などを調べて回った忠至はこう言って嘆いた。山陵の多くは耕作地となっていた。

忠至は文献や学者の意見を基に、その時点での山陵の特定を行った。周りの堀をさらい、土手を築くなどの方針が取られた。被葬者の霊に祭祀《さいし》を行う意味を明確化して拝所を設置した。

山陵修補は江戸期に幕府などによって数回行われている。だが、宇都宮藩が行った修補はそれ以前と比べ、修理の規模や範囲が格段に大きいという。

日本近世史が専門で兵庫県立歴史博物館長の藪《やぶ》田《た》貫《ゆたか》さんは「宇都宮藩は、天皇の墓を造られた時代に戻すことを大事にした。工事によって陵墓を具体的、視覚的にイメージさせたことが決定的に大きい」と指摘する。

＊戸田忠至を祀るほこら
〒321-2523 栃木県日光市高徳943−8
【交通】東武鬼怒川線小佐越駅から徒歩20分。
今市ICから車で20分

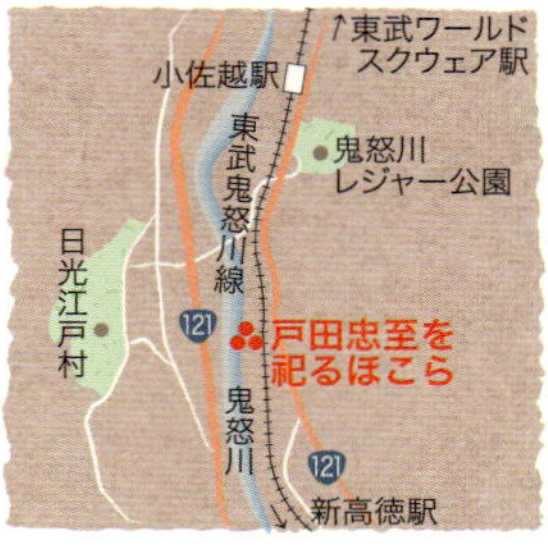

＊高徳藩主の戸田忠至を祀るほこらがある日光市高徳の民有地。市教委によると、陣屋の建物はなかったが、この辺りに陣屋の機能を有する場所があったとみられる＝日光市高徳

宇都宮藩は１８６４年の天狗党事件で藩士が加担するなどしたため、翌年幕府から奥州棚倉へ国替えを命じられた。しかし、着々と進む山稜修補の報告が処分を遅らせ、最終的に国替えは中止された。

忠至は山陵修補の功績により宇都宮藩から１万石を分け与えられ、江戸幕府最後に成立した高徳藩の藩主となった。

忠至らが心血を注いだ山陵修補は、度重なる藩の危機を救った。同時に山陵のあるべき姿を示した点で確かな実績を後世に残した。K

神武陵認定 忠至が進言か

幕府の命で宇都宮藩が文久２（１８６２）年に始めた山陵修補事業は「文久の修陵」と呼ばれる。

中でも、初代天皇とされる神武《じんむ》天皇の陵の修理には孝明天皇の強い意向が働いたとされる。神武陵は、少なくとも3カ所あった候補地から「神武田《じむた》」と呼ばれていた奈良県橿原市の現在地に決まった。孝明天皇の鶴の一声で決定したという。

とちぎ未来づくり財団県埋蔵文化財センター普及資料課長の篠原祐一《しのはらゆういち》さんは「孝明天皇は山陵奉行の戸田忠至《とだただゆき》を厚く信頼していた。神武陵は、忠至の進言を受けて位置が決められたのだろう」と解説する。

同センターの史料によると、神武田は蒲生君平が「山陵志」に記した場所とは異なる。文久の修陵では、八十数カ所で１００基を超える陵墓を修理したが、そのうち約20カ所は山陵志と一致しない。この事業で定められた陵は現在、宮内庁が管理している。

神武陵をはじめ、各陵は祭祀を行うためにふさわしい形に整えられた。そのため古代の姿とは異なっている。明治期以降

は、宇都宮藩が整えた形を維持しつつ、その時代に合った皇室にふさわしい姿に近づけてきたという。周囲に巡らせた垣や鳥居は木から石製に替え、景観上、不要な木は伐採された。

「文久の修陵」の総出費は約22万8千両（現在の金額で約16億円）。このうち幕府が約6万4千両負担し、豪商などからの寄付も約3万両集まった。そのため宇都宮藩の持ち出しは約5万両で済んだ。

神武天皇陵。拝所が整備されている＝奈良県橿原市大久保町

宇都宮藩の決断

勤皇へかじ　諸藩も追随

1868年1月、京都の鳥羽・伏見の戦いで新政府軍が勝利すると、3月中旬、黒羽藩が新政府に従う意思を鮮明にした。この頃、宇都宮市西部の古賀志山に連なる赤岩山周辺には数十人の会津藩兵が進軍していた。同所は日光山領に近接する幕府・旗本領で、日光奉行の暗黙の了解もあったかもしれない。

彼らはなぜ、ここに駐留していたのか。

赤岩山山頂からは宇都宮市内が一望できる。新政府軍か、それとも旧幕府軍か。下野最大の宇都宮藩がどちらに付くのかを探りながら、佐幕へ誘導しようとしていた可能性が高い。

福島県会津若松市の若松城天守閣郷土博物館副館長中岡進《なかおかすすむ》さ

＊宇都宮城址公園
〒320-0817 栃木県宇都宮市本丸町、旭1丁目地内（宇都宮市役所東側）
【交通】JR宇都宮線宇都宮駅西口から関東バス市内循環線で20分、宇都宮城址公園入口下車すぐ。または同駅西口からバスで5分、馬場町下車徒歩10分

＊慈光寺
〒320-0027 栃木県宇都宮市塙田1-3-3
【交通】JR宇都宮線宇都宮駅西口から関東バス市内循環線で7分、慈光寺前下車すぐ。または同駅西口からバスで5分、馬場町下車徒歩3分

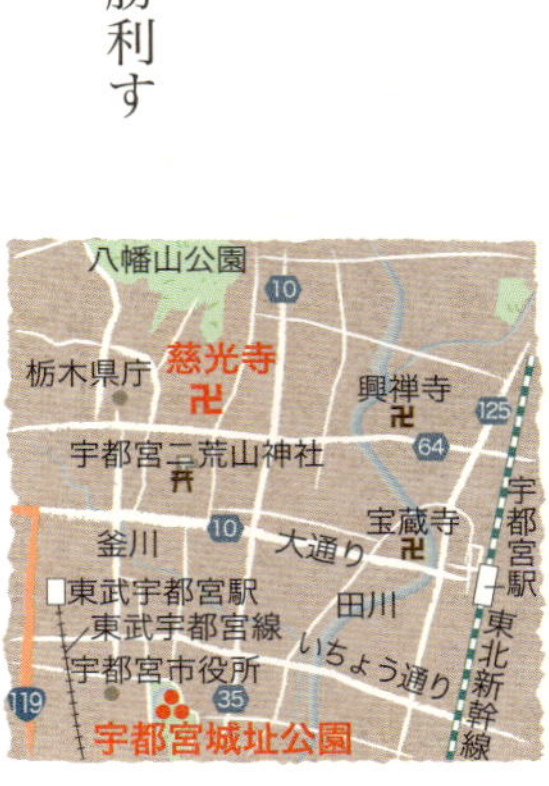

んは「会津藩に余力はなく、攻めるつもりはなかった」と推測。日光市の歴史研究者田辺《たなべ》昇吉《しょうきち》さんは著書『北関東戊辰戦争』の中で「会津藩の密使たちはしきりに佐幕派の宇都宮藩重臣たちに協力を申し入れていた」と指摘している。

この時点でいまだ態度を明らかにしていない下野諸藩を取り込むために、水面下の攻防が繰り広げられていたとみられる。

徳川慶喜が朝廷に恭順の意を表すと、見切りをつけた旧幕府軍の兵約2千人が江戸の屯所を脱走し、その一部が下野に入る。そして旧幕軍と新政府軍による梁田（足利市）の戦いや結城藩（茨城県）の内乱が勃発した。

縣信緝（縣信元氏提供）

宇都宮藩にとって藩論の統一は急務。だが、忠義の思いが強く、年若い藩主の戸田《とだ》忠友《ただとも》は、慶喜の助命などを願い出るため京都へ向かい、途中で新政府軍から「今は謝罪嘆願の時ではない。中止せよ」と勧告を受け、大津（滋賀県）で謹慎状態に入ってしまう。

藩主不在の藩は割れた。元中老の縣信緝の

日誌によると、尊王派の重臣が「勤皇のほかに考えがないことを総督府に表明すべきだ」と主張したのに対して、佐幕派は「京都の兵は軟弱で、関東八州の兵の敵ではない」と息巻いた。

「宇都宮藩は会津藩と互いに救い合うことを約束している。会津の強兵が必ず助けに来てくれる」と論じる重臣もいた。

この時、無役だった縣が声を上げる。「宇都宮藩は長年にわたって尊王攘夷の大義を唱え、山陵修補を成し遂げた。官軍に勤皇の本意を伝え、貫けば主家はおのずと安泰になる」と重臣たちを説き伏せた。

宇都宮城の本丸の一部を復元した宇都宮城址公園。*
150 年前、縣は城内に住んでいた重臣たちを説得し新政府に従う方向で藩論をまとめた

縣は1864年春、天狗党に対する宇都宮藩の対応を弁明するため江戸に出掛けたが、その留守中、反対勢力に実権を握られてしまった。

藩は天狗党の乱の不始末で幕府から国替えを命じられるが、縣が藩から2年半もの間、謹慎処分を受け無役となったのは、藩を救おうとして藩に無断で上京し、嘆願要請活動をしたことが理由だった。

その無役となった縣が、なぜ重臣たちを説得できたのか。縣は1862年に始まった山陵修補で事業を担当した奉行に先行し、京都の公家正親町三条家《おおぎまちさんじょう》で庶務を担った。縣の「生涯と業績」をまとめたひ孫の縣信元《のぶもと》さん（東京都調布市）は「謹慎中は京都時代の人脈で情報を集め、『いざ鎌倉』に備えていたのではないか」と強調する。

『宇都宮藩・高徳藩』の著者坂本俊夫《さかもととしお》さんは「この時、重臣の6、7割は尊王で新政府寄りだったものの、まだ徳川家との関係を断ち切れず、ためらっていた。縣が説得しなければ旧幕に付いた可能性もある」と指摘する。

1868年3月末、藩論を統一した縣は、直ちに板橋（東京都）の東山道総督府へ出向き援軍を依頼する。「宇都宮は要害の地。旧幕派が手中にすれば総督府による鎮圧が100倍難しくなる」と訴えた。総督府は軍の宇都宮派遣を約束する。

10藩ほどと小藩が割拠する下野は、宇都宮藩が「官軍」に従うことを決断したことで、大勢が固まった。

戊辰戦争に詳しい県歴史文化研究会元常任委員長大嶽浩良さんは「どの藩にも言えることだが、宇都宮藩は自らをいかに存続させるかを第一に考えて『官軍』に付いた。一方、会津藩は自分たちの信義を貫いて『賊軍』と呼ばれた。会津では『官』も『賊』もないと、『西軍』『東軍』と言い換えている。ただ、会津は戦いに負けたけれども、現在では求心力のある魅力的な観光地となって輝いている」と話す。K

＊慈光寺にある縣信緝の墓＝宇都宮市塙田1丁目

藩領や幕府領 入り組む

幕末に下野国内に居城、もしくは陣屋を置いた藩は11あったが、大藩がなかったことが大きな特徴だ。その中で宇都宮藩は6万8千石（高徳藩に1万石分地）と最も大きい上、奥州、日光両街道が交差する要衝で、下野の中核だった。

栃木県立博物館によると、藩の規模は宇都宮藩に次いで烏山、壬生両藩が3万石で並び、黒羽藩が1万8千石で続いた。

下野国内は外の藩の飛び地が約2割あった。各藩が江戸藩邸家臣らに給与などとして与える

コメの生産が目的だ。幕府領・旗本領も多く、日光山領は将軍家から寄進された領地を有した。下野北部には会津藩が管理する幕府直轄領「南山御蔵入地《みなみやまおくらいりち》」の一部もあった。

戦国時代末期、北条氏の滅亡に伴い長尾《ながお》氏、小山《おやま》氏、壬生《みぶ》氏、那須氏が改易された。江戸時代初期には皆川《みながわ》氏が国替え、佐野《さの》氏は改易させられる。幕末まで、改易も国替えもなかったのは大関氏（黒羽藩）、大田原《おおたわら》氏、喜連川《きつれがわ》氏の3氏だけだ。

下野に小藩が多い理由について、同館主任研究員飯塚真史さんは「豊臣秀吉に宇都宮氏が改易された上、江戸初期に宇都宮藩主となった本多正純《ほんだまさずみ》（15万5千石）が定着しなかった」ことを一因に挙げる。

県歴史文化研究会元常任委員長の大嶽浩良さんは「大藩はもともと外様に多く、江戸近郊に譜代大名を集めたのは幕府の戦略。下野には他国の飛び地や天領・旗本領が多いため、領地を広げることが難しかった」との見方を示した。

宇都宮の戦い

城奪還　新政府軍に勢い

宇都宮市西原1丁目の旧栃木街道沿いに、*戊辰戦争の旧幕府軍戦死者を祀った「六道の辻《つじ》」の碑がある。近くの*報恩《ほうおん》寺に新政府軍、*光琳《こうりん》寺には両軍の戦死者の墓がある。宇都宮は戊辰戦争が本格化した1868年4月、北関東以北で最初の激戦地になった。

この直前、江戸城が新政府軍に明け渡され、前将軍徳川慶喜は水戸に退いて謹慎を続ける意思を固めていた。

一方、主戦論者の旧幕軍歩兵奉行大鳥圭介の下には、幕府が近代式軍制を導入して養成した兵の一部と甲州（山梨県）の戦いで新政府軍に大敗した新選組の土方歳三《ひじかたとしぞう》らが集まった。その数は2千人を超えたといわれる。

日光市の歴史研究者、田辺昇吉さんの著書によると、大鳥の下には会津藩

＊戊辰之役戦士墓・報恩寺・光琳寺

〒320-0862 栃木県宇都宮市西原1-5-23
報恩寺：西原1-3-13／光淋寺西原1-4-12
【交通】JR宇都宮線宇都宮駅西口から関東バス六道鶴田駅系統などで12分、六道下車すぐ

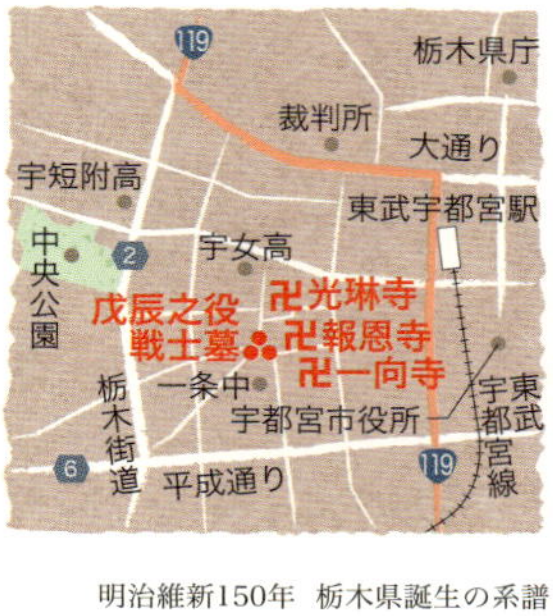

六道の辻にある「戊辰之役戦士墓」では毎年旧暦4月23日、住民有志と近くの一向寺による墓前供養が行われている。一向寺には供養塔がある＝宇都宮市西原1丁目（2018年6月6日）

士や桑名藩士らも加わり、市川（千葉県）の軍議で、「まず日光東照宮に至り、世上の動静を見よう」という大鳥の提案が受け入れられた。

「『神君』家康公にあやかり、自分たちが徳川幕府の正統な後継者だと示そうとした。２千人分の宿坊があり、石垣が多いので防御に適していたこともある」。県歴史文化研究会元常任委員長の大嶽浩良さんは日光が選ばれた理由をそう説明する。

大鳥本隊が西から北上し、

土方らが率いる分隊などは東の下妻、下館両藩から兵士や軍資金の提供を受けながら日光を目指した。途中、すでに新政府軍が宇都宮にいることを察知した土方らの分隊は、同地の攻防戦に向かう。

宇都宮城は奥州を意識した北の守りは強いが、江戸には無防備だった。旧幕軍は4月19日朝、ラッパを合図に守りの手薄な東南部から進攻を始める。大砲が火を噴き、約1千人の兵が新式銃で攻め込む。迎え撃つ宇都宮藩や烏山藩を加えた新政府軍は400〜500人、兵器は旧式だった。

旧幕軍が城の東の名主宅に放った火は風にあおられて燃え広がり、藩主のいる二の丸にも銃砲弾が打ち込まれる。戦いは約6時間で新政府軍の敗戦が濃厚となった。

宇都宮藩は城からの脱出を決め、二の丸館に自ら火を放つ。炎は城の南西部に飛び火し、武士、町民ら約1万2千人が住む町のほとんどが焼き尽くされた。

新政府軍の敗因について、大嶽さんは「この時は百姓一揆の鎮圧のために、宇都宮藩兵の多くが領内各地に散っていた。戦いどころではなく、中老縣信緝が日記に『日夜奔走し疲れ果てていた』と嘆いたほどだった」と解説する。

この頃、2千人を超す新政府軍の援兵が江戸から宇都宮に向かっていた。日光に転進すべきか、とどまって宇都宮を守るべきか。弾薬や資金の確保がままならない旧幕軍は迷った。

この時の様子を記した大鳥の側近の日記によると、「敵の備えができないうちに一撃を与えるべきだ」と壬生城攻撃を強く主張する大鳥に対し、幹部らは「四方を囲まれたら弾薬は欠乏し、食料もじきに尽きる」と撤退を求めた。激論は2日間続き、この間に新政府軍の態勢が整った。

22日夜明け前、宇都宮と壬生の中間にある安塚（壬生町）で戦端が開かれた。新政府軍500人に対して旧幕軍600人。雨中の戦いは、2門の大砲を奪った旧幕兵が優位に立ち、新政府軍の兵士が次々と逃げ出し始めた。

「戊辰戦記絵巻物後編『野州安塚戦争之図　其の二』」（長岡市立中央図書館蔵）。
中央の河田左久馬が陣頭指揮をする「河田の逆襲」といわれた場面

しかしその兵士らの前に、東山道総督府参謀で因州藩士河田《かわだ》左久馬《さくま》が立ちはだかった。河田は「『退く者は他藩といえども斬り捨てる』とげきを飛ばして陣頭に立ち、ここから戦況は一変した」と新政府側の史料集『復古記』にある。

勢いに乗った新政府軍は翌23日、宇都宮城を奪還。援軍が続々と加わり最後は物量で圧倒した。

「宇都宮で最初に負けたことが新政府軍を本気にさせた。以降の戊辰戦争を占う戦いだった」。研究者の間ではこれまであまり重

視されてこなかった戦いを大嶽さんはそう位置付ける。

　この戦いで土方は足を負傷し戦線離脱を余儀なくされた。病気のため宇都宮にとどまっていた大鳥は敗戦後、改めて日光を目指す。

　日本史研究者の石井《いしい》孝《たかし》さんは「大鳥軍は弾薬の補給基地を持たなかったため、宇都宮を確保することができなかった」と著書『戊辰戦争論』でみている。K

安塚の戦いで戦死した旧幕府軍兵士を弔うために建てられた『戊辰戦役之碑』。住民らによって守られている＝壬生町安塚

サイドヒストリー

前哨戦、田崎草雲足利を"防衛"

大鳥軍の北進によって戊辰戦争は本格化する。県歴史文化研究会元常任委員長の大嶽浩良さんは下野国内の戦いを小山、宇都宮、日光山麓、塩谷・那須郡の四つに大別している。その前哨戦となる新政府と旧幕府軍の戦いが3月上旬、梁田（足利市）で起こった。

朝廷に恭順の意を示した前将軍徳川慶喜に見切りをつけた旧幕軍の歩兵約2千人が江戸などから脱走した。このうち謹慎処分を受け忍《おし》城（埼玉県行田市）にいた兵と、歩兵奉行古屋佐久左衛門《ふるやさくざえもん》率いる歩兵隊が合流し、900人超となった。

部隊は館林藩の勧めで、信州に向かう途上、梁田宿に宿泊した。宿場で酒宴を催したところを、熊谷（埼玉県）から新政府軍が急襲した。戦闘は約2時間で決着がつき、戦死者は新政府軍

田崎草雲（東京・佐々木氏所蔵）

3人に対して旧幕軍は63人を数えたという。

「（新政府寄りの）館林藩は裏で使者を新政府軍本営に飛ばしたから梁田宿が戦場と化すことになった」。大嶽さんは著書『下野の戊辰戦争』でこう指摘する。

この戦いで足利藩の南画家田崎草雲《たざきそううん》が、自ら組織した民兵組織「誠心隊」を率いて藩の警備に当たった。「旧幕軍は（誠心隊の）装備が優秀で手が出せないと判断し、足利に入るのを中止した」との逸話が残る。

新聞記者の荒川敏雄《あらかわとしお》さんは『画聖田崎草雲』で、「誠心隊は梁田戦争には参加せず、領内に逃げ込んで乱暴を働いた敗残兵の取り締まりに当たった」と指摘する。

この戦いののち、古屋らの旧幕軍は会津に入って「衝鋒隊《しょうほうたい》」を名乗り、精鋭部隊として転戦していった。

日光・今市の攻防

要衝地確保へ 両軍対峙

1868年4月23日、歩兵奉行だった大鳥圭介率いる約2千の旧幕府軍は、宇都宮の戦いに敗れた後、当初の目的だった日光に向けて兵を進めた。

手前にある今市は、日光街道、例幣使街道、会津街道が合流する交通の要衝であり、『いまいち市史』によると、下野の幕府領から集められた「御蔵米」の倉庫群があった。蔵には当時、日光山領のために約6千俵のコメが納められていた。

このコメに目を付けた大鳥は、今市でコメの提供を申し入れた。これに対し、日光奉行などは「（コメは）先に新政府軍の使者に渡してしまった」と引き渡しを拒否した。大鳥は新政府軍の動向を探

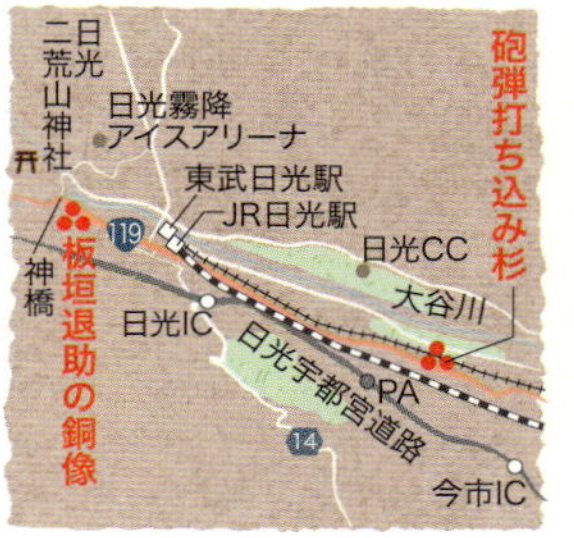

＊砲弾打ち込み杉
〒321-1263 栃木県日光市瀬川
【交通】今市ICから車で5分、国道119号から入る

＊板垣退助の銅像
〒321-1401 栃木県日光市上鉢石町
【交通】JR日光駅・東武日光駅から徒歩20分

るため、いったん兵を止めようともした。だが、兵の多くはすぐにも参詣を望んでいることもあり、一行はそのまま日光山に入る。

すでに新政府に従う意思を示していた日光山は、「徳川の無罪を訴える」と進駐してきた大鳥軍に大いに慌てた。大鳥の著書『幕末実戦史』には、「『戦争になっては迷惑。早く立ち退くべきだ』と僧侶たちが主張した」と記されている。

大鳥圭介
（角川学芸出版「幕末明治の肖像写真」から転載）

小説家の安岡章太郎さんは、戊辰戦争に加わった先祖を持つ。著書『流離譚』で安岡さんは、「日光で戦うとすれば弾薬食糧の補給が必要だったが、その補給路はだれが考えても今市を置いてほかにはない。大鳥軍が今市を放棄して日光で防戦を決心するというのは、それ自体が矛盾なのだ」と作戦の甘さを指摘する。

進駐から4日後、大鳥軍は日光での交戦を避け会津方面に脱出した。退却前、日光と今市境の瀬川十文字で、1時間ほど新政府軍との小競り合いがあったが、旧幕府重

日光街道沿いにある「砲弾打ち込み杉」。*
手前の杉の幹にある縦長のくぼみは、瀬川十文字の戦いで新政府軍が撃った砲弾が貫通した痕跡とされる
＝日光市瀬川（2018年6月上旬）

鎮の勝海舟や僧侶らの事前の説得もあって、大島は撤退を決断し、日光は戦火を免れた。

大島軍は29日夕刻から、現在の霧降高原道路の六方沢橋に近い山道を通って栗山に向かった。兵士たちは、暗闇の中、ぬかるんで一歩踏み外せば深い谷という道を進み、六方沢の谷底で石を枕に寝入った。

大島は、著書で「目が覚めると、白や桃色の花を付けた高さ4、5メートルのツツジが周囲を埋め尽くしており、まるで桃源郷のようだった」と振り返っている。

その後、大島軍は会津領田島に向かい、会津藩兵を加えて計1500人の「会幕連合軍」を再編成し、今市奪還を目指した。

『田島町史』は「今市は軍事上、日光口の最前線に位置する拠点となってきた。日光・今市の備えとして会津米を送り続けた重要な土地でもあった」と記す。

会津若松市の若松城天守閣郷土博物館副館長の中岡進さんは「南会津地方の幕府直轄地の管理を任されていた会津藩にとって、日光は徳川家康を祀る特別な地であり、どうしても守らなければいけなかった」と説明する。

閏《うるう》4月21日、新政府軍が陣を敷いた今市に戻った会幕軍は、奪還に打って出る。

「土佐のお方は上州ちぢみ　見掛けや強いよで着て弱い」

新政府軍の中核となっていた土佐藩兵は、宇都宮の戦いで薩摩・長州に後れを取り、こう揶揄《やゆ》されていた。第一線で指揮を執るのは、東山道総督府参謀の板垣退助《いたがきたいすけ》だった。

雨の降り続く中、約500人の新政府軍の多くは天幕生活を送り、昼夜なく敵の警戒に当たった。土佐藩軍監の谷干城《たにたてき》は「兵士は疲れ果てわらじを解く暇もなく、風雨にさらされた足は溺死人のように水ぶくれになった」と私記で嘆いた。

梅雨がやんだ5月6日。会幕軍約700人が深夜、大谷川に架けた橋をつたい、攻撃を仕掛けた。1度目の戦いで兵力を分散し敗れた反省から、総力を東関門に結集させた。

対する新政府軍は宇都宮からの援軍が着かず、敵の背後を突く予定の小隊も戻って来ない。「もはや今市での新政府軍の命運はつきたと考え、板垣は打って出ることを思案しはじめた」と安岡さんは記す。

今市の戦いは、新政府軍にとって、会津に入れるかどうかを占う重要な一戦だった。結局、最後は物量に勝る新政府軍が勝利するが、攻防は熾烈《しれつ》だった。

日光・今市を守り切った土佐藩兵は間もなく同地を離れ、戦局は戊辰戦争最大の激戦となる奥州・白河を巡る攻防に移る。

一方、会幕軍は今市を制し宇都宮を奪還するという構想を捨て、会津街道を守る防衛戦に徹する。100人超の猟師で編成した鉄砲隊の活躍もあって3カ月余持ちこたえたが、8月27日、横川（日光市）の戦いで敗れ、下野から退いた。Ⓚ

覇権争いで板垣像建立か

日光市の神橋東側に土佐藩隊の将、板垣退助の銅像が日光山内に向かって立っている。解説板には「日光廟《びょう》に立てこもった旧幕府軍を説得し、社寺を兵火から守った」と記されている。

板垣は、日光進攻を前に大鳥軍の下へ僧侶を派遣し、下山を説得させようとしたとされる。一方、日光で戦争になれば、社寺が兵火にかかるかも知れないことを、宇都宮の参謀に通知し、了解を求めていた。日光の社寺が焼失しかねない最大の危機だった。

結果的に社寺を舞台にした戦いは回避されたが、板垣の力がどこまで及んでいたのかは分からない。横浜市の歴史研究者、柴田宜久さんは著書で、「いろいろな人の努力があり、板垣の尽力ばかりではないことは確か。むしろ、銅像がどのような経緯で建てられたのかについて考えてみるべきだ」と問い掛ける。

柴田さんは、銅像建立の背景として、後年にあった明治政府内の主導権争いに着目する。1881年に薩長派の政権が確立。自由民権運動を指導し、その名をとどろかせた板垣も薩長支配が強まる中、1900年に政界を引退する。

こうした状況で「土佐の名を忘れるな」と土佐藩の人々が全国に発信する。柴田さんは「その仕掛けの一つが銅像の建立だった」とみている。

日光市の板垣像は1929年、高知（旧土佐藩）出身の古河電工日光精銅所長らが発起人となって建てられた。銅像は第2次大戦で供出され、現在の像は2代目だ。

板垣退助先生顕彰会によると、板垣の銅像は1913〜1951年、東京都、岐阜市、高知市などに6基造られ、そのうち5基（2代目を含む）が残っている。

神橋の東側に立つ板垣退助の銅像＊
＝日光市上鉢石町（2018年7月上旬）

東照宮・大楽院の決断

戦火迫り ご神体を動座

生まれ故郷に立つ大楽院貞侃の墓標。
子孫の田村家が守っている＝長野県飯綱町

幕末の日光東照宮別当＊貞侃《ていかん》の墓が、現在の長野県飯綱町にある。旧中郷村が管理していた共同墓地の一角だ。

村史によると、貞侃は少年の頃、茶屋を営む生家で旅僧に見込まれ仏門の道に進み、日光山に入って大楽院住職にまで上り詰めた。日光市・憾満《かんまん》ガ淵《ふち》にある日光山の墓

＊**貞侃の墓標**
〒389-1211 長野県上水内郡飯綱町牟礼2813
【交通】しなの鉄道北しなの線牟礼駅下車、徒歩18分

地には貞侃の墓碑も並んでいるが、生まれ故郷にもひっそりとある。

飯綱町学芸員、小山《こやま》丈夫《たけお》さんは「3年前、子孫から貞侃にまつわる古文書の寄贈を受け、初めてその存在を知った。地元でなぜ、語られてこなかったのか」と残念がった。

1868年4月、日光山は社寺が焼失しかねない危機を迎えていた。同地に立てこもる旧幕府軍歩兵奉行大鳥圭介率いる兵団に、新政府軍が総攻撃をしかけようと一触即発の状態だった。東照宮のご神体をどう守るか。その対応策を巡り山内は揺れていた。

4月26日早朝、降りしきる雨の中、約20人の神職らが長櫃《ながびつ》を運び出した。この中には、ご神体や宝刀、鏡など東照宮が最も神聖とする宝物があった。ご神体は存在自体が「深秘」とされていた。このご神体を守る一行の中心にいたのが、東照宮の祭祀をつかさどる大楽院貞侃だった。

貞侃は前日、幕府の元老中板倉勝静《いたくらかつきよ》がとどまっていた山内の僧坊を訪ねていた。日光市の歴史研究者、柴田《しばた》豊久《とよひさ》さんは著書で「板倉元老中が（貞侃に『動座』の）最後の決断を促したと思われる」と記している。

一行は、近くを流れる稲荷川のほとりで合流した約100人の会津藩兵に守られながら、標高差800メートルの六方沢の険路を急ぐ。会津街道に出て五十里、横川、会津藩領田島を抜け、出発から8日後の閏4月5日、会津に到着した。ご神体は城内の東照宮に安置された。

会津までの道中、日光山の僧侶が一行を連れ戻そうと追い掛けてきたが、貞侃らはそのまま、振り切った。柴田さんは「別当が熟議を求めず強行したことが批難されている」と指摘している。一方、新政府軍の軍政下に置かれた日光山は、ご神体がない事実をひた隠しにして平静を装った。

日本近世史が専門の筑波大准教授、山澤学《やまさわまなぶ》さんは「貞侃はご神体が焼失すれば東照宮そのものが消滅しかねないとの危機感で動座を行ったが、20人の衆徒全員からの了解は得られなかったのだろう」と推し量る。

ご神体は5カ月にわたり、会津東照宮に鎮座した。日光山を統括する輪王寺宮は、5月の上野寛永寺の戦いに敗れ仙台へと脱出する途上、会津に立ち寄りご神体を拝えつしている。

この後、ご神体は輪王寺宮の意向で戦火が迫る会津から、山寺を経て仙台東照宮の別当寺仙岳院に移される。

9月22日、輪王寺宮が仙台で新政府軍に謝罪し、江戸に向かった。会津藩が降伏し

常珍寺に残されている貞侃らが乗ってきたとされる駕籠＝芳賀町西水沼

たのもこの日だった。ご神体を日光へ返したいと願う輪王寺宮の要望を総督府が受け入れ、ご神体は10月下旬、日光に戻る。道中の安全性を考慮し、輪王寺宮の「御荷物」として慎重に運ばれたという。

　貞侃は、ご神体が一行から離れた大田原で行方知れずになったとされる。貞侃がその後、潜んでいたとされる芳賀町西水沼の常珍寺*には、貞侃が乗ってきたという駕籠《かご》が今も残る。

　貞侃はなぜ、失踪したのか。輪王

＊常珍寺
〒321-3324 栃木県芳賀町西水沼1236
（見学の際にはお寺にお声かけください）
【交通】真岡ICから車で20分

寺宮が帰順後、側近の2人の僧は責任を問われ、大総督府に護送された。独断でご神体動座を行ったとも見られた貞侃は、身の危険を感じていたに違いない。山澤さんは「ご神体の無事が保証され、自分の役目は終わったと身を隠したのだろう」とみている。

日光山が戦火を免れたため、ご神体動座は、結果的に新政府軍に逆

らい、道理を外れた行為だったとの見方もされた。貞侃がその後、歴史の表舞台に立つことはなかった。

明治に入ると、日光東照宮は一時、廃絶論議の対象とされたが１８７３年、新政府から公式に神社として認められ、別格官幣社となった。貞侃は、決死の覚悟で守り抜いたご神体が鎮座する東照宮の安泰を見届けて翌１８７４年、永遠の眠りについた。Ｋ

日光東照宮の本社内。
ご神体は、扉奥の本殿に鎮座している＝日光市山内

サイドヒストリー

悲運を背負った大楽院

日光山内が東照宮、二荒山神社、輪王寺の社寺からなる現在の体制になったのは明治初年の神仏分離によるものだ。神仏混交だった江戸時代まで、これらが「日光山」として一つに包括された一大霊山だった。

筑波大准教授の山澤学さんによると、江戸時代の日光山は、輪王寺宮門跡の支配下にあり、約１００人の社僧（神社で仏事を行う僧）がいた。社僧は、学頭１カ院、別当・別所５カ院、衆徒20カ院、一坊（山伏の僧坊）80坊などに分かれ、それらの坊舎は東照宮の東から南にかけて一体に広がっていた。

神職は社家６人、神人《じにん》76人、八乙女８人、宮仕10人などがいて、社僧と協力して職務にあたった。

社僧のうち、東照宮別当大楽院は宮司の職務を務め、東照宮の祭祀一切をつかさどった。大楽院住職は徳川家光《いえみつ》によって将軍直轄の職制として確立された。住職は衆徒の中から選ばれ、最上位者が就任する本坊留守居（輪王寺宮門跡の代務者）か、それに準ずる実力者が任命されている。

貞侃は、衆徒の一つ、光樹院の住職から大楽院16世住職に就いた。現在の東照宮社務所辺りにあった大楽院は、黒門が現在、東照宮美術館の一角に残されている。

山澤さんは「ご神体を守ろうと動座を行った貞侃は職務に誠実な人物だった。それゆえに悲運を一人で背負った」と話す。

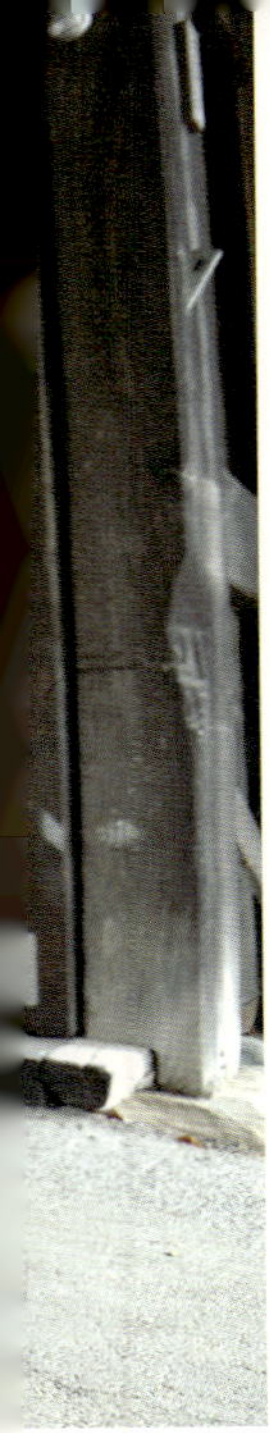

世直し一揆

民衆の不満 一気に拡大

木製の門柱に生々しく残る長さ十数センチの深い傷。真岡市西郷、大島芳則《おおしまよしのり》さん方には、幕末に芳賀地方で吹き荒れた世直し一揆の跡が残されている。名主宅を襲った一揆勢は、ノコギリで門柱を切り倒そうとしたらしい。

『真岡市史』によると、１８６８年３月、真岡町の北部にある神社近くで、徒党を組んだとして18人が逮捕された。質店や米穀店打ちこわしの風聞を聞きつけた真岡代官所役人が先手を打ったのだった。

逮捕された者はいずれもその日暮らしの庶民。「質屋が質を取らず、穀屋は米価が下落したにもかかわらず小売値を下げない

＊墓碑（一揆に参加し銃殺された5人のものとされる）
〒321-4222 栃木県益子町小泉456
【交通】真岡鐵道益子駅から車で8分。県道41号つくば益子線沿い

大島家の門柱には、一揆勢が切り倒そうとしてつけたとみられる傷が残る＝真岡市西郷

ため、やむなく集まって相談した」と役人に窮状を訴えた。

この年の1月、鳥羽・伏見の戦いで戊辰戦争が始まると、帰国を急ぐ東北諸藩の大名たちが続々と日光街道を北上した。その荷などを運ぶため未曽有の労役が農民に課され、芳賀地方一帯にも割り当てられた。

3月29日、労役の賃金未払いに怒った安塚（壬生町）や石橋（下野市）の農民が宿問屋を襲う。この一揆の火が、下野国内に燃え広がった。

戊辰戦争の足音が下野にも迫

ると、政情不安から店を閉める質店が相次いだ。米穀店は小売値を下げ渋った。真岡町は、真岡木綿の工場で働く小作農民など日雇い者も多い。数年で数倍に跳ね上がった物価急騰にあえぐ多くの民衆は、追い詰められていた。

4月4日夜、民衆の怒りが一気に噴き出す。半鐘を合図に真岡町北部に一揆勢が集まり、豪商など18軒を次々と打ちこわしていった。真岡陣屋も襲ったが、代官らはすでに逃げていた。

この直前、上野国の岩鼻陣屋が打ちこわしに遭っている。農民らは年貢半減令を出した新政府を味方と思い、軍の東進に乗じて襲ったとされる。

幕府領の支配者が不在となった芳賀地方は、真岡町から周辺の村々へ一揆の波が瞬く間に広がった。「参加しなければ打ちこわす」と強いる事例も目立った。『栃木県史』によると、真岡北方で4千~5千人、東方では2千人が集まった。

「質草に取った土地や物を即時返し、金やコメを差し出せ」

農民らはこう要求して豪農・豪商を回った。同じ農民がなぜ、富裕層と中下層に分かれたのか。

江戸時代中期、芳賀地方を凶作が襲うと、人々は江戸に流出し農村が荒廃した。幕府はこれを解消するため、代官陣屋を2カ所設けて農村復興に乗り出す。やがて事業が軌道に乗ると、富裕農民層が生まれた。

下野新聞論説委員長だった村上喜彦《むらかみよしひこ》さんは、著書の中で「彼らは高利貸し、特権的商人となって作物販売ルートを押さえ、他の農民と利害が対立するようになった」と解説する。

このとき、名主ながら一揆の先頭に立ったのが亀山村の勘兵衛《かんべえ》だった。勘兵衛は耕作地が約1ヘクタールと少なく、経済的にも中下層農民に近いこともあり、貧窮する民衆側に立ったようだ。

『市史』によると、勘兵衛は地主たちと交渉に入る前に「何かあれば、私が首を差し出す」

と覚悟を示し、「土地を平等に持てるようにせよ」と切り出した。だが地主たちは、当然この要求をはねつけた。

真岡に着いた新政府軍に地主側が訴え出ると、一揆勢の上層部は次々と捕らえられた。名主でありながら徒党を組んだとして、勘兵衛は打ち首となった。

宇都宮では一揆勢が3万人までふくれ上がった。それに並ぶ芳賀のほか、一揆は鹿沼や藤岡でも起きた。名主の一人は「徳川幕府二百有余年で積もり積もった不満が一気に爆発した」と記した。県歴史文化研究会元常任委員長の大嶽浩良さんは「どこでも同じような不満を抱えていたので、同時多発的に起こったのだろう」とみる。

しかし一揆はいずれも弾圧され、短期間で終わった。そして新政府軍の優位が明らかになり始めた同年閏4月、参謀名で一通の触れが回る。打ちこわしを「天朝へ敵対するも同然」と断じた。新政府軍は豪農・豪商の立場に立つことを宣言したのである。

こうして民衆の期待は裏切られた。そして新たな支配者に対抗するエネルギーは、明治に入り、自由民権運動などへ受け継がれていく。Ⓚ

＊一揆に参加した「無宿人」5人が黒羽藩兵に銃殺された。
草陰の墓碑は彼らを弔うために建てたと伝えられている＝益子町小泉

豪農、情報網駆使し対策

江戸後期の農村部は、自前の田畑を持つ「本百姓」の中から富を蓄える農民が生まれた。彼らのうち、単に石高が高い「富農」に対して、得た利益を基に商売や物品の生産を兼ねたのが「豪農」である。

『栃木県史』によると、芳賀地方の農村部で一揆の対象となったのは、ほとんどが豪農だった。彼らは酒造業・質店・金融業を兼ね村役人である名主でもあった。

「豪農たちは、商売仲間や領主とのネットワークを駆使して情報を集め、一揆や戦争に対する自己防衛に全精力を傾けた」と県歴史文化研究会元常任委員長の大嶽浩良さんはみる。給部村（芳賀町）を代表する豪農だった綱川家の文書に、その一端がうかがえる。

道場宿（宇都宮市）の河岸問屋商人、大島家から綱川家に送られた手紙は、戊辰戦争の局面を分析した上で、家をどう守るかを書いている。日付は宇都宮の戦いで旧幕府軍が敗走した1868年4月24日付。旧幕府軍の触れと自らの体験を引き合いに、脱走・敗走兵が金策に来た場合の対処について「必ず討ち取るべきだ」と助

豪農の名残を伝える綱川家の門＝芳賀町給部

言している。

さらに『栃木県史』によると、4月上旬に高根沢付近で起きた一揆への対応について、すでに黒羽・大田原両藩が豪農側に立ち鎮圧に着手した情報をつかんでいた大島家は、方便として〝降参〟し打ちこわしを免れる必要性を、綱川家に宛てた書簡で強調している。

県立文書館館長補佐の山本《やまもと》訓志《のりゆき》さんは「豪農たちは、確かな情報を基に冷静な対応をしていた」との見方を示す。

旧幕軍の遊撃隊長

暗殺された下野の剣豪

河岸で栄えた地域を見守ってきた大杉神社。
この辺りに坂本平弥の生家があったとされる
＝宇都宮市板戸町

＊長楽寺
〒959-2015 新潟県阿賀野市北本町4−41
【交通】JR羽越本線水原駅から徒歩15分

徳川慶喜の恭順を不服として、1868（慶応4）年春、江戸を脱走した大鳥圭介ら旧幕府軍兵。その中に、芳賀郡板戸村（現・宇都宮市板戸町）出身の剣豪、坂本平弥《さかもとへいや》がいた。28歳で約200人を率いて旧幕軍の遊撃隊長となった人物である。

生家は板戸村で代々名主を務め、河岸問屋を営んでいた。辺りを訪ねると、鬼怒川沿いに広がる水田の一角に航行の安全を祈願する大杉神社があり、水運で栄えた河岸の面影を今もとどめている。

商売を営みながらも、父親は武術に詳しく、その影響か、平弥も武術にたけていた。「板戸の歴史をたどる会」会長の斎藤康通《さいとうやすみち》さんは「棒をてこに使って高さ180センチの塀を乗り越えていた、と明治生まれの祖父から聞いたことがある」という。身軽さも持ち合わせていたようだ。

下野新聞論説委員長だった村上喜彦さんの著書によると、平弥は江戸に出て幕末の江戸三大道場の一つに数えられた「士学館」で桃井春蔵《もものいしゅんぞう》から鏡新明智流を学んだ。

上達著しい平弥は、士学館の師範代と竹刀で互角の勝負を繰り広げたという。師範代は天童藩の剣術指南役を斬り倒して勇名をはせていた。やがて平弥は一橋《ひとつばし》家に召し抱えられ、将軍に従って上京するまでになった。

3月30日、平弥は隊を率い会津藩預かり地、越後国水原（阿賀野市）に現れる。この頃、越後には、梁田（足利市）の戦いで新政府軍に敗れた歩兵奉行古屋佐久左衛門率いる衝鋒隊や水戸を脱走した諸生党数百人も乗り込んでいた。旧幕府側の両巨頭、会津藩と桑名藩の飛び地を拠点に「新政府軍何するものぞ」との機運に満ちていた。

一方、新政府軍は、日本海側と国境の山側の両方面から、武装中立を貫く長岡藩を目指し兵を進めた。

海側の新政府軍が最初の抵抗に遭ったのが、桑名藩兵などが守る柏崎に近い鯨波だ。閏4月27日、約2500人の新政府軍と旧幕府軍約500人によるこの戦いに、遊撃隊が参戦した。遊撃隊は、山を回って新政府軍の側面を突き、奇襲を成功させた。

新潟県立歴史博物館主任研究員の田《た》辺《なべ》幹《もとき》さんは、「北越（越後）の戊辰戦争で、旧幕府軍は新政府軍に三つの戦いで勝利するが、鯨波の戦いはその一つとして知られている」と解説する。

しかし5月3日、長岡に近い片貝の戦いで、遊撃隊は新政府軍に守りを破られる。数少ない旧幕軍の勝利を導いた平弥が、今度は敗因を作った。しかも約20キロ北方の脇野町に退却し次戦に備えた他の旧幕軍と異なり、遊撃隊ははるか後方の水原まで退却してしまう。

このとき、北越の戦局は大

きな転換を迎えていた。

長岡藩の家老河井継之助《かわいつぎのすけ》と新政府軍軍監岩村精一郎《いわむらせいいちろう》（後に高俊《たかとし》と改名）が小千谷で会談したが、戦闘の是非を巡って決裂したのである。

長岡藩は抗戦の道を選ぶ事になり、この後、旧幕軍と長岡軍は共同戦線を組む。だが、そこに遊撃隊は参加しなかった。

「会津藩の名で盛んに軍用金や物資を徴発している」「新政府軍に寝返ろうとしている」その頃、平弥に対し、水原の住民などからこんな密告が相次いでいた。各地でゆすりや暴行を行い、毛嫌いされていたとの指摘もある。驚いた水原代官所が公用で訪れた会津藩士大庭恭平《おおばきょうへい》に相談すると、大庭は平弥の始末を買って出た。

大庭は旅館加賀屋に平弥を招き、盛んに酒を酌み交わした。そして酩酊《めいてい》したところを刀で刺す。平弥は、あえない最期を遂げた。

平弥が殺された理由は諸説ある。『水原町史』は「とにかく豪怪で他人の意見を聞かない」とその振る舞いにも言及するが、暗殺の原因やその是非について評価は定まっていない。

新政府側の与板藩士の娘と恋文を交わし、折を見て遊撃隊を抜けて婿に入ることを約束した手紙が会津側の手にわたったともされる。平弥は、おじけづいたのかもしれない。

阿賀野市北本町の*長楽寺に、平弥の石碑が立つ。没後50年の1917年、地元の名士らが発起人となって建立された。敗軍の士だが、国の行く末を憂えて立ち上がった志をたたえている。

阿賀野市元学芸員の遠藤《えんどう》慎《しん》之介《のすけ》さんは「十数年前まで、地元の文化団体が石碑の案内を行っていたが、合併を機に活動は途切れている」と話している。平弥の足跡は風化し、石碑が静かに来歴をしのばせている。K

長楽寺に立つ坂本平弥の石碑。
周囲の墓石と違って、丸みを帯びた独特の形が目を引く＝阿賀野市北本町

幕府再興へ 近藤勇も決起

徳川慶喜の恭順後、行き場を失った幕臣たちが関東一円にあふれだした。その中にあって、あくまで主戦を貫く旧幕府軍兵らを中心に、いくつもの隊が自然発生的に組織された。

新選組組長の近藤勇《こんどういさみ》は、徳川氏の天下を取り戻そうと、約200人で「甲陽鎮撫隊《こうようちんぶたい》」を結成し、甲府の領有を目標とした。このとき、陸軍総裁勝海舟らは万が一成功すれば近藤に10万石、副長の土方歳三に5万石を与えると約束している。

なぜ、甲府だったのか。戊辰戦争研究家、大山柏《おおやまかしわ》さんは著書で、「勝らは、やたら兵を動かされては慶喜の謹慎の意に反すると考え、巧みに主戦論の連中を江戸から地方に追い出した」と解説する。衝鋒隊も、同様に勝の指示で

近藤勇（国会図書館）

信濃国に向かっている。

甲陽隊は銃の扱いも未熟な寄せ集め集団だった。甲斐で新政府軍にあっけなく敗れ、瓦解《がかい》した。旧幕府の遊撃隊と上総国・請西藩の連合軍も結成されたが、箱根をいっとき占拠したものの、兵力不足で退却した。

遊撃隊は将軍の護衛が任務で、坂本平弥の師、桃井春蔵も頭取を務めた。下野新聞論説委員長だった村上喜彦さんは著書で「平弥は自らのグループを『遊撃隊』と名乗っており、旧幕府遊撃隊のエリートの一人だったのだろう」とみている。

旧幕の各隊は決死の覚悟で立ち上がった。しかし、戦力や連携不足から、そのほとんどが奮闘むなしく消えていった。

土方歳三（国会図書館）

戊辰戦争終結へ

奥羽各藩に厳しい結末

宮城県白石市を流れる白石川右岸の小高い*陣場《じんば》山に、長州藩士の墓碑が2基、石柵に囲まれて立っている。

向かって右が長州藩士で奥羽鎮撫《ちんぶ》総督府下参謀《げさんぼう》の*世良修蔵《せらしゅうぞう》、左が世良の従者の墓だという。説明板には「世良たち一行は1868（慶応4）年閏4月19日夜、福島の妓楼《ぎろう》に泊まっていたところを仙台藩士らの襲撃を受けて（翌日未明に）惨殺され、首は白石の月心院に葬られ、2年後にこの地に改葬された」と記されている。

仙台藩士たちは、世良が新政府軍の同僚に出した密書を入手し、これを読んで激高、暗殺に及んだ。白石市の歴史研究者細田紀明さんは「密書には仙台、米沢両藩を『仙米賊《ぞく》』とし、『奥羽は皆敵と

***陣場山**
〒989-0231 宮城県白石市福岡蔵本陣場45-4
【交通】JR東北本線白石駅から徒歩20分。または白石市民バス福岡線で5分、白石大橋下車

***世良修蔵** せら・しゅうぞう（1835―1868）**の墓**
長州藩士の世良は戊辰戦争で奥州鎮撫総督府下参謀として来仙。明治元（1868）年4月、福島の妓楼金沢屋に宿泊していたところを仙台藩士らに襲撃されて惨殺され、首は白石市森台の月心院に葬られた。明治3（1870）年に現地に改葬され、明治8（1875）年に宮城県が墓碑を立て、翌年の明治天皇御巡幸の際、木戸孝允が歌一首と石燈籠一基を献じた。

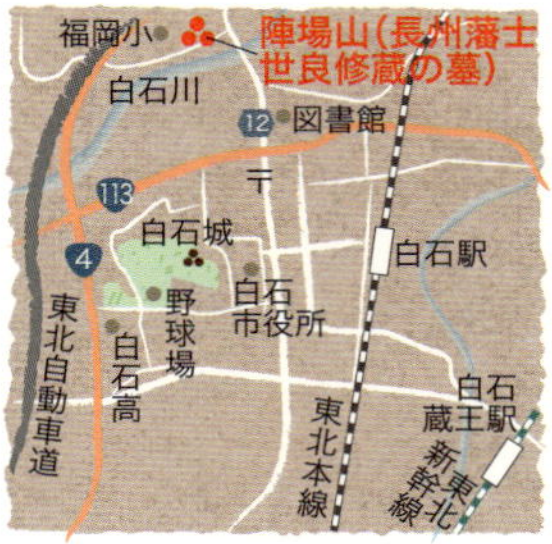

見て進撃をすべきだ』と書かれてあった」と説明する。

世良の墓碑には「賊のために殺された」という趣旨の「為賊」の2文字があったとされるが、今はきれいに削られていて読めない。

『仙台市史』によると、世良は1868年3月中旬、新政府の奥羽鎮撫軍の下参謀として仙台にやって来た。鎮撫軍は総督九条道孝《くじょうみちたか》ら公家の下、薩長兵などと仙台藩兵がそれぞれ200人ずつの陣容だったという。新政府軍はこの体制で、腰の重い仙台藩を叱咤《しった》し、「朝敵」となった「会津征討」を実行させようとした。

これに対し仙台藩と米沢藩は「会津、庄内両藩を謝罪させ、両藩の征討を何とか回避させたい」と考えていた。閏4月12日、仙台、米沢両藩主は会津藩の「謝罪嘆願書」などを提出し、総督は一度はこれを容認する姿勢を示したという。

しかし世良が仙台藩による会津征討の遅れをなじり、宇都宮からの新政府軍増強策を伝えたこともあり、一転して仙台、米沢両藩による嘆願書を却下、会津藩征討を厳命した。

却下後の工作に奔走していた世良は、この直後に襲われ、暗殺された。彼は次第に

白石川西岸の陣場山にある長州藩士世良修蔵の墓（右）＝宮城県白石市

孤立しつつあった奥州鎮撫総督府の白河移転により、宇都宮など野州の新政府軍勢力との連携を模索していたとされる。

仙台藩奉行の但木土佐《ただきとさ》は藩内に「奥羽各藩は王命に背くつもりはないが、一致協力して薩長兵を奥羽にとどまらせないことにした」と通告し、閏4月15日には会津藩征討の解兵令を出した。但木らは藩幹部に、「世良ら薩長勢は会津藩征討に反対する奥羽諸藩はもとより、鎮撫総督を侮蔑するありさまで、幼帝の聖慮《せいりょ》を奉じた官軍といえない偽官軍である」と述べ、「この上は偽官軍を打ち払い、東方より真の王政復古を成し遂げる」と決意を表明した。

状況が急変する中、九条道孝らは船で仙台入りした佐賀・小倉藩兵に守られ、盛岡を回って秋田に向かう。九条総督らは仙台藩に対し「奥羽を巡見して戦乱を鎮め、兵をまとめて秋田から京都に引き上げ、奥羽越諸藩の真情を政府に伝えることを約束した」という。

●戊辰戦争 関連年表

1868（慶応4）．	1．3	鳥羽・伏見の戦い
	3．23	新政府の奥羽鎮撫軍、仙台に入る
	4．11	江戸無血開城
	閏4．20	鎮撫軍下参謀世良修蔵討たれる。白河口の戦い始まる
	5．上旬	奥羽越列藩同盟なる
	5．18	鎮撫総督九条道孝ら、仙台を発ち秋田へ向かう
	6．	奥羽北越同盟軍政総督府「討薩の檄文」を発する
	7．1	鎮撫総督九条道孝、秋田に入る（秋田藩、同盟を離脱）
	2	輪王寺宮、仙台城下の仙岳院に入る
	14	白石城内に軍議所（奥羽越公議府）
	8．28	米沢藩、降伏を申し入れる
（明治元）．	9．8	明治と改元
	15	仙台藩、降伏を申し入れる
	22	会津藩降伏
	23	庄内藩、降伏を申し入れる ※仙台市史から抜粋して転載
1869（明治2）．	5．	五稜郭の戦い

しかし秋田行き容認の一件が列藩同盟会議に報告されると、同盟諸藩から激しい反対と仙台藩の単独専行に対する批判が起こった。

列藩同盟にはこの時期、新たな権威として戦火の上野を脱出して仙台入りした輪王寺宮を推しいただいて、京都政権に匹敵する新政権を打ち立てようとする構想があったとされる。

『会津若松市史』によると、白石城内に輪王寺宮の仮住居と軍議所が設けられ、関白太政大臣に九条道孝、大名の最上位に仙台、会津藩主が据えられるなど具体的だった。

しかし当の九条総督は秋田に脱出すると、戦争の継続を明らかにし、秋田藩は同盟からの離脱を表明する。仙台藩は秋田藩を説得するため使者を12人派遣するが、新政府派の秋田藩士によって全員が殺害されてしまった。秋田県公文書館副主幹の煙山英俊《けむやまひでとし》さんは「新政府側へと傾いていた藩論は、この事件によって決定付けられた」と話す。

こうして列藩同盟は仙台藩を中心に、新政府への抗戦へと踏み出す。だが情勢が悪化していくと、くしの歯が欠けるように降伏する藩が続出。細田さんは「奥羽越の雄藩・仙台藩は世良を斬り、奥州鎮撫総督を秋田に脱出させたことで、ずるずると戦いに巻き込まれていった」と指摘する。T

新政府軍、白河で勢いづく

奥州街道と会津街道が交わる白河口では、空城となっていた白河城（小峰城）の覇権を巡り、新政府軍と奥羽越列藩同盟軍が１８６８（慶応４）年の閏《うるう》４月から約１００日間も戦い続けた。列藩同盟軍などは緒戦こそ有利に戦いを進め、宇都宮から進軍する新政府軍を撃退するが、５月１日の戦いで大敗北を喫した。

白河市の史料によると、白河には奥羽諸藩から兵が続々と到着し、新政府軍の3倍以上の２５００人に膨らんでいた。新政府軍は、同盟側が陣を構えていた稲荷山の後背地の白河城に奇襲をかけ、同盟側の陣に砲弾を打ち込んで大打撃を与えた。この日、新政府側の戦死者は20人程度だったのに対し、同盟側は約７００人にも及んだという。

同盟側は7月中旬まで7度にわたって白河城の奪還を試みるが、失敗に終わり、双方の死傷者は1千人以上と戊辰戦争最大となった。稲荷山の「戊辰の碑」には、新政府側に付いた宇都宮藩士、黒羽藩士の名前も刻まれている。

列藩同盟の敗戦について白河市学芸員の小野英二《おのえいじ》さんは「同盟各藩の連携不足があり、統括指揮系統もうまく機能しなかった。新式兵器が行き渡らず、使いこなせなかったことも響

白河市内に立つ戊辰戦争「戦死墓」*。
市内には犠牲者を弔う慰霊碑が約60カ所、100基以上あるという

いた」と説明する。指揮官が狙われたという説もある。戦いに勝利した新政府軍は二本松、会津を落とし、箱館へと進攻していく。

　白河市内には戊辰戦争の犠牲者が弔われた慰霊碑が約60カ所ある。同市は今年7月14日、新政府側だった山口県の萩市長などを招いた慰霊祭を30年ぶりに開催した。山口県を父祖の地とする安《あ》倍晋三《べしんぞう》首相もビデオメッセージを寄せた。

＊戊辰戦争「戦死墓」
〒961-0874 福島県白河市九番町西裏
【交通】JR東北本線白河駅から車で5分。
市内には戊辰戦争の犠牲者を弔う慰霊碑が他にも多数ある

藩から県へ
―草創期、佐賀人脈に迫る―

1867（慶応3）年12月、天皇中心の新政府樹立を宣言する王政復古の大号令とともに、前将軍徳川慶喜には辞官・納地が命じられた。翌月勃発した戊辰戦争は、近代兵器を有する新政府軍が旧幕府軍との戦いを有利に進め、没収地に府県が置かれた。

1868（慶応4）年閏4月の『政体書』によると、府には知府事、県には知県事が置かれ、新政府軍側に付いた藩はこれまで通り諸侯の統治とされた。「府県藩三治制」である。下野国はこの時点で10藩が残り、ほかの旧幕府直轄地と戊辰戦争による没収地には県が置かれた。

真岡代官領は真岡県になったとされるが、わずか1年で日光山領と合併し、日光県となる。そのほかの諸藩は版籍奉還で旧藩主が藩知事になるが、1871（明治4）年の廃藩置県で免官され、東京に引き揚げ華族となった。

『栃木県史』によると、下野国内には日光県のほか宇都宮、大田原など9県が成立し、20に及ぶ他藩の飛び地もそれぞれ県となった。しかしこの年のうちに県南を中心とする栃木県と、それ以北の宇都宮県にまとめられ、栃木県には初代県令として佐賀藩出身の鍋島貞幹《なべしまていかん》（後に幹《みき》）が就任した。

そして1873（明治6）年6月15日、栃木・宇都宮の両県が合併した「栃木県」の誕生で、ほぼ現在の県域が確定し、新しい県政のスタートが切られた。

第2部では、栃木県誕生の経緯をたどりながら、県都はなぜ栃木町になったのか、鍋島ら佐賀人脈がどうかかわったのかを明らかにする。草創期の「佐賀支配」、存在が疑問視されている真岡県、栃木県の教育、医療などにも触れる。

佐賀支配（上）

旧幕府領 真岡から鎮圧

1868（慶応4）年5月初旬、新政府は下総古河（茨城県）に軍政機関「下総野鎮撫《ちんぶ》府」を開設し、鎮撫方に佐賀藩主鍋島《なべしま》直大《なおひろ》を任命した。

中旬になると戊辰戦争の舞台は下野から奥州白河口に移り、下野には佐賀藩兵が続々と入って来る。九州大教授を務めた藤野《ふじの》保《たもつ》さん著の『続佐賀藩の総合研究』によると、当時の佐賀藩は上野と下野で938人、北越戦争を含めると5千人近い藩士を投入している。

佐賀藩の進出について、宇都宮市の歴史研究者大町雅美《おおまちまさみ》さんは、「薩摩、長州、土佐、大垣が最前線にあって武力的指導権を有し

＊真岡陣屋跡

〒321-4306 栃木県真岡市台町4170
（城山公園西側）
【交通】真岡鐵道真岡駅から徒歩11分

1797（寛政9）年、幕府代官の竹垣三右衛門直温の出張陣屋として構築された。竹垣は常総を拠点に農村復興に取り組み、入百姓や荒れ地の開墾を推進。しかし1851年に焼失し、二宮金次郎らが再建するも1868年に再び焼失、廃陣。現在は城山公園として整備されている。

＊円林寺

〒321-4325 栃木県真岡市田町1023
【交通】真岡鐵道真岡駅から徒歩16分

ていたのに対し、佐賀藩はその背後にあって鎮撫面で一役担うという特異な動きを示した」と著書の中で述べている。

このとき、旧幕府直轄地である真岡代官領で、下野の佐賀支配を象徴するような事件が起きた。

5月17日、真岡代官所が鎮撫府配下の兵に襲われ、代官山内源七郎《やまのうちげんしちろう》らが斬殺され、陣屋*を焼き払われてしまったのだ。

『真岡市史』によると、山内は竹下村（現・宇都宮市）同慶寺に陣取った天狗党一派を農兵に急襲させ、多くの天狗党加盟者を処刑させるなど、下野の尊攘《そんじょう》運動弾圧者として名をはせた。この流れから旧幕府軍を支援して佐幕の態度を示していたが、後に新政府軍に与《くみ》するなど曖昧な態度をとり続けていた。

鎮撫府軍監の佐賀藩士島義勇《しまよしたけ》*が土佐藩、佐賀藩兵合わせて60人に山内の処刑を命じ、その首は3日間、町中の高札場にさらされた。陣屋は焼き払われ、家族は静岡藩へ向かったという。

日光の膝元にある今市には「今市御蔵」と呼ばれる幕府領の一部から集まる米蔵があり、これを管理していたのが真岡の代官である山内だった。

＊**島義勇** しま・よしたけ（1822―1874）　佐賀藩士の長子として生まれた。藩校講道館を経て藩主鍋島直正の外小姓となり、戊辰戦争では江戸鎮台府判事に任命され、1869（明治2）年には会計官判事のまま蝦夷開拓御用掛となり、北海道開拓にかかわる。佐賀の乱で憂国党党首にまつり上げられ刑死した。

真岡代官所があった「真岡陣屋」は真岡市台町の城山公園にあった。公園の西側片隅に「真岡陣屋址」と彫られた石柱（中央）がある。陣屋は二宮金次郎らが建てたという＝真岡市台町

『下野の戊辰戦争』の著者大嶽浩良さんによると、今市御蔵には6100俵余が納められていたが、山内は旧幕府、新政府のどちらにも供出しようとしなかった。大嶽さんは「山内代官は、最初は幕府側、世直し一揆が起こると逃げて新政府側に付いたが信用されなかった。代官の二心的な態度は旧幕府側から批判されただけでなく、新政府軍に襲撃される遠因になった」と解説する。

代官山内源七郎の墓＝真岡市の円林寺*

こうして山内代官が処刑された直後、佐賀藩士の鍋島道太郎《みちたろう》（後の幹）が真岡仮代官となる。新政府は、帰順した藩に従来通りの統治を認め、旧幕府側から没収した地域には府県を置くという「府県藩三治制」を敷いていた。旧幕府の真岡代官所領地には「真岡県」が置かれ、鍋島が知県事に任命された。これが下野国で初めての置県とされる。

ただ、「県」としての実体は疑問視されている。

鍋島は支配に当たって下野知県事事務所を宇都宮に開設。８月からは下野国の旗本知行地も所管に組み入れ、支配地の中央にある石橋宿に仮陣屋を開いた。鍋島は陣屋が焼き払われた真岡には赴任せず、宇都宮から統治していたとみられている。

「真岡県」は支配地域を下野国全域とし、役印も『下野国知県事』が使われていた。明治時代のジャーナリスト宮《みや》武外骨《たけがいこつ》は著書の『府藩県政史』で「真岡県が実在したという（県印のある）根拠書類は一枚もなく、県庁の跡もない」とその存在を否定している。

確実にあった県として、１８６９年２月に誕生した「日

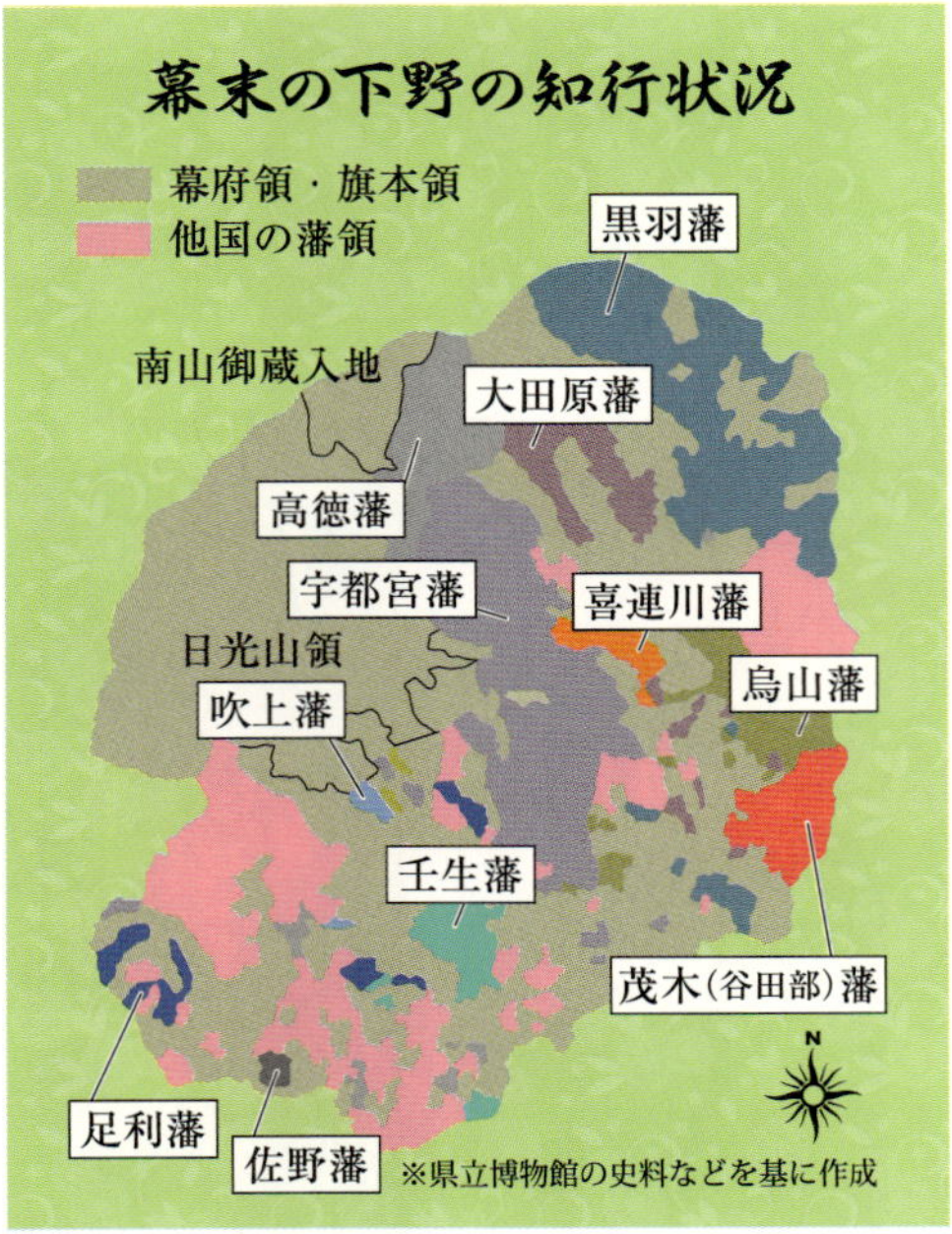

光県」がある。『栃木県史』によると、鍋島知県事は前年秋、旧日光奉行所へ乗り込んで表門に「知県事出張役所」と門札を掛けた。そして日光県が創設されると、それまで石橋に置いた知県事役所を日光に移して石橋を出張所とした。

日光の歴史研究者柴田宜久さんは「徳川の聖地日光には軍事的安定と疲弊した村落の復興、旧日光山領の神仏分離などと課題が山積していた。このため石橋の役所を廃して日光に集中しようとしたが、広大な支配地を治めるのに日光だけに片寄せするわけにもいかず、石橋に出張所を残した」と説明する。

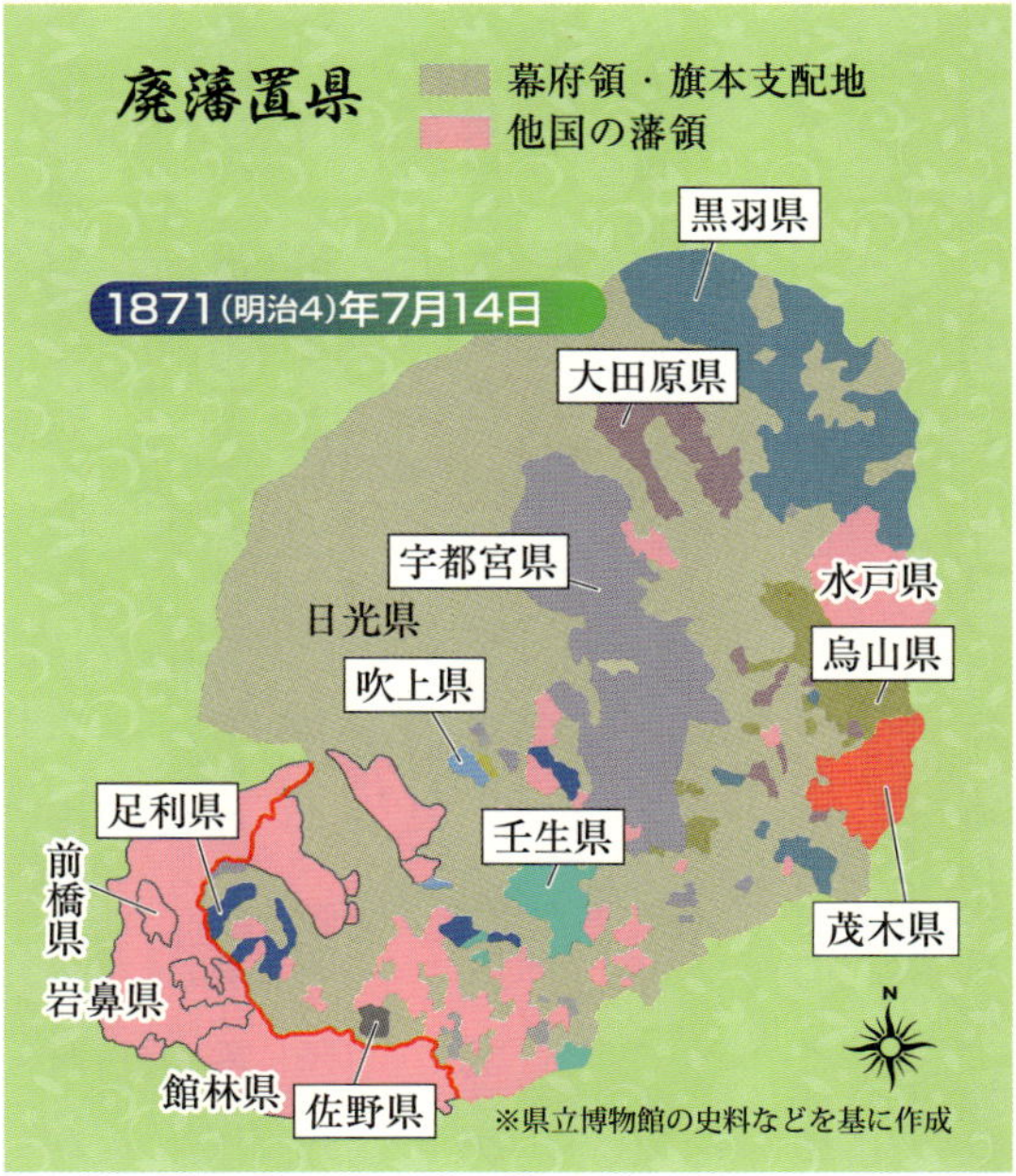

統治難しい地に佐賀藩

戊辰戦争の中で「鎮撫府」という役所が置かれた地域は、全国に5カ所しかなかった。佐賀藩が支配した下野（栃木県）と下総（千葉県北部と茨城県南部）、甲斐《かい》（山梨県）、駿府《すんぷ》（静岡県）、佐渡、三河・遠江（愛知県東部と静岡県西部）である。

下野新聞論説委員長を務めた村上喜彦さんは著書の中で「鎮撫府が置かれた地域は特殊で重要な役割を担っていた。中でも下野と下総を統括する長官は公卿《くぎょう》ではなく、雄藩の藩主が任命されていた」と指摘する。それだけ「統治が難しい地域」とみられていた。

この下総野の長官になった佐賀藩主の鍋島直大は、管内に掲示板を立て「長い間、武家の私恩になずんで大義を忘れ、官軍に抵抗して一揆徒党を結び、民衆をだましている」と新政府に抵抗する者を断じ、「今度、悪人たちを除いたから善政が行われるだろう。安心して職業に励んでもらいたい」などと訴えた。

直大の下で鎮撫府軍監を務め、真岡代官を処刑した島義勇は維新後、開拓判官として札幌の都市開発にかかわり「北海道開拓の父」と呼ばれる。秋田県権令となり秋田県庁を開いたが、新政府と対立して江藤新平《えとうしんぺい》とともに「佐賀の乱」を起こし、1874年に処刑された。島は自らも新政府への抵抗者となったが、佐賀では「七賢人」の一人として顕彰されている。

真岡代官所襲撃を指揮した元佐賀藩士島義勇
（佐賀県立佐賀城本丸歴史館提供）

佐賀支配（中）

飛び地整理　栃木町に県庁

栃木市の巴波川沿いには江戸時代、「栃木河岸」があり、日光御用の荷物を運ぶ船積み問屋があったとされる。

当時の栃木町は入舟町の名が残るように、河川交通を利用して江戸との往来が行われていた。江戸時代中期の浮世絵師喜多川歌麿《きたがわうたまろ》が江戸を逃れて、肉筆画の傑作「雪月花」3部作を描いたのも、舟運に恵まれ、支えてくれる旦那衆が存在した栃木町だったと推測されている。

1871（明治4）年6月、日光県知事だった鍋島貞幹（後に幹）は、江戸への交通事情がいい栃木町に着目し、日光から同町への県庁移転と「栃木県」への改称を新政府に伺い出た。

『栃木市史』によると、この前に日光県と足利藩の間で「互いに本庁から遠い所があり、諸事に不都合」と村替えが実現。栃木町（栃木城内村）は足利藩からの交換地に入っていた。

鍋島は「できれば北部の日光から野州の中央にある栃木に本庁を移したい」と希望したが、人心の動揺を抑えるため石橋宿の出張所を栃木町に移転する次善の策にとどめていた。

栃木市学芸員の高見《たかみ》哲士《てつし》さんは「栃木町は例幣使街道と河岸機能の良さからすでに商業地が発達していた。その利便性に目を付けた鍋島は、栃木町に本庁を移して県庁堀を巴波川に合流させるなどしたのでしょう」と推測する。

下野国内は１８７１年７月の第１回廃藩置県で日光県のほか、壬生、吹上、佐野、足利、宇都宮、烏山、黒羽、大田原、茂木の９藩がそれぞれ県となった。

『栃木県史』によると、すでに下野国内の幕府直轄地、日光山領、社寺領、４３６人を数える旗本の知行所、喜連川藩の奉還地、高徳藩などの交換地は、廃藩置県以前に日光県の管轄となっていた。だがなお他藩の飛び地が散在し錯綜《さくそう》としていた。

下野国内に本庁を有しない県は古河や佐倉、結城、彦根、秋田など実に20県にも達していた。江戸から近く大藩のない下野国が、幕府から恩賞地として位置付けられていた実態がよく分かる。

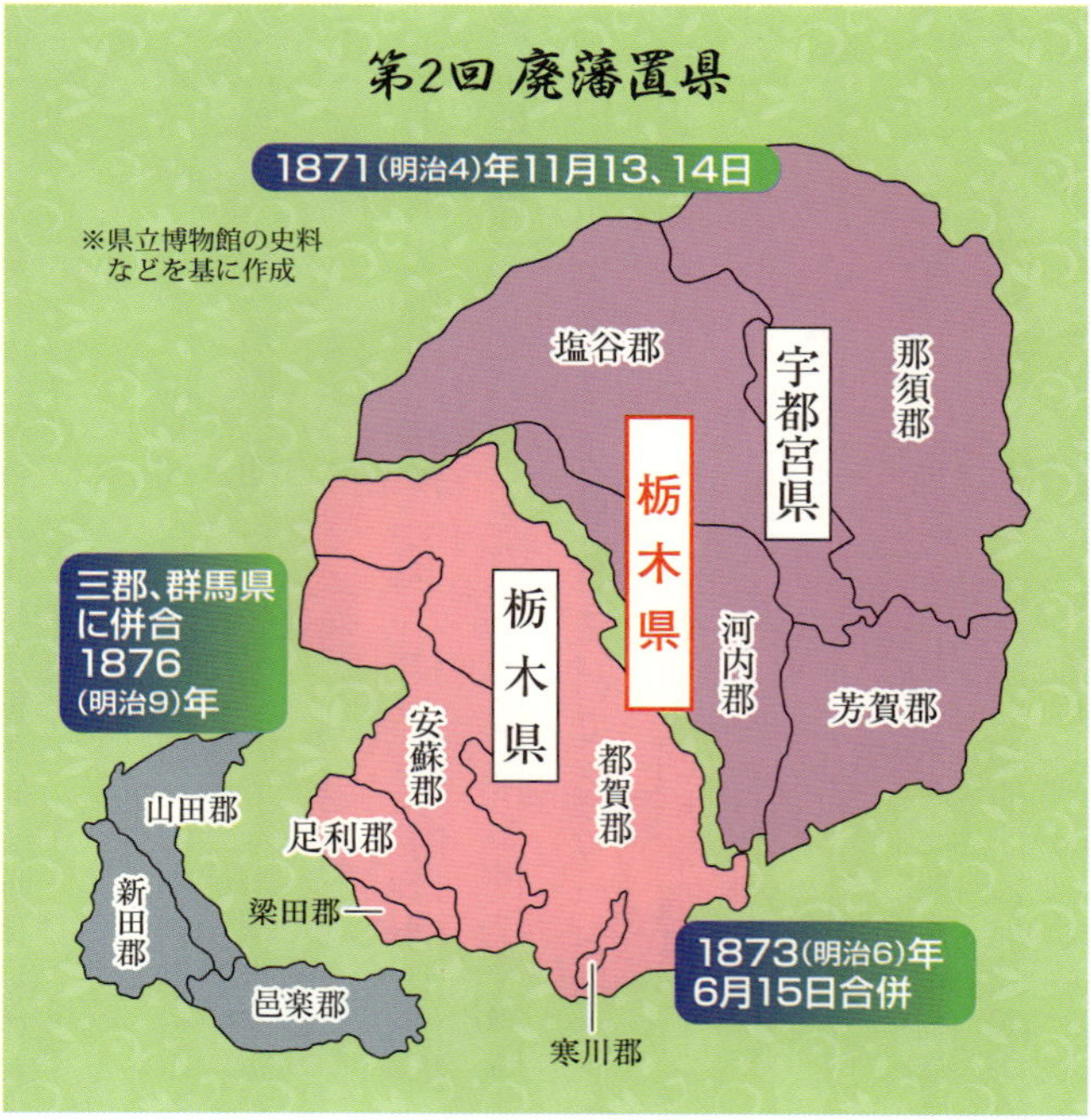

11月の第2回廃藩置県ではこの改廃が進められ、下野国も「栃木県」と「宇都宮県」に整理統合された。この時、初めて栃木県という県名が現れている。

栃木県の管轄は足利郡、梁田郡、寒川郡、安蘇郡、都賀郡、さらに上野国から邑楽郡、新田郡、山田郡が加わった。上野国の三郡が群馬県の帰属となるのは5年後、1876年のことだ。

日光県知事だった鍋島は、新たな「府県官制」の下で栃木県令に任じられた。参事に藤川為親《ふじかわためちか》、柳川安尚《やながわやすなお》ら佐賀藩出身者が上層部に並んだ。佐賀人脈の濃厚さは、薩摩藩出身の後の県令三島通庸《みしまみちつね》が「佐賀藩・旧幕吏ニアラザレバ、上の位置ニアル事ヲ得ズ」と批判するほどだった。

庁舎は日光県時代から出張所としていた栃木町の定願寺を仮庁とし、1871年末には日光の旧県庁を引き払った。鍋島はこうして栃木宿近郊の薗部《そのべ》村に2万5千坪近い土地を確保し1873（明治6）年1月、水路のある新県庁舎を開庁した。

一方、「宇都宮県」は芳賀郡、塩谷郡、那須郡、河内郡を管轄し、当初は県令を置かず長府藩元家老で参事の三吉《みよし》周亮《かねすけ》が県令代理となった。

三吉は赴任には至らず、1873年2月からは鍋島が宇都宮県令を兼任し、実際には鍋島と気脈を通じていた藤川が宇都宮県の参事を兼ね、事実上の宇都宮県令として

●佐賀支配 関連年表

1868（慶応4）．5	古河に下総野鎮撫府設置
	佐賀藩兵らが真岡代官所を襲撃し代官らを処刑
6	下総野鎮撫府、古河から宇都宮へ
	下野知県事を創設。鍋島道太郎（後に貞幹）を知県事に任命
1869（明治2）．2	日光県設置
6	版籍奉還。諸藩が土地と人民を返還
1870（明治3）．11	喜連川藩、日光県に合併
1871（明治4）．7	第1回廃藩置県を断行。全国3府302県に
11	第2回廃藩置県。下野国内は栃木県と宇都宮県に整理統合
1873（明治6）．6	栃木県と宇都宮県が合併し、栃木県となる

着任した。『宇都宮市史』は「佐賀鍋島閥が形成された」と指摘している。

そして1873年6月15日、「宇都宮県」が廃止され、その領域を「栃木県」が管轄する。ほぼ現在の栃木県域が定まった。初代県令には栃木県令の鍋島が就任。栃木県はこの日を「県民の日」にしている。

1877（明治10）年ごろ栃木町にあった初代栃木県庁＝栃木市、片岡惟光さん所蔵

栃木町に県庁が置かれたことについて、宇都宮市の歴史研究者大嶽浩良さんは「当時は群馬県の新田郡など3郡が南にあったので、栃木町は県の中央と考えられ、県庁の位置について大きな問題にはならなかった」と話す。T

県令の父は藩のキーマン

栃木県の初代県令鍋島貞幹（後に幹）は佐賀藩の中老を務めた伊東次兵衛《いとうじへえ》の三男で、幼名を道太郎といった。

後に鍋島家庶流の鍋島藤蔭に入り婿し、戊辰戦争の局面が下野から奥羽に移ったころで真岡代官所の仮代官となり、日光県知県事から栃木県県令に就いた。

『佐賀県近世史料第5編』によると、貞幹の父伊東次兵衛は、10代藩主鍋島直正《なおまさ》に見いだされ、長崎や江戸、京都を行き来した。軍艦の買い付けなど対外交渉の最前線に立つ幕末佐賀藩のキーマンだった。*鍋島報效会《ほうこう》「徴古館《ちょうこ》」学芸員の富田紘次《とみたこうじ》さんは「長崎警備の中心人物の一

*鍋島報效会「徴古館」は、鍋島家当主により1927（昭和2）年に創設された佐賀県初の博物館。戦中に閉鎖されたが、平成になって国登録有形文化財となり、半世紀ぶりに博物館として再開され、鍋島家に伝わる美術工芸品、歴史資料などを展示している。　佐賀県佐賀市松原2-5-22

人だった」と説明する。

『史料第5編』にある伊東の日記は「ペリー来航」前の1850年から、戊辰戦争が始まる1868年までの激動期に触れており、公卿の三条実美《さんじょうさねとみ》や英国商人トーマス・グラバー、オランダ軍医のボードイン兄弟、シーボルトの息子たちとも会っていたことが分かる。

戊辰戦争の上野戦争では、数では劣る新政府軍が彰義隊のこもる寛永寺に砲弾を撃ち込み、彰義隊を敗走させているが、この戦いで使われたアームストロング砲は、伊東がグラバーに注文した品だという。伊東は上野戦争から鎮撫府中老として「野州今市」にまで足を伸ばしているが、アームストロング砲は以降の戦いでも威力を発揮し、新政府軍の勝利に大いに貢献した。

伊東は1890（明治23）年に85歳の天寿を全う。鍋島家は弔慰金を贈ってその死を悼んだという。墓地は佐賀市長瀬町の西念寺にあり、入り口に息子の鍋島幹が石灯籠を建立している。

初代栃木県令の鍋島貞幹＝栃木県立博物館提供

佐賀支配（下）

教育医療、疏水の種蒔く

佐賀鍋島藩の本拠地、佐賀城本丸跡に復元された*佐賀県立佐賀城本丸歴史館は、佐賀駅南口から歩いて25分ほどの県庁や県立博物館、放送局などが並ぶ佐賀市の中心地にある。江戸時代の姿を残す「鯱《しゃち》の門」をくぐると右手に本丸御殿がある。明治150年に当たる2018年夏、そこでは入館無料の特別展「肥前さが幕末維新の『人』」展が開催されていた。

当時の佐賀藩は、10代藩主の鍋島直正、早稲田大創立者の大隈《おおくま》重信《しげのぶ》、日本赤十字社創立者の佐野《さの》常民《つねたみ》など、そうそうたる人材がそろっていた。「三の間」の和室では、こうした人材を組閣発足時の記念撮影のように並べてパネル展示していた。

東京府知事で初代文部卿の大木《おおき》喬任《たかとう》、初代司法卿の江藤新平、種痘所の設立にも貢献した蘭方《らんぽう》医の伊東《いとう》玄朴《げんぼく》の顔もあった。

佐賀藩は黒田藩（福岡）とともに1年交代で長崎警備に当たっていた。そのため早くから対外関係、蘭学に関心が深かったという。

特に直正の時代には、藩政改革の中でも教育に力を入れて人材登用を図り、医学校に蘭学寮を設け、藩内に火術方を置いて西洋火術研究を始めるほどだった。

歴史館学芸員の藤《ふじ》生《お》京子《きょうこ》さんは「直正は”蘭癖“とあだ名されるほど蘭学に関心が深く、従兄の薩摩藩主島《しま》津《づ》斉彬《なりあきら》と双璧といわれる存在だった」と説明する。

歴史館の史料によると、直正は石

佐賀県立佐賀城本丸歴史館で開催された「肥前さが幕末維新の『人』」展にはそうそうたる人材が並んでいたが、栃木県令鍋島貞幹の姿はなかった

＊佐賀県立佐賀城本丸歴史館　江戸時代末期、10代藩主鍋島直正によって建設された佐賀城本丸御殿を発掘調査結果、古写真、江戸時代の絵図などを元に忠実に復元した博物館。木造の復元建物としては日本最大規模だという。　佐賀県佐賀市城内2-18-1

炭の採掘やろうの原料である櫨蝋《はぜろう》の栽培など佐賀藩独自の産物、製品を育て、長崎警備を遂行するため自力で鉄製大砲と蒸気船造りを進めた。それぞれ国内で早期に実用化していた。

戊辰戦争で佐賀藩が活躍し出すのは、上野戦争あたりからだが、この戦争では佐賀藩が所有していた軽量で装塡時間が短いアームストロング砲が威力を発揮した。上野寛永寺の輪王寺宮は、この攻撃を機に江戸を脱け出し、奥州に向かっている。薩長勢も、戊辰戦争における佐賀藩の存在を認めないわけにはいかなかった。

鍋島報效会「徴古館」学芸員の富田紘次さんによると、栃木県令になった鍋島貞幹（後に幹）は、鍋島家庶家の鍋島藤蔭に入り婿した関係から、鍋島を名乗った。

1868（明治元）年、24歳の若さで下野国知事に就任、その後、日光県知事から栃木県令となり、1880（明治13）年10月に県令を辞すまで12年間にわたって栃木県政を担った。『栃木市

（栃木市、片岡惟光さん所蔵）

県令鍋島貞幹が栃木町の県庁近くに創建した栃木女学校（後の宇都宮女子高）。女子教育の模範になるようにと、後に「栃木模範女学校」と改称された

史』によると、この間、県庁舎を栃木町薗部に開庁し、警察署、小学校、裁判所、栃木中学校、県立病院などを次々と整備した。

中でも黎明《れいめい》期に水準の高い栃木医学校を街中につくり、県庁の隣接地に国内3番目の女学校「栃木女学校」を開設した。佐賀の歴史館の藤生さんは「佐賀藩の藩政改革は人材育成が基本で、西洋医学の導入も早かった。貞幹は藩主直正による厳しい教育改革をくぐり抜けてきており、草創期の栃木県で教育と医療に力を入れたのも自然な流れだと思う」と話す。

特筆されるのは那須の運河「那須疏水《そすい》」構想と開墾事業だろう。『西那須野町史』によると、1876（明治9）年11月、那須地方の有力地主らを集めた座談の席で「那珂川の水を引き入れて夏は灌《かん》がい用に、それ以外の時期には船を浮かべて東京の市場に輸送すれば経済効果は計り知れない」と「大運河構想」なるものを提案した。

この壮大な運河構想は任期中には完成していないが、那須では大きな足跡を残した人物として評価されている。栃木県立博物館主任の大越《おおこし》惟弘《よしひろ》さんは「統治形態が藩、県、旗本、他県領と複雑だった維新期の旧下

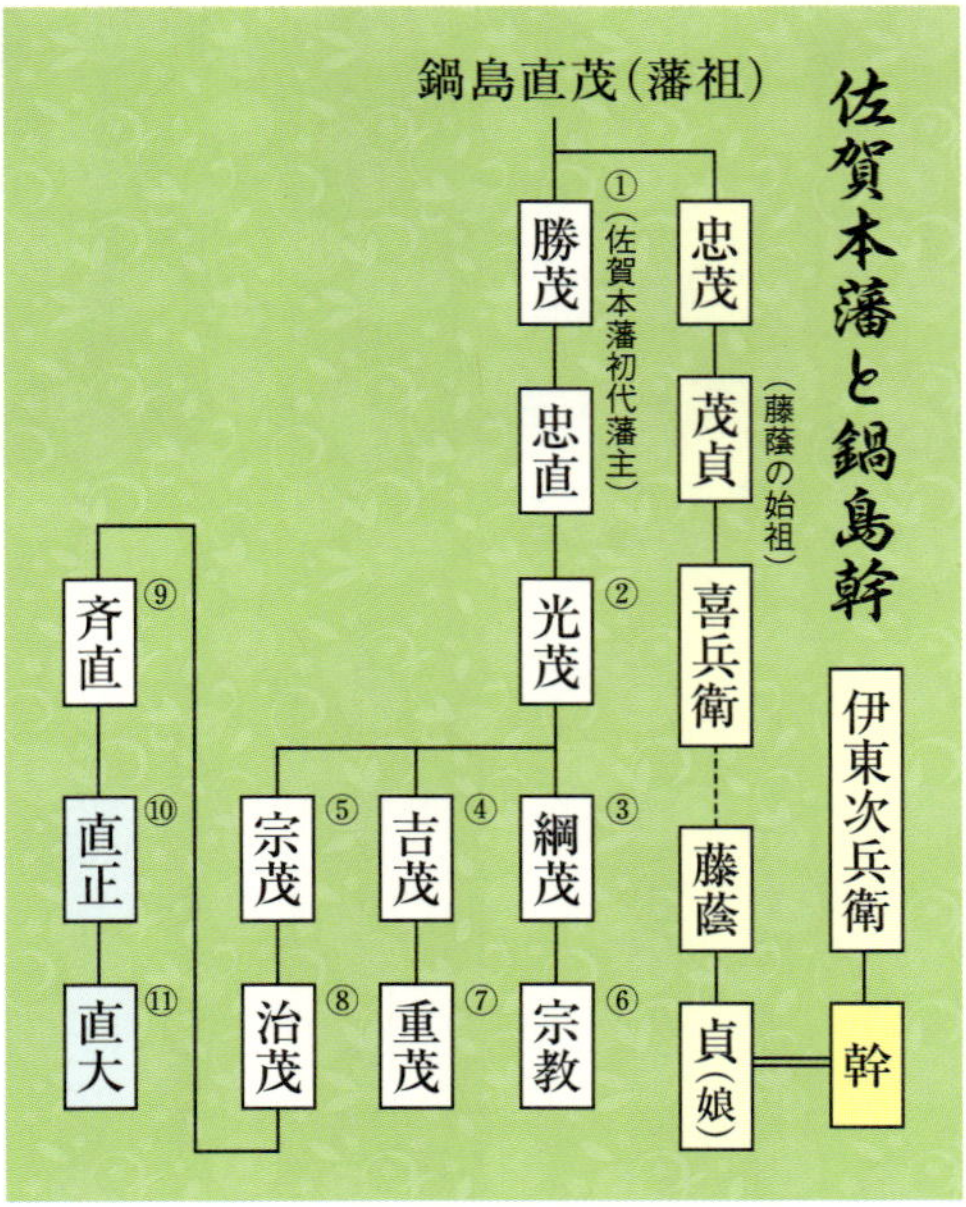

佐賀県立佐賀城本丸歴史館で開催された「肥前さが幕末維新の『人』」展にはそうそうたる人材が並んだ

野を栃木県にまとめ上げ、これといった失敗もない。人々の暮らしを巡察して歩き、一緒に成長していこうとした人物だと思う」とみている。

貞幹は1880年、後継の栃木県令に同じ佐賀藩出身の藤川《ふじかわ》為親《ためちか》を推薦し、運河の完成をみることなく転任した。後に元老院議官、青森県知事、広島県知事を歴任している。

東京大名誉教授の大内力《おおうちつとむ》さんは著書『地方長官人物評』で「これほど長く地方官を勤め上げた人物は少ない。勤勉で寡黙、温然貴公子の風がある」と貞幹を評している。Ｔ

栃木を愛した2代目県令

藤川為親は1880（明治13）年10月、初代栃木県令鍋島貞幹の後継推薦を受けて、県参事から2代目の栃木県令に就任した。

同じ佐賀藩士の鍋島とともに下野国真岡代官所を接収し、鍋島の下で参事となった。下野国が栃木県と宇都宮県に分けられると、栃木県令は鍋島、宇都宮は県令を置かずに藤川が後に参事を兼任。通算すると15年にわたり本県に在任した。

藤川は栃木を愛した人物としても知られる。1883（明治16）年、島根県令に任命されるや、部下や栃木県人を100人以上も率いて任地に乗り込んだ。各郡長、各警察署長、県庁各課長、県立病院長などの要職をことごとく栃木閥で固め、島根県庁は、慣れ親しんだ栃木の人々で藤川閥ができ上がっていた。下野新聞論説委員長の村上喜彦さんが著した『明治100年野州外史』は「松江医院の製氷人ですら栃木県人であった」と指摘している。

島根県で藤川は、懸案だった三つの大道路建設計画を軌道に乗せたが、在職2年ほどで没

2代栃木県令の藤川為親
（県立博物館提供）

栃木市の白旗山勝泉院にある藤川為親の墓

した。島根県の記録には1885（明治18）年8月19日、藤川県令が「執務中不快となり、翌20日没した」とある。50歳だった。

藤川の死後、島根県では「栃木県征伐運動」が起こり、藤川閥はほぼ一掃された。後にこの模様を調査した栃木女子高の元教員は『栃木市史』に「栃木県人、藤川の古来の部下の大半は次々と辞職を迫られ、冬を待たずして石をもて追はるるごとく、出雲の地を離れねばならなかった。わずか2年に満たない栄華の夢であった」と記している。

藤川の遺骸は遺言によって、栃木市湊町の白旗山勝泉院*に埋葬され、近くの第二公園には三条実美の揮毫《きごう》による「正五位藤川君碑」が立っている。

＊白旗山勝泉院（藤川為親の墓）
〒328-0045 栃木県栃木市湊町3-4
【交通】JR両毛線・東武日光線栃木駅から徒歩15分

県名文字

「栃」の字に不思議な歴史

私たちが慣れ親しんでいる栃木県の「栃」の字には意外な歴史がある。

栃木県の元知事渡辺文雄《わたなべふみお》さんは、就任したばかりの1985年、全国知事会で北京を訪問。翌朝、知事会の訪中を紹介した北京日報を見て「おやっ」と思った。

見慣れない「栃」という漢字が北京日報で使われていたからだ。「栃」は古代中国を源とする漢字ではない。そのことを知ってはいたが、この「栃」という漢字には違和感がある。そこで渡辺さんは帰国後、中国政府の担当者に手紙を書き、「栃」という字の意味を尋ねるとともに、今後は「栃」の字を使ってほしいと申し入れた。

担当者から早速、丁寧な返事があった。「栃」は詳しくは「櫪」と書き、「かいば桶《おけ》、ないしは既舎《きゅうしゃ》」の意味のほか「櫟《くぬぎ》という木の名前でもある」という。そして「中国には『栃』の字がないので、似た字として『栃』を当てたにすぎない。あしからず」と結ばれていた。

この経緯は、渡辺さんが自書『続地酒で乾杯』で取り上げ、「現在、私たちが何の不思議もなく使っている『栃』という字は、できてから百数十年しかたっていないことに驚いている」と記している。

「栃木県」の発足当初、栃木町の県庁では「橡」「杤」「栃」のほか「樠」「櫔」と何種類もの「とち」の字が使われていたという。

「栃」の字について『栃木市史』は、「元来は『樠』であるべきところを、国の役人か官印を篆刻《てんこく》した職人が間違って『杤』の字に『厂《がんだれ》』を付けてしまったことに由来する」と説明している。

当時の国文学者はこれを大いに怒り、「栃」の字が辞書に登場したのは大正時代になってからとされる。

真岡高元校長で県立文書館の研究者だった石川健《いしかわけん》さんによると、県内の江戸時代の近世文書ではほとんどが「杤木」と書かれてあり、「橡木」はまれに見られる程度だった。

1873（明治6）年1月に薗部《そのべ》村（現・栃木市）に開庁した栃木県庁の門標も「杤木県庁」だった。「橡」が中国から伝わった漢字なのに対し、「杤」は日本で作られた国字であり、平安末期の院政時代の事典にも収録されていたという。

ところが、栃木県の初代県令に鍋島貞幹が任命された1871（明治4）年11月の官報には、「任栃木県令」と「栃」の字が使われている。石川さんは「栃の字の県名が入った公文書は、この時が初めてだった」とみている。

明治新政府はなぜ、最もマイナーだった「栃」の字を使ったのだろうか。

石川さんは「政府の官僚に『栃』の字が国字であることの知識がなく、略字か

「栃木県名」発祥の神社といわれる神明宮の夏祭り「遷座祭」。本殿の屋根に千木と鰹木がみえる
＝栃木市旭町

俗字とみなしていた。江戸時代の栃木市内の文書に使われていた『構』に似た『櫔』を源にしたため『厂』が付いてしまった」と推測。「新政府が編集した『明治史要』にも『橡木』について『初メ櫔木ニ作ル』とある。その略体として『栃木』が生まれるのは自然だった」と指摘している。

こうして発足当初の栃木県庁では、「橡」「栃」に加えて「栃」が使われた。県が1872（明治5）年に「栃」で統一するよう広報したが、なかなか統一されず混乱した。

栃木県庁には実際に1872年の篆《てん》書体の「橡木懸」という文書、「宇都宮県」と統合された後の1875（明治8）年の「栃木懸」という文書が残されている。

報道機関の下野新聞も創設当初の1878（明治11）年は題字を「栃

1878（明治11）年創刊の下野新聞の前身「枥木新聞」（右上）は翌年、題字を「栃木新聞」（左上）としたものの、3年後に再び「枥木新聞」（下）に戻しており、民間サイドでも混乱した（それぞれ下野新聞社所蔵）

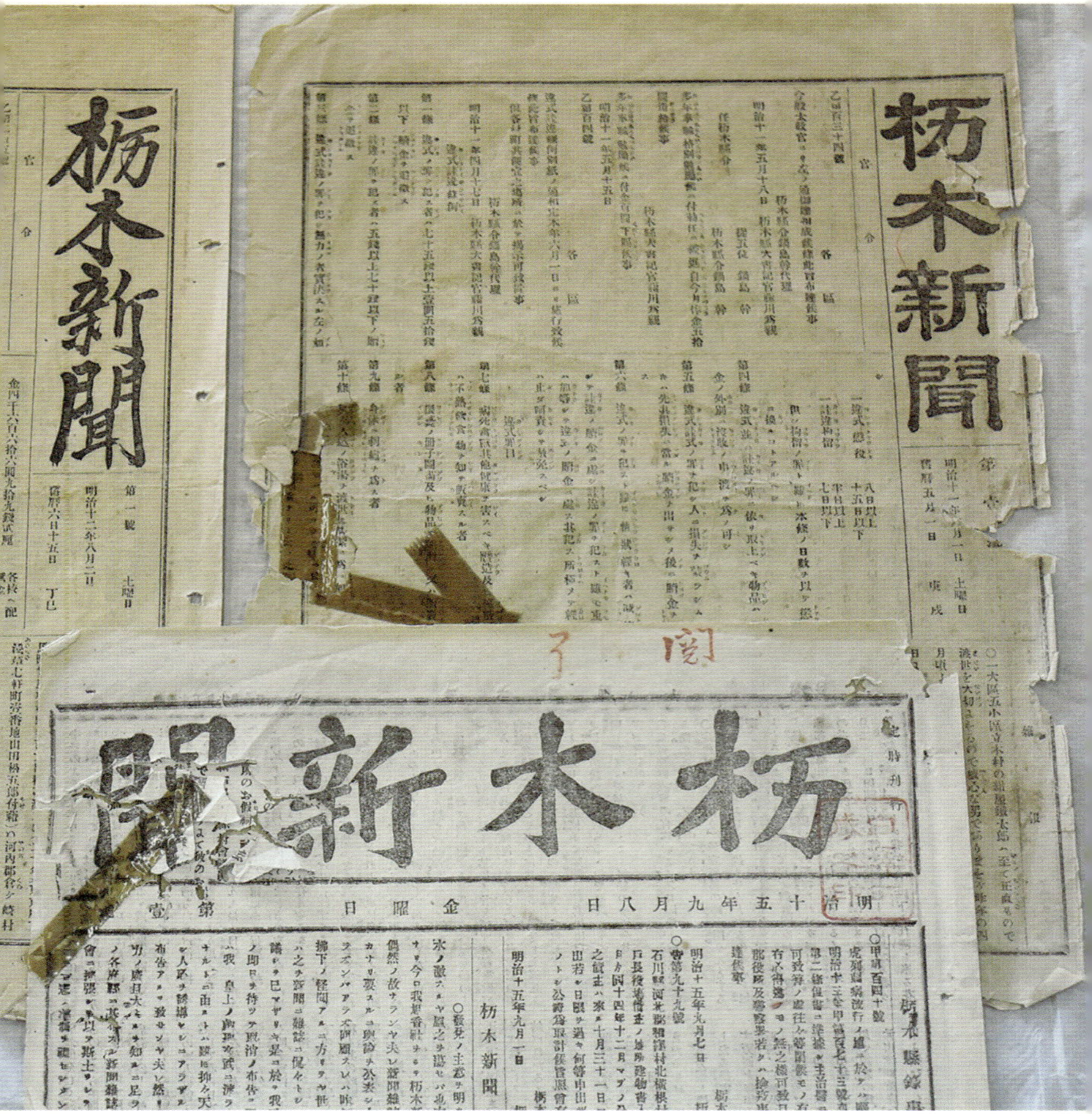

木新聞」としていた。翌年には「栃木新聞」と変えたものの、1882（明治15）年には「栃木新聞」に戻している。

混乱を防ぐため県は1879（明治12）年に改めて通達を出し、以降は「栃」の字が徐々に浸透していった。

石川さんは「『杤』の字は江戸時代に『東海道中膝栗毛』など一部で使われていたものの、最もマイナーだったこの字に統一された。しかし漢字の本家中国では『栃』の字を認めず、正式には『櫪木』と表記し続けている。国字を県名に持つ私たち県民にとっては、思いもよらぬ難題であろうか」と話している。 T

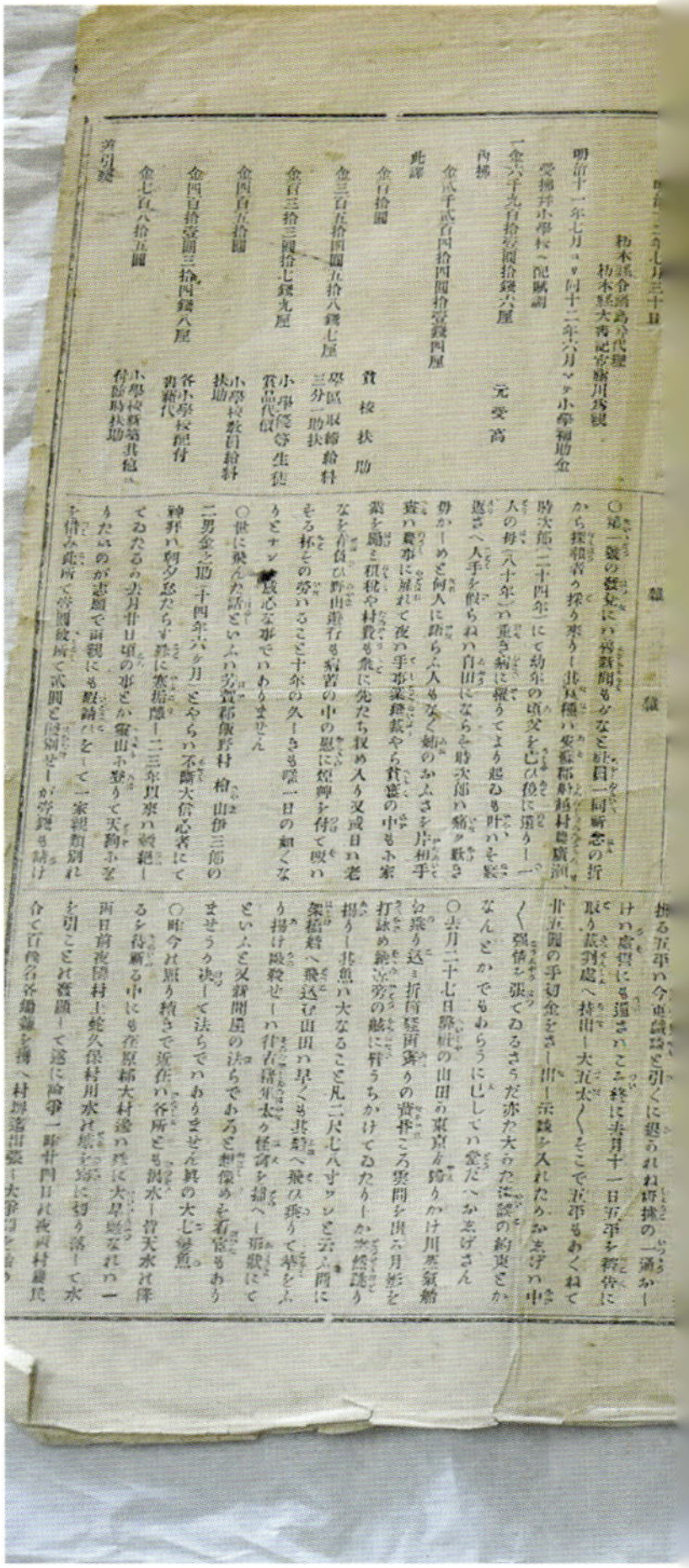

「とちぎ」語源に四つの説

下野国は廃藩置県後の1871（明治4）年11月、「栃木県」と「宇都宮県」の二つに整理され、1873（明治6）年6月には、さらに両県が統合されて今日の栃木県が成立した。「栃木」という県名は、この時点の県庁所在地「栃木町」に由来している。

そもそも「とちぎ」の地名の語源はどこからきているのだろうか。県の資料によると「十千木《とおちぎ》説」、たくさん生えていたという「トチノキ説」、巴波川の氾濫で千切《ちぎ》れてしまった地形を表す「崩壊地名説」、古代日本の皇族が名付けたという「遠津木《とほつき》説」と四つの説がある。

このうち十千木説は、栃木市旭町に鎮座する神明宮*の社殿の屋根にある8本の千木と鰹木《かつおぎ》が、遠くから見ると10本に見えたことから、神社の辺りを「十千木」と呼ぶようになったというもので、栃木市はかつて「十千木」を職員のバッジのデザインに採用していた。神明宮の宮司神山《かみやま》拓之《ひろゆき》さんは「千が十集まると万になることから『栃』という字が作られ、『栃木』と書かれるようになったとも伝わっている」と説明する。

一方、「遠津木説」は、『古事記』に登場し上毛野《かみつけぬ》氏《うじ》や下毛野《しもつけぬ》氏《うじ》の始祖とされる豊城《とよき》入彦命《いりひこのみこと》が木の国（栃木県）と紀の国（和歌山県）を区別するため命名したという説だ。

栃木市が1952年に刊行した『栃木郷土史』は「豊城入彦命が赴任した後、はるか遠隔地にある木（毛）国を、命の母親名である『遠津』を冠して『遠津木《とほつき》』の国と呼び、これが『とつ木』から『とち木』へと転訛《てんか》したのではないか」とみている。

栃木市学芸員の高見哲士さんは「根拠は探せないものの、それぞれに一定の説得力がある」とし、「それが街のシンボルであり、人々の支えになっている」と話す。

＊神明宮
〒328-0035 栃木県栃木市旭町26-3
（遷座祭は毎年7月に行われる）
【交通】JR両毛線・東武日光線栃木駅から徒歩10分
応永10（1403）年、栃木城内神明宿（現神田町）に創建され、天正17（1589）年、皆川広照により現在地へ移されたと伝わる。主祭神は天照皇大神。隣接する栃木市第二公園には、2代栃木県令藤川為親の顕彰碑がある。

馬頭出身の北島秀朝

乱後の佐賀治めた民政家

水戸藩領だった武茂郷（現・栃木県那珂川町）出身の北島《きたじま》秀朝《ひでとも》は、明治維新の際に東京遷都を訴え、下総（千葉県北部）開墾事業を成し遂げ、後に和歌山県令、佐賀県令、長崎県令という要職に就いた。しかし若くして没したため、その功績はほとんど知られていない。

１８６８（慶応４）年７月、江戸は東京と改称された。９月には元号が「明治」と改められ、天皇が東京入り。翌１８６９（明治２）年、政府が京都から東京に移されたが、この遷都は北島が後押ししたとされる。

『佐賀県史』によると、佐賀藩はこの東京遷都について、佐賀藩士で東征大総督府の軍監だった江藤新平が、軍務官判事の大木喬任と藩主鍋島直正に諮り、「江戸城を東京と定め、東西両京の間を鉄路で結ぶべきだ」

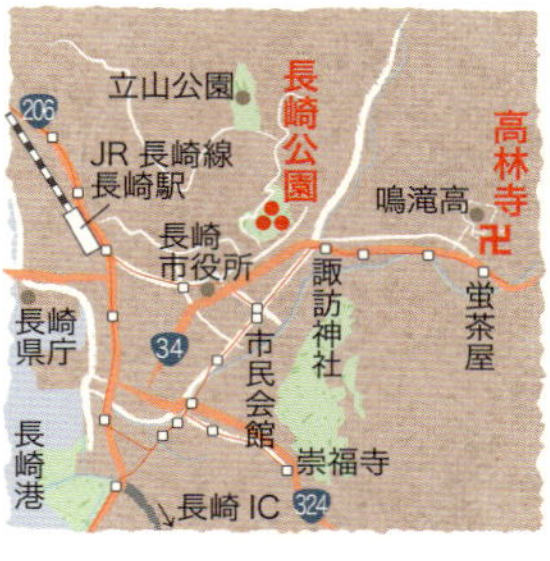

＊長崎公園
〒850-0006 長崎県長崎市上西山町19−8
【交通】JR長崎線長崎駅から路面電車で3号系統蛍茶屋行き諏訪神社前で下車、徒歩5分

＊高林寺
〒850-0011 長崎県長崎市鳴滝1-6-27
【交通】JR長崎線長崎駅から路面電車で3号系統蛍茶屋行き蛍茶屋で下車、徒歩10分

北島秀朝（旧馬頭町発行）
『県令北島秀朝関係書簡集』から

と新政府のキーパーソンだった岩倉具視《いわくらともみ》に建議している。ただ提言は京都からの移転ではなく東西二都論、いわゆる奠都《てんと》だった。

　水戸藩を脱藩し東山道総督府の参謀になっていた北島は、旧幕府軍と戦いながら、「宇都宮や日光などは、今日に至っても機をみて大挙しようとする動きがある」と岩倉に大軍の派遣を要請。旧馬頭町出身の藤田倉雄《ふじたくらお》さんが著した『県令北島秀朝』によると、その上で「徳川氏の処分を行い、天皇は江戸に行幸され、江戸を東京と改めて国民生活が安定するよう進めるべきだ」と主張した。

　これ以前に大久保利通《おおくぼとしみち》が大坂遷都を朝廷に建議した。しかし岩倉を東京遷都へと強く動かしたのは、関東の実情に精通し、天皇自身が江戸城の主になる必要性を力説した北島の進言だった。これが徳川

家の駿府（静岡）移転につながった、と見る研究者もいる。
北島は水戸藩武茂郷の益子《ましこ》家に生まれ、幼名を孝之助《こうのすけ》といった。生家は村社神官の家柄で、幼少時に大黒柱の父親を亡くしたため、貧苦の中で母親が北島と妹を育て上げた。

北島は馬頭郷校で学んで水戸藩士となり、1863（文久3）年、徳川斉昭《なりあき》の長男で藩主となっていた慶篤《よしあつ》に従って京都に上る。

郷校では尊王攘夷の神官に学んだが、京都で薩摩や長州などの西国藩士と交流する中で、彼らが欧州の強国に対抗するのは不可能なことを悟り、倒幕へと方向転換し始めるのをみて、攘夷の思想を捨て脱藩を決意する。

●北島秀朝 関連年表

1842（天保13）	武茂郷の神官の次男として生まれる
1858（安政 5）	馬頭郷校で尊王攘夷の思想を学ぶ
1860（安政 7）	桜田門外の変。大老井伊直弼暗殺される。徳川斉昭、水戸城に没す
1863（文久 3）	香川敬三らと上洛
1864（元治元）	脱藩し西国に逃れる
1866（慶応 2）	香川敬三の手引きで岩倉具視を訪問。以降、岩倉の側近となる
1868（慶応 4）	江戸遷都の建白書を岩倉に提出
1870（明治 3）	下総開墾事業を推進
1872（明治 5）	和歌山県権令に
1874（明治 7）	佐賀県令に
1876（明治 9）	長崎県令となる
1877（明治10）	コレラに感染し長崎に没す

同じ水戸藩出身の香《か》川《がわ》敬《けい》三《ぞう》の案内で、京都

1884（明治 17）年、長崎市の長崎公園に建てられた「故長崎県令北島君之碑」（左）

北部の山村に隠れ住んでいた岩倉を訪ねてその考えに共鳴。以来、岩倉の手足となって国内を駆け巡り情報を収集した。東京への遷都提言はそこから生まれている。

新政府が発足すると、東京を統治する府判事となり、千葉県北部の下総台地２千ヘクタールの開墾に取り組んだ。

その目的は東京にあ

ふれ出た貧しい人々の救済、特に幕府の崩壊で禄《ろく》を失った旗本、御家人、諸藩士たちにいかに授産を行うかということにあった。北島は、これらの人々を開墾地に移住させて土地を与え、独立させるという困難な大事業の成就のために奔走した。

1872(明治5)年、31歳の若さで和歌山県権令に就任した北島は、その後、佐賀の乱で荒廃した佐賀県令となる。江藤や島義勇ら、佐賀の乱を主導した佐賀藩士と交遊があり、その経緯を知る大久保が北島を佐賀鎮圧のために指名したとされる。しかし北島には、友人の江藤らが極刑に処せられた佐賀の地の赴任にはためらいがあった、とされる。

1876(明治9)年、国際貿易港を持つ長崎県令に任じられ、翌年、明治期最大の内乱だった西南戦争を乗り切った。長崎でコレラがまん延し防疫対策に奔走するが、患者を見舞って自らも感染。発病3日後の10月10日、異郷に没した。36歳だった。いたずらに権力を行使することなく、それぞれの地で教育、医療施設の建設を優先させ、戦災者に対しては復旧資金を貸し付けるなどした民政家といわれる。那珂川町教委学芸員の金子《かねこ》智美《さとみ》さんは、「あまり知られていないが、那珂川町では熱心に人民を治めた人物として顕彰され始めている」と説明する。

長崎県令北島秀朝の遺骸は、長崎港を見下ろすことのできる長崎市の高林寺*西山墓地に葬られた

北島の遺骸は、長崎港を見下ろす小高い丘に葬られ、七回忌にはかつての同志たちが長崎公園*に、北島の偉業をたたえる彰徳碑を建てた。そこには「最モ牧民ニ長ジ、古《いにしえ》ノ循吏《じゅんり》ノ風アリ」と刻まれている。T

佐賀藩の勢い 乱で陰り

1874（明治7）年2月に起きた「佐賀の乱」は新政府に不満を持つ士族の反乱という見方が強い。

当時の佐賀県には明治の新政に不満を持つ一団の復古運動である「憂国党」のほかに「征韓党」という政治集団が存在した。

「憂国党」は、首領に真岡代官所を襲撃し、後に秋田県令などを務めた島義勇を担ぎ上げた。これに対し「征韓党」は明治新政は肯定するものの、征韓論争に敗れて下野した佐賀藩出身の初代司法卿*江藤新平らが主張した朝鮮半島への出兵計画を支持した。『佐賀県史』は、佐賀ではこの全く異質の政治集団が「反政府ということでは一致した」と記している。

内務卿大久保利通はこの動きに強い危機感を持ち、佐賀県権令に宇都宮県権参事として県政を切り盛りした土佐藩出身の岩村高俊《いわむらたかとし》を起用した。しかしこの岩村の登用が、逆に佐賀の乱の引き金にもなった可能性が高い。

地元研究者の藤田倉雄さんの著書によると、憂国党鎮撫の命を受けて離京した島は佐賀に帰る船で、佐賀県権令として着任する岩村が軍隊を率いて同じ船で任地に赴くことを知り、「牧民官（地方長官）の身でありながら、兵を率いて任地に赴くとは不作法至極」と憤激。島の心境はここで一変したという。

島と江藤はこの後の会談で、「岩村の武装入城には武力をもって反撃するほかなし」と申し合わせ反乱に踏み切った。しかし政府軍に敗れ、江藤と島は鹿児島などに逃げたものの、最後は佐賀で斬られた。

この乱は佐賀に地域的後進性をもたらすことになった。『佐賀県史』は「中央から反政府的な地域とみなされて諸制度の改廃が遅れ、長崎と統廃合されるなど、１９８３（明治16）年に佐賀県として固定されるまで二転三転した」と記している。

江藤新平（国会図書館）

＊**江藤新平** えとう・しんぺい
（1834—1874）
佐賀藩校講道館に学んで尊王攘夷運動に加わり、新政府成立後に出仕し、文部大輔、左院副議長などを経て明治５年司法卿となり、司法制度整備や民法制定などに尽力。１８７３（明治６）年参議となるが、征韓論に敗れて下野。帰郷後、征韓党の首領となり佐賀の乱を起こすが敗北し、処刑された。

栃木医学校

医師養成機関 6年で幕

1876（明治9）年9月、栃木県庁のある栃木町に本県唯一の医師養成機関「県立栃木病院付属医学所」が誕生した。

明治維新政府は廃藩置県後、各府県の県庁所在地に県立病院を設置し、治療の手伝いをさせながら医師を養成しようとした。栃木県も初代県令の鍋島貞幹（後に幹）が積極的に西洋医学を取り入れようとしている。

ところが6年後、火災で焼失したのをきっかけに、県教育史上特筆されるこの医学校は、廃校になってしまった。鍋島の志とは別に短命に終わった。

『栃木市史』によると、栃木町の医学校も県立栃木病院の付属医学所として設けられ、はじめは「十数人の生徒を教養す」という規模だった。校舎はまちなかの七軒町（現・万町4丁目）にあり、1878（明治11）年に校長となった大学東校（東京大医学部

1884(明治17)年ごろの栃木町万町大通りにはガス灯が見える。栃木医学校は右奥の壬生街道沿いにあったが、既に焼失している（栃木市、片岡惟光さん所蔵）

の前身）出身の三浦省軒《みうらしょうけん》が教則を改定し、修学年限を3年とした。

3年生は付属病院で実習するのが常であったという。初めに付属医学所で学んで「少医」という資格を得、その後に東京・本郷にあった済生学舎で学び、内務省の医術開業試験に合格すれば資格を与えられるという段階を踏んだ。

校長だった三浦の弟謹之助《きんのすけ》は東京帝大医学部教授、次いで校長になった長谷川順次郎《はせがわじゅんじろう》の兄泰《たい》は、内務省衛生局長で医師免許の責任者だったという。1876（明治9）年、済生学舎を建てたのもこの人だった。
付属医学所は1878（明治11）年、設備が整ったこともあってか、栃木県医学校と名前を変え、県立病院を逆に医学校の付属機関とした。この時点で文部省に「年末の定員は85人」、1880（明治13）年には「定員105人」と報告しており、体制の充実ぶりが伝わってくる。近くには教授の官舎もあった。

しかし栃木県医学校は1882（明治15）年3月29日、火災にあって校舎を焼失してしまう。当時の栃木新聞（現・下野新聞）は「火元は栃木医学校の教場にて、病院も残らず焼失した」と報じている。

県議会はこの年の5月15日、「医学校の教育は実業教育であり、各人の将来の職業のために地方公共の福利を進めるための県費を支出するには及ばない」とする上申書を藤川為親県令に提出することを満場一致で決める。

予算支出が県議会で否決され、県医学校は廃校となった。『栃木市史』は「田《た》中正《なかしょう》造《ぞう》県議が県医学校廃止論の急先鋒《きゅうせんぽう》だった」と記している。

『下野の明治維新』を著し県内医療史にも詳しい大嶽浩良さんは「当時の県議会の『もっと小学校教育を拡充せよ、下層教育に（予算を）使え』という論理も分からなくはないが、医学は明治時代の政治でも重要な分野。鍋島県令の時代には熱心に文教都市づくりを進め、レベルの高い医学校ができたが、その後に屈折した論理で廃止されてしまった」と残念がる。

栃木県医学校の学生は栃木県より遅れて1879（明治12）年にできた水戸の茨城県医学校に移って医学を学んだという。

医学校廃止後の県立栃木病院は1884（明治17）年、県庁とともに宇都宮に移転。栃木町には分院が残ったが4年後に廃止された。

栃木市の文化財保護審議会委員

栃木高校の周囲を流れる旧県庁堀。栃木中央小の児童が郷土学習で学んでいた

明治時代の栃木県医学校など想定図

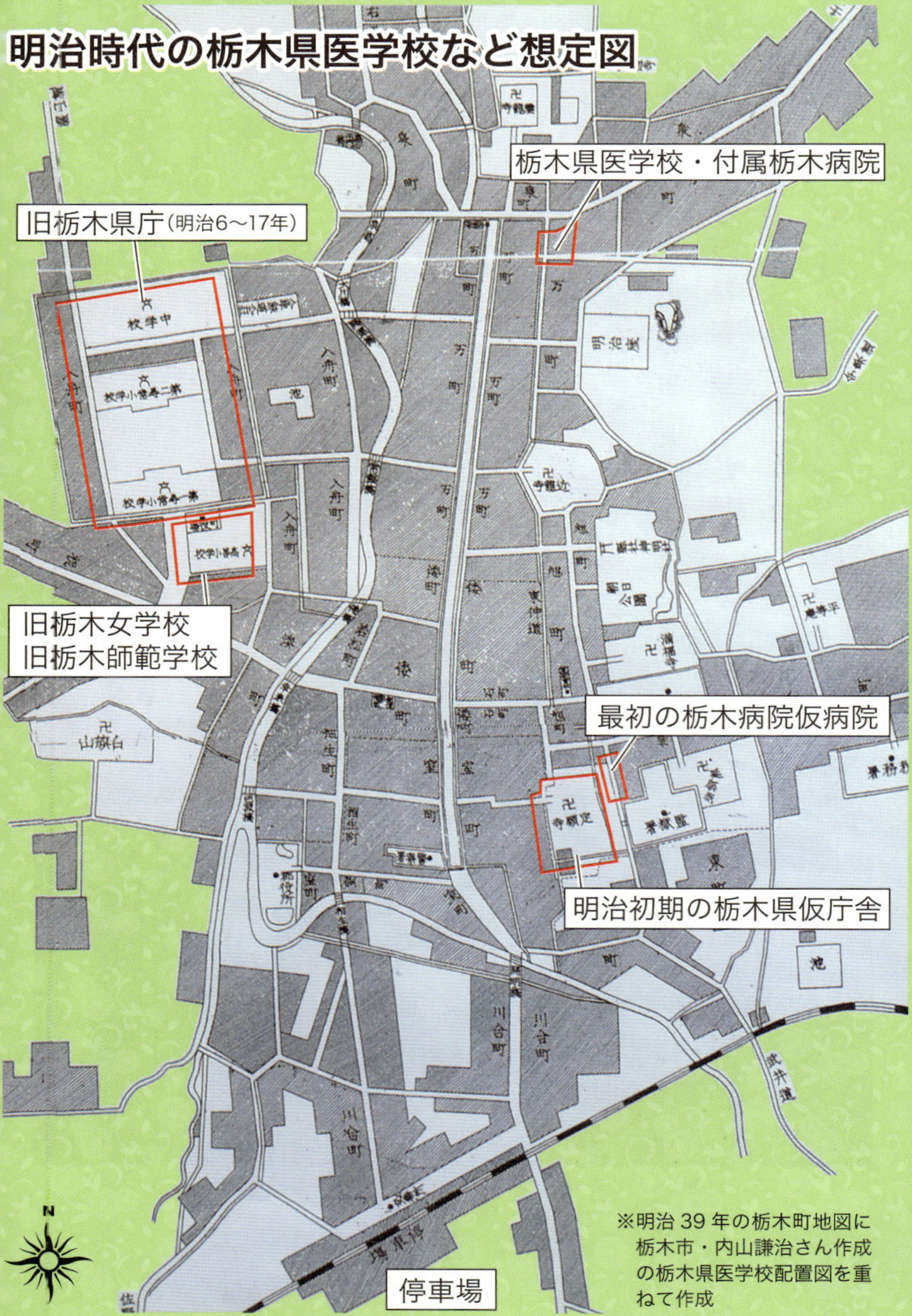

※明治 39 年の栃木町地図に
栃木市・内山謙治さん作成
の栃木県医学校配置図を重
ねて作成

だった内山謙治《うちやまけんじ》さんによると、栃木病院は１８７２（明治５）年に仮病院の院長に就いた長州出身の医師松岡勇記《まつおかゆうき》がその基礎をつくった。

松岡は当初、栃木町の旭町にあった仮病舎が手狭だったことなどから七軒町に移し、１８７３（明治６）年には県令の鍋島に「各府県に一つの小病院学校を設ける」などとした医道改正の建言書を提出した。後の「一県一医大」政策の原点と思えるような提言だった。

しかし松岡は１８７４（明治７）年、何があったのか病院長を辞してしまい、後に茨城県立病院長へ転じた。

内山さんは「幕末明治の栃木町は、松岡が医学校の礎を築くなど医療の先進地域でもあった。それだけに松岡がいなくなった後、県立栃木病院と栃木医学校が廃止されたのは残念なことだった」と惜しんだ。

以降、栃木県に医師養成機関ができるのは１９７２（昭和47）年の自治医大、翌年の獨協医大の誕生まで90年余も待たなければならなかった。Ⓣ

難治県に「公平」の論理

初代の栃木県令鍋島貞幹（後に幹）は尋常小学校の入学者に女児が少ないことを憂えて1875（明治8）年、栃木町の県庁隣接地に栃木女学校（後の宇都宮女子高）をつくった。公立では日本で3番目の女学校だったという。

鍋島は1873年設立の栃木師範学校に2年後、女子師範部を設けるなど、女子の教育に並々ならぬ情熱を燃やした。栃木女学校は、1879（明治12）年設立の栃木中学校（後の宇都宮高）より4年も早かったから、鍋島がいかに女子教育に力を入れたかがうかがい知れる。

鍋島は教育医療の都市づくりを「公平」という論理で進め、「上下隔絶」と指摘された旧幕府との違いを出そうとしたといわれる。

『下野の明治維新』の著者大嶽浩良さんによると、鍋島は明治初期の日光県時代から各村を調査して歩き、村役人を選挙で選ばせようとし、税金の納め方についても「公平」という視点で徳川時代からの旧弊を指摘している。

しかし当時の下野国は藩領のほか幕府領、旗本領、寺社領がばらばらに組み込まれていて、村役人の公選制導入は難しかった。

年貢も米納、金納などと負担がまちまちで、鍋島はこれを「公平」という論理で束ね、一元化を進めようとした。

この論理に刺激されるように烏山藩領の農民が「公平」を求めて立ち上がった。藩内は東部が米納、西部が永納（金納）に分かれており、東部の米納地域のタバコ農家は、タバコを売って米納すると膨大な負担を背負い込む。このため農民は公平な圃《ほ》租《そ》法の変更を求めて中央政府に訴え出たが、受け入れられなかった。

当時の烏山藩は鍋島の管轄ではなかったが、農民は鍋島の『公平』という論理から強い影響を受けた。大嶽さんは「難治とされた旧下野国などの状況が、明治新政府による全国統一の金納制度である地租改正につながった」と説明する。

保晃会

日光保存 勝海舟ら協力

１８８０（明治13）年春。栃木県初代県会（県議会）議長の安《あん》生順《じょうじゅん》四郎《しろう》は、東京・氷川町の勝海舟邸で、勝と向き合っていた。

30代前半だった安生は、二社一寺を核とする日光の景観を守ろうという県内有志の声を背に、徳川家の財産管理などを担っていた旧幕臣の勝に、日光保存のための寄付を切り出した。

『栗野町誌』などによると、勝は「８００万石を失った後に、（徳川にそんなことを持ち込むものではない」と突っぱねた。

徳川家の聖地である日光について、新政府の中枢にいた大久保利通は、「徳川家で始末できなければ買いたいという外国人がいる」と勝に打診した。西郷隆盛が「その話は後にしましょう」としたことから棚上げになったが、勝

＊保晃会の石碑（日光東照宮宝物館の南側「浩養園」）

〒321-1431 栃木県日光市山内2280

【交通】JR日光駅・東武日光駅から東武バス日光で15分、大猷院・二荒山神社前または表参道下車、徒歩5分。日光ICから車で8分

●保晃会 関連年表

1868（慶応 4）	神仏分離令が出される
1875（明治 8）	安生順四郎ら県内有志が上京、旧幕臣などに日光の社寺保全を相談
1876（明治 9）	満願寺（輪王寺）三仏堂が解体される
	明治天皇巡幸、三仏堂の旧観維持のためお手許金を下賜
1879（明治12）	元米国大統領グラント日光来訪、安生らが政府高官に日光の保存を求める
	保晃会発足
1880（明治13）	保晃会会長に元会津藩主の松平容保東照宮宮司を選出
	東京に出張所を設ける
1897（明治30）	古社寺保存法成立
1916（大正 5）	保晃会解散

はこうした経緯を安生に紹介し、「これが保存の始まりだ」と説明した。

明治新政府は１８６８（慶応４）年、神道の国教化を進めるため、神仏分離令を出した。そのため日光山は二社一寺に分割され、徳川家の霊廟《れいびょう》東照宮は存廃まで検討されていた。輪王寺は名称を満願寺と改められた上、仏堂の移転を迫られた。幕府の後ろ盾を失って修繕費を得られず、山内の建物は朽ち始めていた。

安生たちは、勝の邸宅に連日通い詰めて、県内の有力者たちが１８７９（明治12）年、日光の景観保存を目指し民間の保存団体「保晃《ほこう》会」を立ち上げたこと、募金の利子で文化財を保護する画期的な仕組みであることを説明した。

目標とする寄付は20万円（現在の額で約40億円、後に増額）。どこまで集められるかに成否がかかっていたが、勝は「10万の20万のと大そうな金を集めるのは難しい」と断っていた。

そして4日目。安生たちは、これで分かってもらえなければ勝を見切ろうと勝邸を訪れた。安生の思い詰めた顔を見た勝は、根負けしたのか、「分かった」と同意し、その後に徳川宗家の後見職を通して「1万円」と書いた寄付帳を渡した。その額は徳川一門と華族各家の寄付の基準となり、安生は「士気を高める上で大きな力になった」と備忘録に記した。

勝の協力を得た保晃会は東京・浅草の東本願寺に出張所を設け、東京、全国へと運動を展開していく。

ただ、そもそも保晃会創設には紆余《うよ》曲折があった。

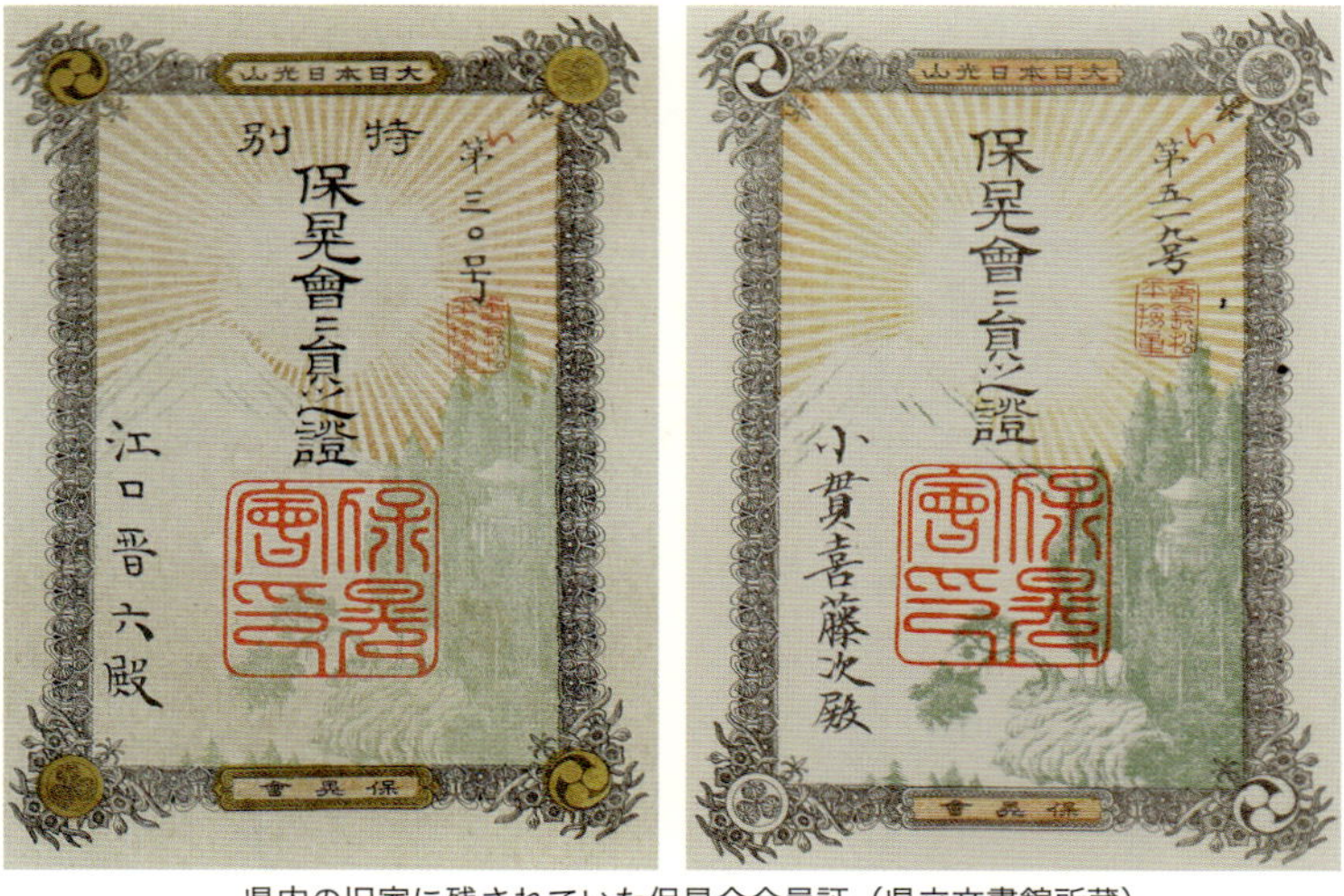

県内の旧家に残されていた保晃会会員証（県立文書館所蔵）

安生らの運動の契機は1年前の元米国大統領グラントの日光来訪だった。『日光市史』によれば、安生らは同行する伊藤博文内務卿に「日光の保存」を嘆願したが、伊藤は「余力がない」と政府による保存に否定的だった。にもかかわらず1カ月後、安生と矢《や》板《いた》武《たけし》、印南《いんなみ》丈作《じょうさく》らは保晃会の設立を約束する。

この背景について、県文化財課長の石川明範さんは、「『民間で金を集めてやればいい』と、伊藤から提案があったのではないか」とみている。

栃木県令の鍋島貞幹（後に幹）が後押ししたとの見方もある。

保晃会創設の3年前、日光の二荒山神社にあった三仏堂が解体された。このとき、日光を巡幸した明治天皇が「旧観を失うことなかれ」と3千円を下賜され、三仏堂は縮小されることもなく満願寺境内の現在地に移築された。

これ以前の鍋島はむしろ「三仏堂は取り壊すべきだ」と発言し、日光町民による堂塔据え置き嘆願運動を締め付けた。この経過を記した日光の歴史研究者柴田宜久さんは「鍋島県令は政府の神仏分離の方針を忠実に実行していたが、天皇の指示によって方針転換せざるを得なくなり、安生らに働きかけて保晃会の設立を後押ししていたのではないか」と推測する。

保晃会の発起人約40人は、ほとんどが豪農層など県内各郡の有力者であり、第1回県会選挙で選ばれた議員12人が含まれる。会長には元会津藩主で日光東照宮宮司松平《まつだいら》容保《かたもり》が就いた。運動は瞬く間に広がり、日光市史によると、県内世帯の約半分から寄付が寄せられた。

石川さんは「自由民権運動が盛り上がった時期で、日光のために有力者たちが政治的対立を超えて協力した。安生らの熱意で組織が拡大し、保晃会があったからこそ今の日光が残っている」と言い切っている。

しかし、保晃会は1897（明治30）年の古社寺保

1893（明治26）年の建設当時に撮影されたとみられる石碑（日光二社一寺共同事務所提供）

存法の成立を区切りに、時代的な役割を終える。会員は約1万3千人に達し、集まった十数万円の募金を基に修繕を重ね、その後の大修繕工事につなげた。

保晃会の業務は、日光社寺文化財保存会へ受け継がれた。「（保晃会によって）日光の霊域が永遠に保たれることに疑う余地はない」。山内の公園には、勝が書いた巨大な石碑*がある。Ⓚ

容保の忠誠記した宸翰

最後の会津藩主松平容保が、日光東照宮宮司に任命されたのは1880（明治13）年、46歳の時だった。戊辰戦争後はほとんど表舞台に出ることがなかった容保だが、宮司に就くと間もなく、保晃会会長に就任し、自ら書状を送り資金援助を請うた。

容保の孫で東照宮責任役員を務めた松平一郎《いちろう》さんは東照宮の社報で「容保は東照宮宮司を拝命した時、重ねがさねの朝廷の恩遇に感泣したことであろう」と振り返っている。

江戸時代末に京都守護職となった容保は、朝廷と幕府が提携して政策に当たる公武合体を目指していた。

しかし、作家司馬《しば》遼太郎《りょうたろう》さんの著書『王城の護衛者』には、1863（文久3）年ごろ、宮廷が長州藩の筋書きで動く尊攘過激派の公卿の独壇場となり、孝明天皇が窮地にあったことが記されている。

こうした中で天皇は容保の忠誠に厚い信頼を寄せ、感謝の意を文書にした宸翰《しんかん》を容保に送った。

ところが1866（慶応2）年に孝明天皇が崩御し翌年、大政奉還がなされると、容保は新政府から「逆賊」にされる。会津藩の家訓に従い、戊辰戦争で徳川宗家と運命を共にした容保は、1893（明治26）年12月に亡くなるまで、この経緯を一切語っていない。

容保はどんな思いでいたのか。『王城の護衛者』に推し量るエピソードが盛り込まれている。

晩年の松平容保（会津若松市提供）

容保が亡くなった時、就寝時も首に掛けていた竹筒が残された。家族が開けると、中に入っていたのは孝明天皇から贈られた宸翰。そこにはその忠誠を喜び、無二の者に思うと記されていた――。

「宸翰を肌身に着けていることでひそやかに自分を慰め続けて余生を送ったのではないか」。司馬さんは容保の胸中をそう書き残している。

鉄道敷設（上）

東北本線、足利は通らず

1885（明治18）年7月16日、宇都宮駅。早朝から花火が打ち上げられ、初発列車の汽笛が高らかに鳴り響いた。1872（明治5）年9月に新橋―横浜駅間で開業した日本の鉄道はこの日、東北本線大宮―宇都宮間まで延伸された。

欧米製の蒸気機関車から宇都宮駅に降り立ったのは、鉄道敷設を強力に推進してきた参議伊藤博文らと財政難の政府に代わって鉄道建設を担った日本初の私設鉄道「日本鉄道会社」社長や株主ら約100人。これを4代目の栃木県令樺山資雄《かばやますけお》らが出迎え、駅構内で盛大に祝宴が催された。

宇都宮の住民らは鉄路という、水運に代わる新たな交通手段を手に入れた。後日の下野新聞は「宇都宮の富を増すことは明らかで喜ばしい」と報じている。

しかし両毛地域への線路誘致を働きかけていた県南足利の人々は落胆した。

●鉄道敷設 関連年表

1872（明治 5）	新橋―横浜間に日本初の鉄道が開業
1881（明治14）	日本鉄道会社創立
1883（明治16）	高崎線　上野―熊谷間開業
1885（明治18）	東北本線　大宮―宇都宮間開業
1886（明治19）	宇都宮―黒磯間開業
1887（明治20）	両毛鉄道会社創立
1888（明治21）	両毛鉄道　小山―足利間開業
1889（明治22）	両毛鉄道　前橋まで全線開業

鉄道博物館の資料によると、日本鉄道は東京―青森間を5区に分けた路線計画を立てた。第1区は「東京から高崎を経て前橋まで」とし、上野―熊谷間を先行開業した。第2区は「第1区線の途中から分岐して白河まで」とされ、足利の人々は、分岐点を熊谷として両毛地域の「機業地帯」へ線路を誘致する運動を展開した。

その中心にいたのが地元の豪商木村半兵衛《きむらはんべえ》だった。木村の顕彰会顧問を務める堀江英夫《ほりえひでお》さん（足利市）は「何としても東京―横浜に直通する汽車を通したい、と熱意を持っていた半兵衛はさぞ無念だっただろう」と心中を量る。

木村家は織物買継商で代々半兵衛を名乗る。3代目の政七《まさしち》（1832～86年）は取引高足利一の家業を充実させるとともに、地域の織物業全体の押し上げを図った。海外の織機を導入し1881（明治14）年には足利、桐生（群馬県）の機業家に輸出織物の生産を勧め、製品を貿易港である横浜の外商に売り込んだ。輸出が増加すると渡良瀬川の水運では輸送が追いつかなくなる。『足利市史』は「全国に支店網を持つ飛脚問屋にしろ、河岸問屋にしろ、その前近代的な輸送形態は不十分なものになっていた」と指摘する。

政七は、1880年頃から乗合馬車や渡良瀬川の蒸気船を東京との行き来によく利用した。人力車も使われ、1883（明治16）年3月の日誌では「小俣（足利）の自宅から人力車で東京の下町に出かけたが、鴻巣―桶川の約10キロは特にぬかるんで困り果てた」と吐露している。

この年の7月に上野―熊谷間で鉄道が開業すると、政七たちも鉄道利用が中心となる。足利工業大（現・足利大）元教授の麻生《あそう》千明《ちあき》さんは「政七は身をもって鉄道の威力を痛感したことが日誌から見て取れる」と強調する。

同年12月、酒田、山形、福島県令を歴任し豪腕として知られた三島通庸が栃木県令（福島県令兼務）に赴任した。政七は日誌で「新県令が栃木町の県庁に入った。町中で国旗を掲げ、花火が打ち上げられた」と歓迎ぶりを書き残す。

ほどなく足利郡の政七をはじめ、安蘇、上都賀、下都賀各郡の有力者は、熊谷を分岐して足利、佐野、栃木、鹿沼を経て宇都宮にいたる鉄道の敷設を三島県令に願い出る。政七らは桐生を含めたこれら地域一帯を商業が盛んな物産貿易の要地と位置付け、「鉄道敷設は市場の盛衰に深く関係する」と訴えた。

三島県令もこの案を推し日本鉄道へ働き掛けた。『足利市史』は、足利の代表らが第2区線の足利通過を条件に、三島県令が目指す県庁の宇都宮移転に賛成した、としている。

しかし、明治政府は1884（明治17）年12月、大宮での分岐に決定する。『栃木県史』によれば、鉄道局長の井上勝《いのうえまさる》は「大宮―熊谷―宇都宮間は大宮―宇都宮間に比べて25キロも長い上、熊谷分岐案では大小河川が多く、工期、建設費面で大宮分岐案に劣る」とした。

陸軍卿が東北本線は「仙台の軍事拠点まで、できるだけまっすぐ通すべきだ」と主張しており、大宮分岐にはこの意見も大きく作用したとみられる。

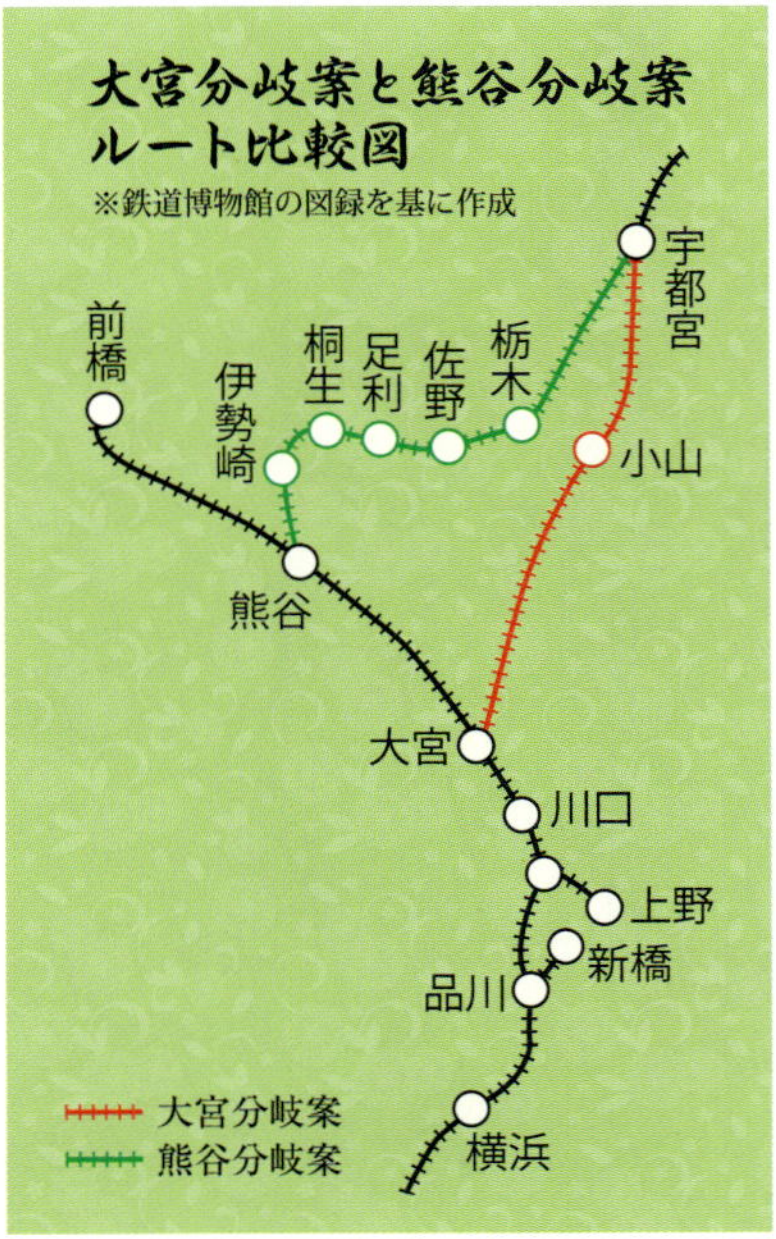

ただ、井上局長は、足利地方は支線を開設した方が便利だろうとも述べた。政七は大宮―宇都宮間が開通した翌年に急死したが、鉄道誘致の意志は長男勇三《ゆうぞう》に引き継がれた。

2011年に「鉄道展」を開催している那須野が原博物館前館長の金井忠夫《かないただお》さんは「地域が積極的な誘致運動を展開したことが、結果的に両毛線開通につながった」とみている。Ⓚ

1885年に東北本線大宮ー宇都宮間が開業して後の宇都宮駅構内（鉄道博物館提供）

サイドヒストリー

父子2代で「両毛線」実現

日本鉄道の熊谷分岐案がついえた後、木村政七の長男勇三（4代木村半兵衛）ら足利を中心とする県南の有志は、小山―熊谷間を結ぶ「両毛鉄道」の開設に動いた。

勇三は、政七と交遊があった経済学者田口卯吉《たぐちうきち》と「両毛鉄道会社」の設立を計画。具体案作りは鉄道技術官僚で初代帝国大総長渡辺洪基《わたなべこうき》に依頼した。『足利市史』によると、渡辺は足利の機業家の別荘に2カ月滞在して計画を練り、その中で両毛鉄道は特産の生糸、麻、銅など貨物輸送中心の産業鉄道であるべきことを明確にしている。

両毛鉄道会社は1887（明治20）年創立、社長となった田口は就任演説で、両毛地域を産業革命の舞台となった英国マンチェスターになぞらえて、「両毛の田園は数十年後には必ず、抜きんでた織物の市街に変わる」と力説した。両毛鉄道は翌年、小山―足利間が開業、順調に滑り出した。

ただ、両毛鉄道は日本鉄道に経営の主導権を握られていた。1892（明治25）年に独立経営を実現したが、今度は足利―東京を結ぶ毛武鉄道に仮免許が下付された。これも痛手となって日本鉄道に売却され、1897（明治30）年に両毛線となった。

4代木村半兵衛（勇三）

3代木村半兵衛（政七）の肖像画

宇都宮市の歴史研究者大町雅美さんは、著書『栃木県鉄道史話』で「両毛線は出口を日本鉄道に抑えられ、枝線としての性格を宿命的に有していた」と指摘する。

両毛線は時代を経て貨物から貨客へと比重を移してきた。２０１８年は小山―足利間開業１３０年の節目を迎えた。足利市文化財専門委員会委員長の菊地《きくち》卓《たかし》さんは「当時、鉄道敷設は軍事面が優先されたが、両毛鉄道は産業面を主としたところに意義がある」と強調した。

鉄道敷設（中）

元勲ら開拓地に誘致

栃木県北部を通過する東北本線の路線決定には、那須野ケ原に農場を持つ明治の元勲の意向が大きく影響したとされる。

1872（明治5）年、明治政府は鉄道敷設を前提に東京―青森間を測量した。那須野が原博物館の図録によると、このときは旧奥州街道沿いを北上している。

建設に当たる民間の日本鉄道会社も、主にこの実地調査に沿って路線を計画してきたとみられる。江戸時代の五街道の一つ、旧奥州街道沿いは、明治以降も光が当たると思われた。

ところが10年後の1882（明治15）年、候補地を見て回った明治政府鉄道局長井上勝は、巡覧後「氏家から佐久山までは山路で険しい。その後、し

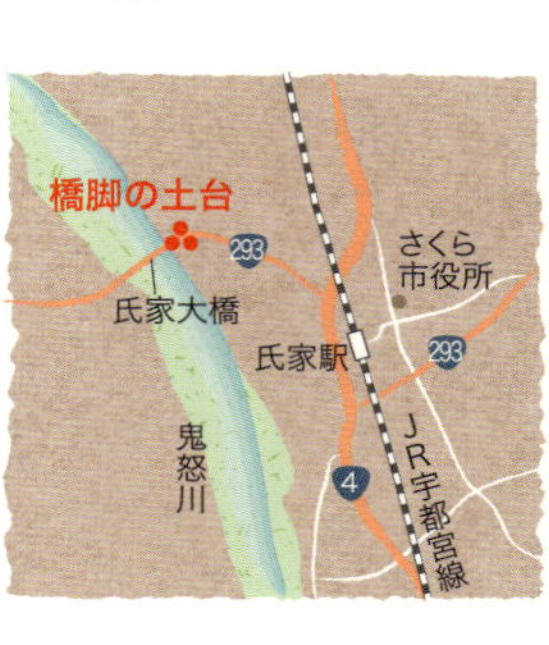

＊橋脚の土台（氏家大橋の下）
〒329-1326 栃木県さくら市向河原
【交通】JR東北本線氏家駅から車で8分。国道293号の下

ばらく那須野ケ原の荒野が続き、越堀を過ぎるとまた山に入る。人口は少なく、物産に乏しい。ここに鉄道を敷設すれば膨大な費用がかかる」と述べ、宇都宮—白河（福島県）間での早期鉄道建設に慎重な姿勢をにじませた。

日本鉄道は1885（明治18）年、方針を転換し、那須野ケ原を縦断する路線を測量し始める。計画変更にはどのような力が働いたのか。

『黒磯市誌』は、その一因として「佐久山、大田原など旧奥州街道の宿の町村が歩調をそろえて鉄道建設に反対した」ことを挙げている。江戸時代から続く運送業者らは、鉄道が通れば仕事を奪われると反対したという。さらに「汽車の火の粉で火事になる」「鶏が卵を産まなくなる」といった風説の影響も指摘する。

このような説に対して『大田原市史』は「那須野ケ原に競って開墾場を設立した明治政府の高官らが、風説を流し、鉄道を農場近くへ敷設したように推測される」と反論している。

大田原市などが発行した佐久山地区の歴史をたどる冊子『愛郷炉談』に興味深い逸話が載っている。

それによると1883（明治16）年ごろ、加治屋開墾事務所に2人の紳士が人力車で訪れ、「鉄道の測量は当地方に来たか」と事務所に詰めていた佐久山の男性に尋ねた。男性が「佐久山から大田原を通って北に進み、今頃は白河（福島）辺りだと思う」と答えると、紳士の一人が「それならこれを測量技師に渡してくれ」と手紙と名刺を置いて行った。

名刺の名は「陸軍卿 大山巌《おおやまいわお》」。驚いた男性は飛脚を立てて測量技師を追いかけさせ、白河で手紙を渡すことができた。その後、大山らの指図で測量がやり直されたという。

大山はこの頃、那須野ケ原開拓に乗りだし、いとこで農商務卿西郷従道《さいごうつぐみち》と共同で、現在の大田原、那須塩原両市にまたがる加治屋開墾場を経営していた。

『愛郷炉談』の改訂版編集に関わった大田原市那須与一伝承館の元館長萩原恵一《はぎわらけいいち》さんは「1883年に測量した記録は残っていないが、荒れた原っぱに鉄道を通せばどれだけ便利か、元勲たちは見通せたはずで、路線変更には大山たちが関わったのだと思う」とみている。

西那須野町（現・那須塩原市）発行の『町の交通通信史』も「（路線変更の）決定的な理由は大農場を経営する政府高官の誘致にあった」と記す。

通信史によれば、1880（明治13）年に那須野ケ原で最も早く農場を開設した山形県令三島通庸（後に栃木県令）が、自身の農場内に駅を誘致しようとしたが、大田原の豪商成田《なりた》久八《きゅうはち》も地元に駅を望んでいたため、大山が間をとって加治屋開墾場地内に決めさせたという。

ただ、東北本線の那須野ケ原縦断を望んだのは、元勲ばかりではなかった。

1881（明治14）年、宇都宮市の羽黒山付近にあった今里村の有志が展開した鉄道敷設運動は、現在の東北本線とほぼ同じルートで東北の物産を運び、氏家の阿久津河岸から鬼怒川の水運を利用する構想だった。

『栃木県史』によると、第2代県令藤川為親がこの案を推し、「那須野ケ原開拓の現状を見て回り、鉄道を敷くべき経路を細かく調べたが、開拓地の中に鉄道を敷けばますます成果が上がると確信した」と上申している。

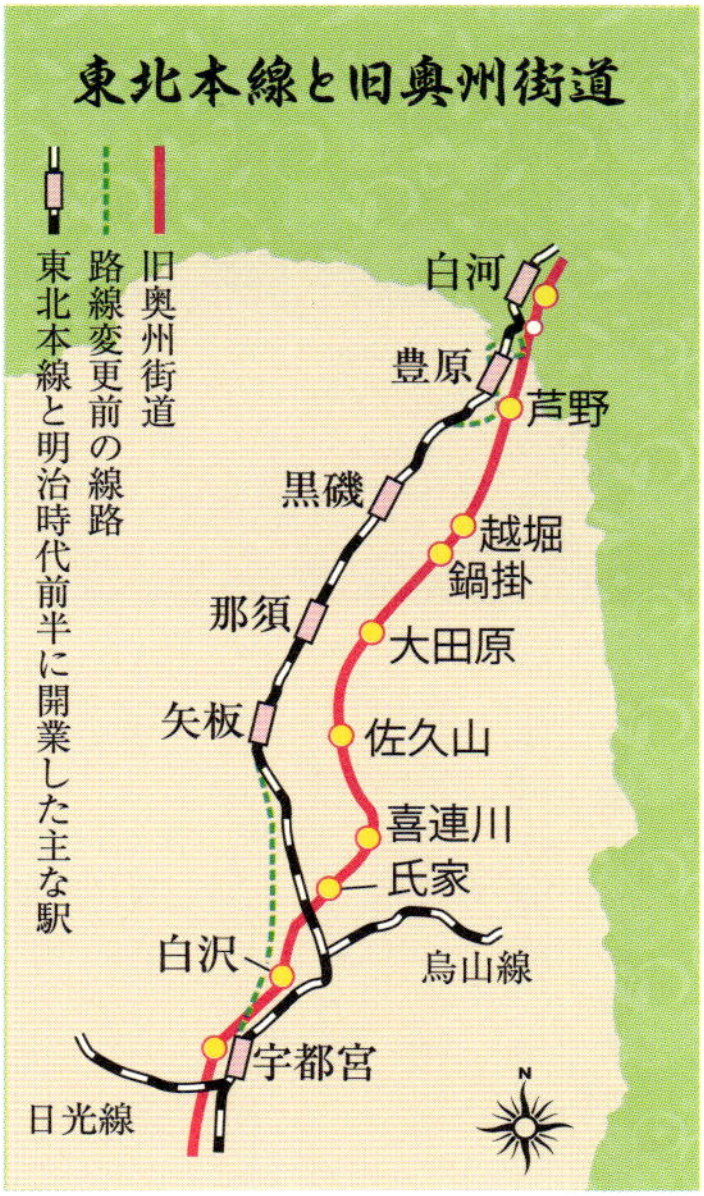

那須野ケ原は1884（明治17）年に新陸羽街道（国道4号）、1885（明治18）年に那須疏水本幹が完成、その翌年は東北本線宇都宮—黒磯間が開業する。そして大山、三島をはじめ、後に総理大臣となる山縣《やまがた》有《あり》朋《とも》、松方《まつかた》正義《まさよし》ら元勲や地元有力者約40人が開墾し、農場を経営していく。

1907（明治40）年ごろの西那須野駅前通り。旅館などが立ち並び、人々の往来する様子が分かる（那須野が原博物館提供）

「国家的プロジェクトの那須野ケ原開拓が進行し、輸送路の確保が不可欠となった。開拓地の中央を鉄道と国道が通るのは、ある意味、理にかなっている」

那須塩原市那須野が原博物館の前館長金井忠夫さんはそう解説する。

鉄道が通ると荒野だった那須駅（現・西那須野駅）周辺には旅館が建ち、運送業や薪炭商が次々と開業。自然と市街地が形成され、交通の要衝となっていく。Ｋ

洪水で寸断、路線変更へ

東北本線が開業した当初、宇都宮―矢板間は、宇都宮駅を出ると鬼怒川右岸を北上し、旧上河内町の芦沼から西鬼怒川、鬼怒川を渡る路線だった。この区間は開業から11年後の1897（明治30）年に敷設し直されたが、それは両河川の水害の影響だった。

1890（明治23）年8月下旬、県内は暴風雨に見舞われ、しの突く雨は夜に入ってますます激しさを増した。宇都宮市の歴史研究者大町雅美さんの著書によると、洪水で鉄道路線が寸断され、東北本線の古田（宇都宮市）―長久保（さくら市）間は、西鬼怒川と鬼怒川に架かる鉄橋の橋脚が2、3カ所傾いた。

この辺りは川全体の護岸も脆弱《ぜいじゃく》だったため、その後も水害による列車の不通が度重なる。内務省の外国人専門技師の調査では、修繕に膨大な費用がかかる上、改修してもなお恒久的な安全は期待できないことが分かった。そのため日本鉄道会社は路線変更を決めた。

新設する路線の架橋は被害を極力抑えるため、両河川が合流する地点より下流の現在地に移すことにした。新線には岡本、氏家駅が設けられ、宇都宮―矢板間は約3・5キロ長くなった。

そもそも水害に遭った古田―

＊1897（明治30）年に廃止された東北本線（宇都宮—矢板間）で使われていた橋脚の土台部分。氏家大橋の下（さくら市側）を流れる鬼怒川に残る

長久保間周辺について、1882（明治15）年に視察した鉄道局長の井上勝は「阿久津はくぼ下の地で浸水の恐れがある」と指摘していた。

2007年に鉄道展を開いたさくら市ミュージアムの館長小《こ》竹《たけ》弘則《ひろのり》さんは「明治時代は道路も、鉄道も直線が〝近代の象徴〟とされたが、結果として当初の路線は技術的に無理があった。新たな路線は国道4号が新設された地域を通ったため、相乗してまちの発展につながった」とみている。

鉄道敷設（下）

人車鉄道 地域産業を推進

地方の鉄道には、人力で客車や貨車を押す人車鉄道（人車軌道）の歴史がある。１９３２（昭和７）年までに全国で29路線が開通し、このうち栃木県にはなんと４分の１、最多の７路線も敷設されていた。

「大谷石文化」で知られる宇都宮市大谷地区。２０１８年春、日本遺産に認定された同地区のシンボルともいえる大谷寺に、その一つの人車鉄道の歴史を示す碑が立っている。同寺には日本最古とされる磨崖仏があり、多くの観光客が訪れる。しかし、一角にある

大谷寺の一角に立つ『大谷石材軌道之碑』

＊大谷石材軌道之碑（大谷寺）
〒321-0345 栃木県宇都宮市大谷町1198
【交通】JR宇都宮駅からバスで25分「大谷観音前」から徒歩1分。東北自動車道宇都宮ICから約15分

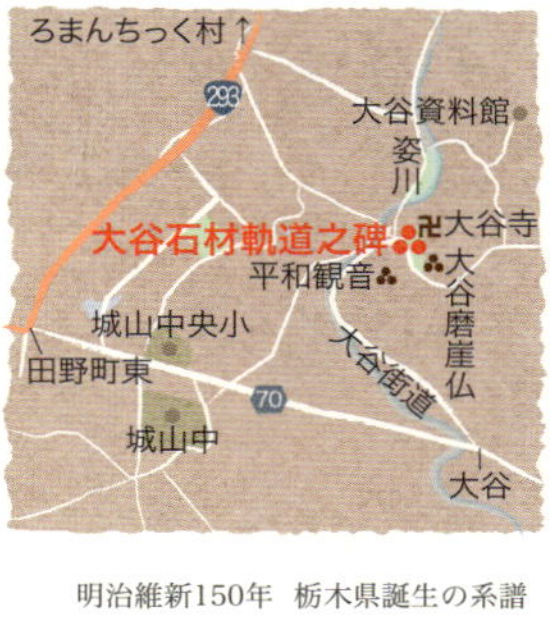

＊「大谷石材軌道之碑」には誰も足を止めようとはしない。

１９１８（大正7）年に建てられたこの碑は、１８９７（明治30）年に敷設された人車鉄道の歴史を刻んでいる。宇都宮市の市制１００年誌には、大谷寺手前の停車場に並ぶ9両の客車と人々を撮ったスナップ写真が掲載され、人車鉄道に支えられた当時の大谷観光を映し出している。

１８８６（明治19）年、東北本線が上野から黒磯まで達し、その数年後に枝線である両毛鉄道、日光鉄道が敷設されると、これら幹線鉄道に人車鉄道を接続させる動きが各地で起こった。人車鉄道は初期投資や維持費が少なくて済むため、地域主体で敷設が可能。馬車などに代わる新たな交通手段として、地元の実業家らが競うように設置した。

宇都宮では材木商篠崎《しのざき》安《やす》平《へい》らが「宇都宮軌道運輸会社」（後に宇都宮石材軌道）を設立し、１８９７（明治30）年に宇都宮—城山村荒針6キロ区間で開業した。

県立文書館などの史料によると、大谷石の運搬と観光誘客を目指すこの路線の敷設は県内初、全国でも3番目の早さだった。しかし生命線である幹線鉄道への接続は容易でなかった。

大谷石や旅客を運ぶ人車鉄道（随想舎発行、大町雅美著「郷愁の野州鉄道」より転載）

県議会は開業2年前、人車鉄道の宇都宮駅接続を議論している。宇都宮市の歴史研究者大町雅美さんの著書によると、駅前の田川に架かる「宮の橋」南側に人車鉄道用の橋を新設する案を巡って、議員の意見が割れた。

「軌道が道路を横断することになり、危険だ。実地調査すべきだ」

こう反対する議員がいたものの、一度は案の通り宇都宮駅を出発点とすることが決まる。ところが翌年、出発点は駅から2・5キロ西に離れた現在の宇都宮地裁に近い「西原町」となった。大町さんは「市街地通過

には架橋に加え、二つの坂がある」と変更された理由をみている。

大谷の歴史に詳しい宇都宮市の小学校長大塚雅之《おおつかまさゆき》さんは「関係者は何としても宇都宮駅につなげたかったと思う。落胆は大きかった」と推し量る。

しかし幹線への接続は1903（明治36）年、西原町から鶴田駅（日光鉄道）に延伸させることで、形を変えて実現した。

これによって大谷石の輸送販売は増量し、西原町から「材木町」まで延長したことで一般客も増えた。『宇都宮市史』は「人車鉄道による搬出力の強化は大谷石の採掘史にとって画期的だった」と記している。

同じように県内では栃木駅（両毛線）まで石灰石を運ぶ「鍋山人車鉄道」、岩舟石を高取河岸（渡良瀬川）に輸送する「岩舟人車鉄道」などの人車鉄道が明治30～40年代に次々と開業した。東北本線から外れた旧奥州街道沿いの大田原から西那須野駅、同じく喜連川から氏家駅にも人車鉄道が敷かれた。

元県立博物館学芸員で高校教師の伊藤康行《いとうやすゆき》さんは「栃木県は東京に近いので幹線ま

栃木県内の鉄道路線図

※那須野が原博物館発行
「近代鉄道事情」を基に作成

でつながれば1日や半日で東京に荷物が運べ、人が行けた。幹線につなげたいという人々の熱意が高かった」と解説する。

しかし輸送力の小さい人車鉄道はやがて、小規模な蒸気機関車である軽便鉄道や自動車に代わり、昭和20年代までに県内すべての路線が姿を消した。

宇都宮石材軌道は１９３１（昭和６）年、東武鉄道に合併され、間もなく人車鉄道は一部を除いて廃止された。大谷石の輸送は軽便鉄道に引き継がれ、荒針—西川田間では１９６４（昭和39）年まで運搬された。

この路線近くで育った元市議小島延介《こじまのぶすけ》さんは新聞記者だった１９６３年、廃線間近の汽車に乗って取材した経験があり、「人車鉄道で始まった大谷石の鉄路輸送の最後を見届けることができ、大事な思い出になった」と懐かしむ。

人車鉄道関係者が果たせなかった宇都宮駅への路線接続案は、市が現在、進めている次世代型路面電車（ＬＲＴ）の駅西側延伸計画と一部重なる。

市街地開発組合議会副議長を務めた小島さんは、「一部とはいえ、１００年近い時を経てトロッコが走っていた同じ道路をＬＲＴが走ることになる」と感慨深そうに話す。Ｋ

日光観光の軸 路面電車

明治初期から多くの外国人が足を運んだ国際観光都市・日光は、東北本線が1885（明治18）年に宇都宮まで延びると観光客が増加した。宇都宮市の歴史研究者大町雅美さんの著書によれば、鉄道敷設の期待の高まりを背景に、1890（明治23）年、「日光鉄道（現・日光線）」が開業した。

1908（明治41）年には日光町と古河鉱業が「日光電

1967年ごろ、日光市山内の神橋近くを走る日光軌道の路面電車（渡辺裕一さん提供）

気軌道」を創立、日光駅から県内初の電車を男体山麓の馬返まで走らせた。当初は精銅所の物資輸送が主体だったが、徐々に旅客を伸ばしていった。

東武鉄道の資料によると、昭和初期に同社が日光電気軌道を系列化し、馬返―明智平間のケーブルカー運行が始まる。東京圏から中禅寺湖に至る観光ルートが確立した戦後、最盛期のケーブルカー利用者は年間２３６万人に達したという。

元日光市議で日光軌道元車掌渡辺《わたなべ》裕一《ゆういち》さんは「20分置きに運行していたが、通勤通学に加えて観光客が多く、運びきれなかった」と振り返る。

しかし、第一いろは坂が開通した１９５４（昭和29）年ごろから旅客はバスやマイカーに乗り変わり、１９６８（昭和43）年に日光軌道、１９７０（昭和45）年にはケーブルカーが廃止された。

元県立博物館学芸員の伊藤康行さんは「渋滞がひどくなるにつれ、路面電車は邪魔だと廃止ムードが高まったようだ。その時代を乗り切り今につながっていれば、かなりの人気が出ただろう」と残念がる。

大嶹商舎

富岡に並ぶ近代製糸所

２０１４年、世界遺産に登録された群馬県富岡市の富岡製糸場には、栃木県とゆかりの深い建物がある。

東京ドームより一回り大きい５ヘクタール超の敷地には、国宝である木骨れんが造りの東置繭所《ひがしおきまゆじょ》、繰糸所《そうしじょ》など１００以上の建造物が並ぶ。その一つ、東置繭所の東向かいにある木造２階建て男子寄宿舎は、大正のころ、宇都宮の鬼怒川左岸から移築転用したとみられる。

「上州富岡　原富□□糸所□　大峙製糸所」

それを示唆するのが、渡り廊下の板壁裏面に残る墨書である。

この大峙《おおしま》（嶹）製糸所（大嶹商舎）こそ、官営の富岡製糸場などと並び、明治期、世界に名をとどろかせたわが国の器械製糸の草分けであり、江戸日

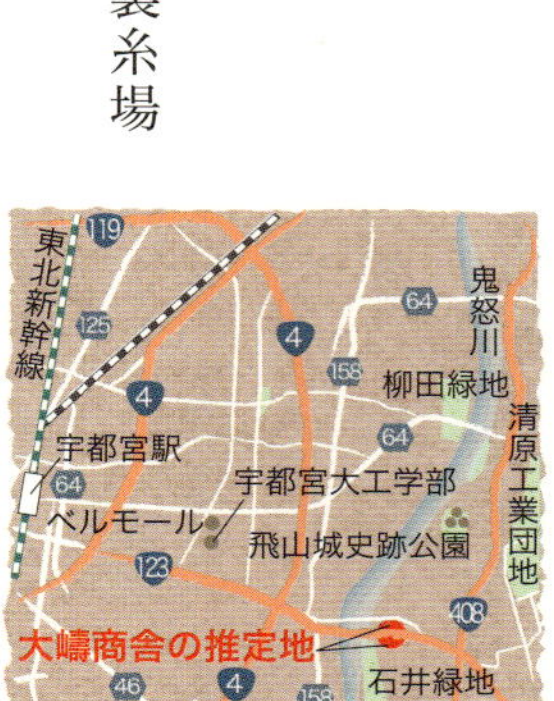

＊大嶹商舎の推定地
〒321-0912 栃木県宇都宮市石井町
（遺跡や案内などはありません）

男子寄宿舎上部渡り廊下の板壁裏面に残る
「上州富岡　原富□□糸所□　大嶹製糸所」
と書かれた墨書（実際は天地が逆さま）

本橋の豪商川村伝左衛門《かわむらでんざえもん》（迂《う》叟《そう》）＝1885年没＝が現在の*宇都宮市石井・鐺山町に創設した。

設立は1871（明治4）年で、富岡製糸場より1年早い。近世史が専門の宇都宮大准教授高山慶子《たかやまけいこ》さんは「国や藩に頼らず、時代を読み生糸の器械生産の道を開いた」と指摘する。

川村家は江戸後期から幕府の経済政策を担う勘定所御用達を務め、肥前島原藩主の戸田家が宇都宮藩に国替えして以降、数十万両を貸与している。『宇都宮市史』によると、迂叟は長年の借金未払いの見返りに戸田家から禄500石を贈られ、所管となった石井、汗村などの開墾を始めた。

迂叟が目を付けたのが、養蚕製糸だった。1859（安政6）年の横浜開港以降、金銀貨の海外流出が続くことを憂い、外貨を獲得するために重要な輸出品だった生糸の振興を目指した。

鬼怒川流域の石井村大島河原周辺に、養蚕が盛んな岩代（福島県）や上野国から桑苗数十万本を移植した。たび重なる洪水で桑園化は困難を極めたが、迂叟の決意は揺るがなかった。

製糸所を設立すると、その前年にできたばかりの日本初の洋式器械製糸所「藩営前橋製糸所」で工女を伝習させた。年末、江戸の川村邸を訪ねた前橋製糸所の創設者速《はや》水堅曹《みけんぞう》は、「一豪商にしてすこぶる気概がある」と感じ入った。

堅曹の子孫で速水堅曹研究会代表速水美智子《みちこ》さん（神奈川県藤沢市）は、「生糸で国を富ませ、人々を豊かにしたいと志を同じくする2人は、心底共鳴したに違いない」と推し量る。

江戸の記録集『藤岡屋日記』に、迂叟の人柄を示す逸話が載って

石井村（宇都宮市）にあった大嶹商舎の製糸工場。
1879～81年に撮影されたとみられる（平凡社発行「大日本全国名所一覧」より転載）

いる。

　川村家に1人の盗人が入ったが、屋敷には江戸三大道場の一つ、千《ち》葉《ば》道場の門人たちが用心棒でいたため、捕まって泣きだした。それを見た迂叟は「二度と来るでないぞ」と逃がしたが、盗人は与力に捕らえられてしまう。すると迂叟は大金を出し「命だけは助けてやってくれ」と頼んだという。

　迂叟は地域開発、社

会還元にも尽力した。鬼怒川に新たな堤防を築き、１８７４（明治７）年、水車動力によるイタリア式製糸器械を導入。飛山下から１・５キロ堀を開削して製糸所に水を引いた際は、堀の水を地域の開田に使わせた。工女には窮乏した地元士族の婦女、後には芳賀や水戸の貧農の女性を雇い、手厚く育成した。

品質管理が行き届いた大嶹商会の製品は１８７６（明治９）年、米国フィラデルフィアの万国博覧会で「品質は秀逸」と高く評価される。

その名は国内外にとどろき、国賓として１８７９（明治12）年に来日した前米国大統領グラントは、わざわざ製糸所に立ち寄った。帰国後は米国の生糸雑誌に迂叟に関する一文を寄せ、「氏は日本生糸の品質改良に意を注ぐこと余念がなく、公私を問わず常に仁愛深い」とたたえたという。

その後、大隈重信、岩倉具視らも視察に訪れている。

大嶹商舎は、迂叟の長男伝衛《つたえ》と娘婿伝蔵《でんぞう》も経営に携わった。しかし、伝衛が頭取を務める第三十三国立銀行の経営悪化を発端に衰退、三井《みつい》家に譲渡された。その後富岡製糸所とともに「原《はら》合名会社」に渡ったものの、１９１５（大正４）年、大嶹商舎は閉鎖、建物と機械は富岡製糸所に移されたとされる。

現在、約3ヘクタールに及ぶ大嶹商舎の跡地は、民家が立ち並び、その痕跡はない。

ただ、地元でその歴史を伝える石井河岸菊池記念館の館長菊池芳夫《きくちよしお》さんによると、跡地を掘ると建物の一部とみられるれんがが見つかる。「近代化の礎となった富岡製糸場に勝るとも劣らない製糸所が、ここにあった。そのことを後世に語り継ぎたい」。菊池さんは力を込めた。Ⓚ

宇都宮から移築転用した建物の可能性がある富岡製糸場内の「男子寄宿舎」

尊王に共鳴 藩の危機救う

江戸の豪商川村家は、複数の大名に資金貸しを行っていたが、幕末になると、宇都宮藩主の戸田家に肩入れした。宇都宮藩が天狗党事件の不始末を問われ、幕府から国替えを命じられた際には、川村迂叟が大名貸《だいみょうがし》の力を使って幕府大老や老中に働き掛けて、国替え回避に貢献している。

宇都宮大准教授の高山慶子さんは「宇都宮藩は譜代でありながら尊王思想が家中に広まっていた。迂叟の立場では政治に口は出せないが、尊王思想に共鳴したのではないか」とみる。

宇都宮市の元小学校長伊藤重男《いとうしげお》さんの著作物によると、迂叟は尊王思想の影響を受けて育ち、友人には儒学者として著名な大橋訥菴（1816〜1862年）がいた。訥菴は宇都宮江戸藩邸で藩主らに儒学を教え、藩士に取り立てられている。義弟の菊池教中とともに下野の尊王攘夷派グループをけん引した。

1862（文久2）年に幕府老中安藤信正が尊攘派の志士6人に襲撃された「坂下門外の変」では、首謀者として訥菴らが事前に捕縛される。この事件では宇都宮藩関係者も次々と逮捕された。

幕府からにらまれ、窮地に立った藩が起死回生策として打ち出したのが、朝廷、幕府いずれもの利にかなう山陵修補だった。天皇・皇后などの墓である山陵を修補したこの事業に、迂叟は自ら1万5千両（現在の約2億2千万円）もの大金を出資している。

迂叟が宇都宮藩を支え、度重なる危機を救おうとしたのは、同藩の尊王の志士たちと相通じるものが強かったからだろう。

川村迂叟（川村伝二郎氏提供）

社格降格

回復に10年、懸命の運動

「宇都宮」の地名の源とされる*宇都宮二荒山神社は1873（明治6）年2月、「県社」へと降格になった。明治政府はこの2年ほど前、近代社格制度で官幣社《かんぺいしゃ》と国幣社をそれぞれ大、中、小の3段階に分けている。宇都宮二荒山神社は県内で唯一、「国幣中社」に格付けされたばかりだった。

宇都宮藩の重臣だった縣信緝《あがたのぶつぐ》が書き残した同神社誌の『始末記』によると、栃木県の担当者は縣らに「国幣中社より降格し、代わって日光二荒山神社を国幣中社とする」という決定を口達した。その理由について「延喜式の神名帳にないので」と告げている。

これには幕末の難局を乗り切ってきた古強者の縣も「神官はもちろん氏子一

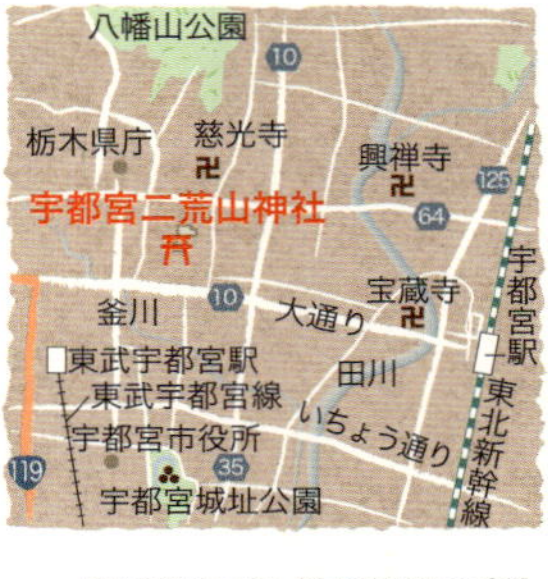

＊宇都宮二荒山神社

〒320-0026 栃木県宇都宮市馬場通り1-1-1
【交通】JR宇都宮駅西口からバスで5分、馬場町下車すぐ。または東武宇都宮駅から徒歩10分同驚愕《きょうがく》、歎息《たんそく》するばかり」と反応するしかなかった。

折しも栃木県と並んで存在した宇都宮県が合併によって統一栃木県となり、宇都宮から県庁も消えてなくなっていた。

宇都宮市文化課主幹の今平利幸《こんぺいとしゆき》さんは「この二つの出来事が当時の宇都宮の人々に大きなショックを与え、県庁舎の宇都宮移転、さらに宇都宮二荒山神社の社格回復運動につながっていったのだろう」と推測している。

降格の理由に出てくる「延喜式」というのは、平安中期に編さんされた律・令・格の施行細則を集めた法典を指している。その神社編といえる神名帳には

「河内郡一座大　二荒山神社名神大」

とあり、明治政府はこの「河内郡　二荒山神社」という記述を日光二荒山神社と解釈し、宇都宮二荒山神社を「式外社」とした。

当時の宇都宮二荒山神社は戊辰戦争によって社殿、下之宮、門前を焼失し、復旧もままならなかった。

それでも1877（明治10）年に本殿が再建されると、氏子惣代に就いた縣は懸命の社格復格運動を始める。『宇都宮市史』によるとこの年の12月7日、上京した宇都

●宇都宮二荒山神社「社格降格」関連年表

905（延喜 5）.	「延喜式」の編さん始まる
1871（明治 4）. 5	近代社格制度で宇都宮二荒山神社が「国幣中社」に
1873（明治 6）. 2	「県社」に降格。日光二荒山神社が「国幣中社」に
1877（明治10）.	宇都宮二荒山神社の社殿（現在の本殿）竣工
12	縣信緝らが内務省に出頭し、復格運動を始める
1879（明治12）. 5	「式外社」を取り消し
1881（明治14）.12	縣信緝没する（59歳）
1883（明治16）. 5	宇都宮二荒山神社「国幣中社」に復格
1884（明治17）. 3	臨時大祭。「ひっくりかえるような大祭礼」に

宮二荒山神社祀官の戸田香園《とだこうえん》と縣が内務省に赴いて「降格」に対する「不審の廉《かど》伺い」を提出し不服を表明。翌年には「日光山は古より都賀郡に属し、河内郡に入った所見はない」などと訴えている。

以降、延喜式に記された「河内郡」「二荒山神社」が日光なのか、宇都宮を指すのか、県内でも論争が起こる。

このうち縣ら宇都宮の人々の巻き返しはすさまじいものがあった。戊辰戦争で新政府軍の大軍監だった宮内大書記官の香川敬三、中央に幅広い人脈を持つ塩原出身の藤田一郎《ふじたいちろう》らを通して政治的な活動を展開したようだ。

そして１８７９（明治12）年5月、内務省から「（明治6年に）宇都宮を『式外社』としたことは取り消す」という言質を得る。

ただ官で1度決まったことを直ちに覆すのは容易でなく、縣は１８８１（明治14）年末、社格復格の知らせを聞くことなく59歳の生涯を閉じた。

縣亡き後、運動は鉄砲町の豪商上野文七郎《うえのぶんしちろう》、河内郡長の川村伝蔵らが担った。川村は宇都宮の鬼怒川左岸に大嶹商舎を造った豪商川村伝左衛門（迂叟）の娘婿で、後の県庁宇都宮移転で中心的な存在になり、政治手腕を発揮している。

『神社誌』によると、上野らはこの時期、たまたま宇都宮町内に泊まった参議の西郷従道、大山巌、警視総監の樺山資紀《かばやますけのり》、県令の藤川為親に会い、３７００余戸の署名を提出するなどして、内願を果たした。

そして１８８３（明治16）年5月、ついに社格の回復が成る。日光二荒山神社も「国幣中社」のままだった。栃木県は「一宮《いちのみや》」が複数存在する異例の県となった。

翌年3月、宇都宮二荒山神社の社格回復を祝う臨時の大祭は、33余町が花車や屋台を繰り出す「ひっくり返るような大祭礼」となった。下野新聞はこの模様を「高さ1丈（約3メートル）余の山車が悠々と引かれて、笛太鼓も浮々と町を練り回った。その美麗なこと、豪華なこと、まさに千金の絵巻物だった」と報じている。

宇都宮市民らは１９４０（昭和15）年3月、宇都宮二荒山神社を今度は「官幣大社」に昇格するよう内務相に請願書を提出するが、採用とはならなかった。明治初期に定められたこの近代社格制度は昭和の大戦後に廃止されている。T

菊地愛山筆「紙本淡彩県庁祝賀之図」。完成後の県庁に多くの山車や屋台が華やかに描かれている（宇都宮市教委所蔵）

豪華屋台 彩った菊水祭

「おたりや千両、お祭り万両」

江戸時代の宇都宮二荒山神社の祭は、こんな言葉が残るほど派手だった。

商人や町民らは出し物や装飾、衣装、遊興に「お金を出すのをいとわない」といわれた。秋の菊水祭は二荒山神社が県社に降格されていた時でも、下野新聞の前身である栃木新聞が「管内一等の祭典」と記している。

東京からわざわざ清元、長唄、おはやしなどの名人を呼び、屋台が演出と演奏の中を三十六番町まで順番に神社へと練り込み、山のごとくいた群衆がその様子を見物した。

江戸時代に作られた徳川林政史研究所所蔵

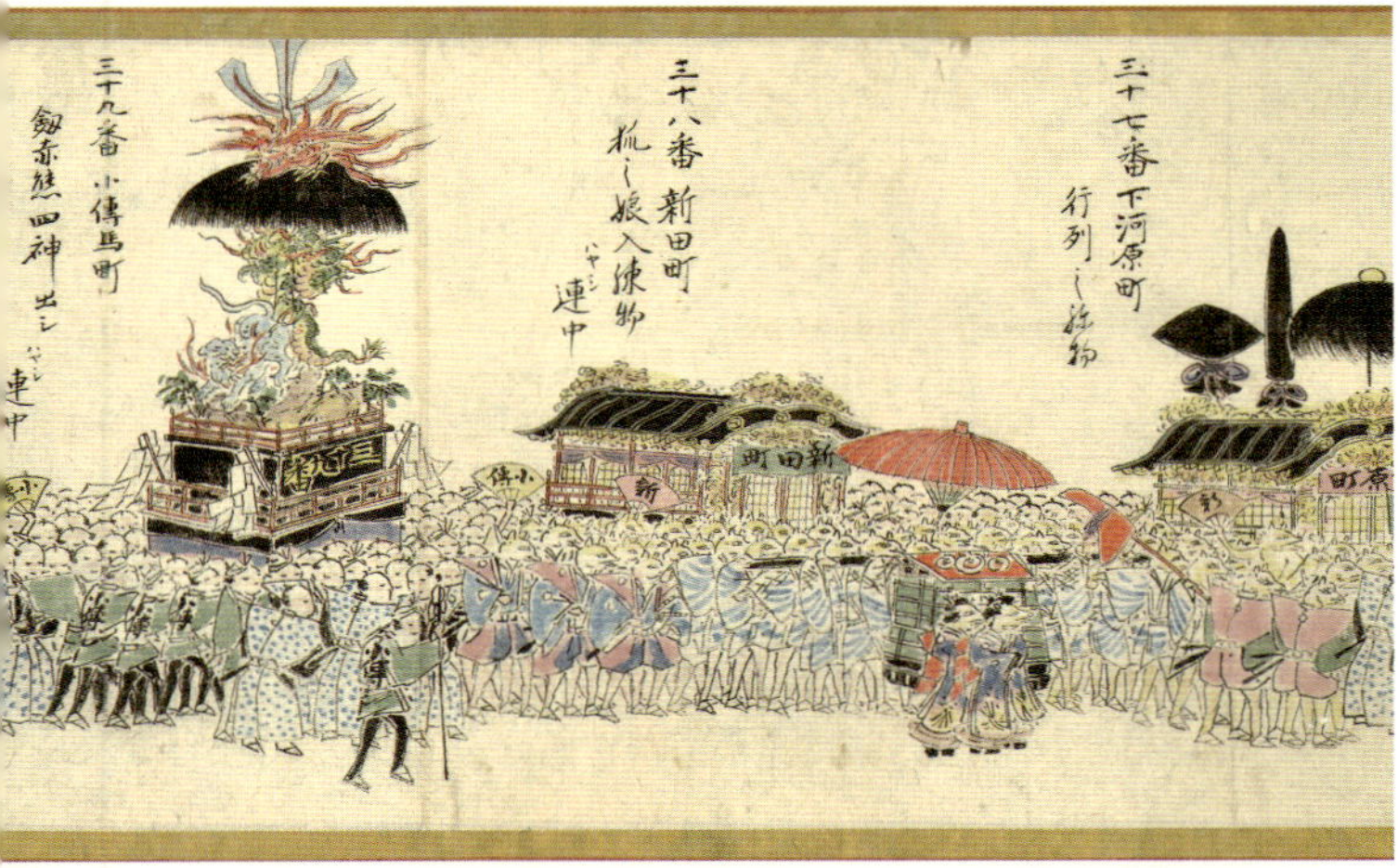

日光山大明神＝宇都宮二荒山神社＝御祭禮絵巻」の一部（県立博物館提供）

の『諸国御祭礼番付』には、宇都宮二荒山神社の祭礼は確かに江戸の山王祭や神田祭、水戸祭、仙台祭、鹿島祭、鎌倉祭、川越祭などとともに東国祭礼の最上列、十指の一つに数えられている。

２０１８年春、「宮のにぎわい山車復活プロジェクト」が発行した『弘化四年 宇都宮二荒山神社 御祭禮《れい》絵巻』(１８４７)をみると、この時代の菊水祭が最も盛大で、三十九番町の屋台まで計38台が神社に練り込んでいた。

宇都宮市文化財調査員の池田貞夫《いけださだお》さんは「江戸末期までは平和な時代が続き、力を付けた商人たちが宇都宮でも財力を投じて豪華絢爛《ごうかけんらん》な屋台を作った。その流れが明治、大正期まで続いて、宇都宮の菊水祭はにぎわった」と説明する。

ところが菊水祭の屋台は大半が昭和の大戦で焼失してしまう。大戦以前に隣接市町に屋台が譲り渡されたこともあって、宇都宮からは、屋台のほとんどがその姿を消してしまった。

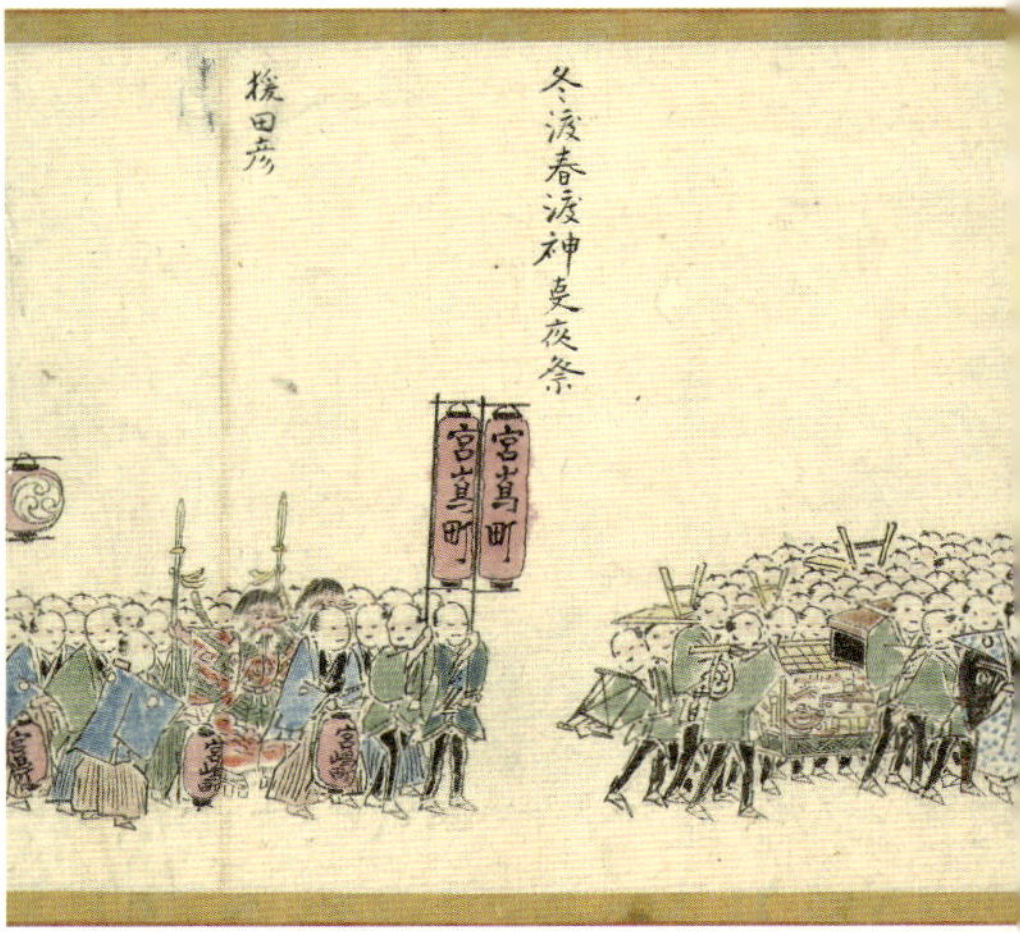

宇都宮市の﨑尾家に伝来する「弘化四(1847)年

剛腕県令
―三島の評価 地域で温度差―

「泣く子も黙る鬼県令」

薩摩出身の栃木県3代県令三島通庸《みしまみちつね》には、反対派を押し切って道路開削工事などを強引に進めた手法からこんな異名が付いた。

しかし最近は研究者の間から「民権史観というべき一面的評価に、縛られすぎてはいないか」という指摘も出てきている。茨城県の三島研究者幕内満雄《まくうちみつお》さんは著書の中で、「積極的に推進した道路交通や地域開発、産業経済、都市政策が結果として高い評価を得ているのは事実」と記している。

広い視野、長期的ビジョンを持っていた人物だったことは間違いない。ただ三島ほど毀誉褒貶《きよほうへん》の激しい人物はいない。

戊辰戦争後、西郷隆盛に地頭として送り出された都城（宮崎）では、三島の顕彰碑が立つ地域があれば、名前さえ聞きたくないという所もある。

山形県令時代は「山に囲まれた県土にトンネルを抜いて光を当てた恩人」という評価があるが、後の福島県令時代は「自由民権運動の弾圧者」とされた。

そして在任期間1年余りの栃木県令時代。彼は着任からわずか3カ月で栃木町から宇都宮町への県庁移転を実現させるなど、現在の栃木県の原型をつくり上げた。

第3部ではこの剛腕県令三島通庸を取り上げる。

県庁移転

県令三島、宇都宮へ強行

1884（明治17）年1月21日、栃木町にあった栃木県庁は、官報によって宇都宮町への移転が布告された。

県庁所在地を栃木町とした初代県令鍋島貞幹（後に幹）、同じ佐賀出身で栃木町に強い愛着があった2代県令藤川為親が島根県令として転任すると、薩摩出身の3代県令三島通庸は着任後3カ月余りでこの移転を強行した。

自由民権運動発祥の地とされる栃木市の県庁跡には、三島の電光石火の荒技に触れて「わが郷党の進取の気を避けようとしたのだろう。以来、私たちはその経緯を忘れることができない」という趣旨の巨大な碑が立っている。

『栃木県史』によると、宇都宮町への県庁移転が公的な場で論じられたのは

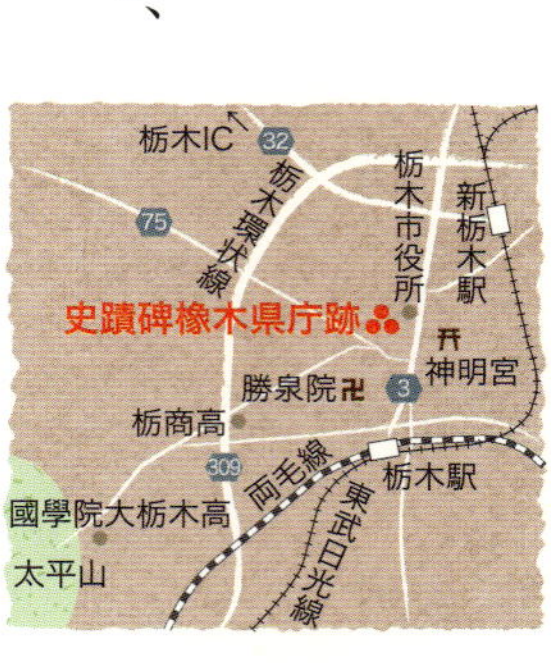

＊史蹟碑橡木県庁跡（県庁堀沿い）
〒328-0016 栃木県栃木市入舟町7
【交通】JR両毛線・東武日光線栃木駅から徒歩15分。栃木駅から市内循環バスで7分、市役所前下車

栃木市入舟町に立つ「史蹟碑橡木県庁跡」*

1882（明治15）年4月下旬、宇都宮町の小学東校結社連合町村会の席上だった。永井貫一《ながいかんいち》という人物が、この席で「上野国三郡が栃木県から群馬県に編入された現在では、栃木町は南の一隅に偏りすぎている」と述べ、同席していた六十数人の賛同を得ている。

上野国三郡（山田、邑楽《おうら》、新田郡）は1881（明治4）年の廃藩置県で栃木県の管轄になっており、これが栃木町を県庁所在地とする根拠にもなった。しかし1876（明治9）年、群馬県に編入されたことから、栃木町は統一栃木県「中央」の位置付けを問われることになる。

県統計書をみると、栃木町は人口で宇都宮町の4分の1（1886年）、市場の売買高では10分の1（1882年）にすぎない。

これに対して当時の宇都宮町は、戊辰の役で大半を焼失したものの、下野国最大の城下町だった。裁判所や監獄があり、乗合馬車も開通するなど交通の要衝として栃木町を圧倒するものがあった。

宇都宮市文化課主幹の今平《こんぺい》利幸《としゆき》さんは「町民感情として県庁移転の声が高まるのは自然な成り行きだった」と説明する。

宇都宮町の有志は1882年の夏、宇都宮入りした藤川《ふじかわ》為《ため》親《ちか》県令に県庁移転の希望を伝え、那須、塩谷、芳賀、河内、上都賀の有志が県庁移転の請願規約を定めた。

そして12月に入ると宇都宮町の県庁誘致派は内務省に請願書を提出。一方、栃木町の有志らは1300人近い県庁据え置き請願署名を内務省に提出した。結果はともに却下されている。

こうした中、県令の藤川は「世論の動向をうかがって判断を

●栃木県庁移転 関連年表

1873（明治 6）. 6	宇都宮県を廃し栃木県に併合
1876（明治 9）. 8	新田郡など上野三郡、栃木県から群馬県に帰属
1882（明治15）. 4	永井貫一、公式の場で宇都宮への県庁移転を論じる
7	川村伝蔵ら県庁移転請願運動の準備始める
12	川村らが内務省に県庁移転の請願書を提出
12	栃木町有志、署名を付け県庁据置の請願書を提出
1883（明治16）.10	県令藤川為親、島根県令に転出。福島県令三島通庸が栃木県令を兼ねる
11	川村伝蔵、町民有志に県庁移転の際の献金の必要性を説く
1884（明治17）. 1	栃木県庁、栃木町から宇都宮町に移転。河内郡役所を仮県庁に

三島通庸肖像写真（那須野が原博物館提供）

下す」という態度に終始した。決断が伸ばされたことで対立は長引く一方だったという。

この時期の栃木新聞は「移転に関する諸事を県民に公開せよ」「移転問題を県議会に諮問せよ」という趣旨の記事を掲載するなど、移転反対論を強めている。

しかし1883（明治16）年秋になると、藤川が島根県令として転任することになった。『栃木県史』は「これが一つの転機になった」と指摘する。

三島が福島県令を兼ねて栃木県令に任命されると、膠着《こうちゃく》状態だった移転問題は、大きく動きだす。

三島から「県庁移転が許可になった。移庁費の募金を急ぎ尽力せよ」との諭告があったのは11月。この事情に詳しい宇都宮高元校長の雨《あめ》宮義人《みやよしと》さんは、著書の中で

「三島の素早い決断と関係筋への事前の根回しがあったことを物語る」とみている。

この間、移転推進派の有志が移転費の献金対策を進め、県令三島に5万円の負担を申し出た。

後に確定した献金額は、『栃木県史』によると師範学校や監獄の新築費も含めて7万円余。運動全般を通じて、中心になったのは河内郡長の豪商川村伝蔵だった。

そして1884(明治17)年1月、栃木県庁の位置が新たに宇都宮町二里山と公布され、4月8日には地鎮祭が執り行われた。会場には多額の献金を出した3千人が招待され、盛況を極めたという。

ただ『栃木県史』は「この移転は県民総意のものではない」として、地鎮祭の光景を冷ややかに眺めた県議田中正

造の様子を紹介している。

　それによると正造は、地鎮祭会場の背後の高い丘に登って、眼下の大会を睥《へい》睨《げい》し、大声で「ばか」とののしった。正造は「これには眼下の大衆が怒って喧々《けんけん》諤々《ごうごう》、上下ののしりあうことになった」と記している。T

高橋由一作『三県道路記念帖栃木県　栃木県庁ノ図』（那須野が原博物館提供）

川村ら豪商 献金で促す

宇都宮町への県庁移転は、河内郡長川村伝蔵ら豪商の強力なバックアップが効いている。

宇都宮市発行の『うつのみやの歴史』によると、1883（明治16）年秋に河内郡役所で献金対策を行い、県令三島通庸宛てに5万円の献金願いを提出し、河内に那須、塩谷、芳賀、上都賀を加えた5郡で年末までにその目標額を達成した。

当時は米一石（約150キロ）が5円78銭だったから、調達した献金がいかに巨額だったかが分かる。

川村の子孫がまとめた『川村家の記録』には、県庁移転費について「6万円が必要になったが、まず3万円を川村が提供し、残りの3万円を河内郡民のほか上都賀などの各郡民が負担し、不足が生じたときには川村が一人で負担することになった」と記されている。

県庁のほか、師範学校や監獄所の一括移転などもあり、川村らはその負担も覚悟していたようだ。『栃木県史』によると、確定した献金額は7万730円で、県令三島は1884（明治17）年に宇都宮に赴任している。

県立博物館学芸員の大越惟弘さんは「宇都宮町の豪商たちが力を合わせてロビー活動をし、

募金活動を展開したことが県庁の宇都宮移転につながった。その中心にいたのが三島に接近した河内郡長の川村だった」と説明する。川村らがバックアップし、県令三島に政治決断を促した面がある。

川村伝蔵（『川村家の記録』から転載）

ところで栃木県は１８８４年１月24日付の布達で「宇都宮県」としたが、数日後に取り消す失態を犯している。

ジャーナリストの宮武外骨は著書で「わが国憲政史上で、前例も後例もない珍事であった」と述べた。県庁の担当者が「宇都宮県」になると思い込むほど、当時の栃木町には情報が行き渡っていなかったということだろう。

郷中教育

薩摩隼人が育つ土壌に

鹿児島市を南北に二分するように流れる甲突川《こうづき》沿いの三方限《さんぼうぎり》*（上之園町、高麗町、上荒田町）と加治屋町には、NHK大河ドラマ「西郷どん」人気もあってか、国内外から多くの観光客が詰め掛けている。方限とは薩摩藩士の居住区の単位で、郷ともいわれた。

薩摩藩主の居城だった鶴丸城南側にあり、下級藩士の家が立ち並んでいたこの地域は、西郷隆盛や大久保利通ら、戊辰の役を主導した人材を輩出した。高麗町にある甲南中学校の正門左には、名士48人の顕彰碑が立ち、3代栃木県令三島通庸も名を連ねている。

鹿児島市維新ふるさと館特別顧問の福田賢治《ふくだけんじ》さんによると、通庸の家は上之園町にあり、周辺に西郷の生家や大久保ゆかりの地があった。

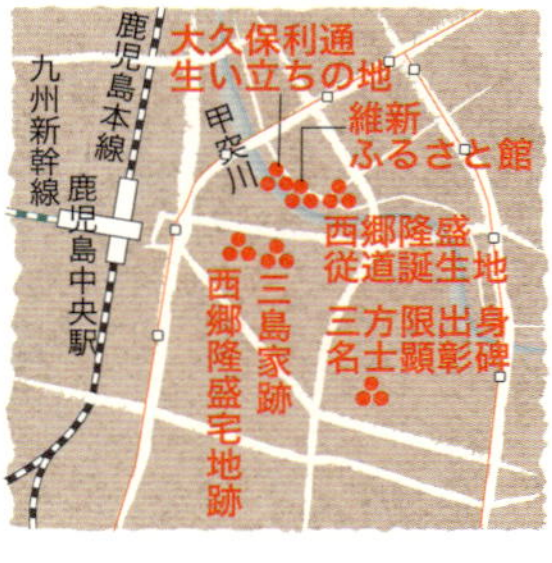

＊西郷隆盛・従道誕生地／維新ふるさと館／三島家跡／大久保利通一生い立ちの地／西郷隆盛宅地跡／三方限出身名士顕彰碑

〒890-0051 鹿児島県鹿児島市高麗町36
【交通】何れの場所も、JR鹿児島本線鹿児島中央駅から徒歩30分以内

生まれ育った加治屋町を向き、甲突川沿いに立っている大久保利通像

鹿児島市城山町に立つ西郷隆盛銅像。西郷は西南戦争で敗れ、この地で自刃した

三島家は代々、鼓をもって島津家に仕える「御能方太鼓役」の家柄であり、通庸は1835年、この地に父通純《みちずみ》の長男として誕生した。通庸もその後継者として血のにじむような稽古を積んでいたという。

通庸には弟と妹がいたが、三島家は通庸が19歳の時に3歳下の弟伝之丞《でんのじょう》を失ってしまう。明治時代の三島研究者平《ひら》田《た》元《もと》吉《きち》、戦前の研究者佐《さ》藤《とう》

＊**三方限出身名士誕生地**　甲突川を挟んだ上之園・高麗・上荒田の三方限の区域は、明治維新前後に西郷隆盛や大久保利通など多数の偉人を輩出した。これらの偉人の業績を顕彰するため1935（昭和10）年、三方限を校区とする小学校の校門脇に出身名士48人の顕彰碑が建てられた。三島通庸の名も刻まれている。　鹿児島県鹿児島市荒田1

圀男《くにお》の著書は、三島家を襲った悲劇を次のように描いている。

1853年春、日ごろから仲の悪い少年が、伝之丞の顔前で鼓を打つまねをしたあげく、「お前は剣を習うよりも親のように鼓でも習っている方が分相応というものだ」と散々辱めた。これに憤慨した伝之丞は、家門さえ辱めたと少年をその場から立ち去らせず、一刀のもとに斬り捨ててしまった。

しかし薩摩藩には「辱めを受ければ雪辱し、刀を抜けば斬らねばならぬ。斬れば自決しなければならぬ」という厳しい士道があった。父通純は伝之丞から自決の覚悟を聞くと、涙を押し隠してただ一言「よくやった」と褒めたという。

厳しい藩法があっても、伝之丞は「武士の意気地」を優先させた。そして翌朝、薩摩藩の法に従い、割腹して果てた。以降、父通純は家技の鼓に触ろうとせず、伝之丞らが争った甲突川原をさまようなど発病し、55歳で亡くなった。

通庸は後年、「自慢するようだけれども、弟伝之丞の死は立派なものだった。しかしあの時ほど、もののあはれを感じたことはない」と振り返ったという。

薩摩藩には先輩が礼儀作法から四書五経まで教える「郷中《ごぢゅう》教育」があった。地区ごとに武士の子供が集まり、二才《にせ》と呼ばれる年長者を中心に心身と教養を磨き、武士道を高め合った。福田さんは「『負けるな』『うそを言うな』『弱い者をいじめるな』という教育が戊辰戦争をくぐり抜け、明治維新政府を担う人材を育てていった」と力説する。ただ郷中は気の荒い乱暴者が多く、けんかも絶えなかった。通庸はこれを反省して読書会をこしらえた。しかし佐藤らの著書によると、この読書会を巡って一つの騒動が起こっている。

会員宅でクジに当たった通庸が経書を講義している最中、ふと座中を見渡すと、後ろ向きに茶を飲み、漬物を食う若侍がいる。通庸は大いに怒り、彼に近づいて「人が聖賢の道を講じているのに後ろ向きになって飲食するとは何事だ」と面罵した。

それで格闘となり、甲突川原で決闘することになった。通庸に姿かたち、性格も似た弟が友を斬り、郷中の人々に見守られながら割腹自刃した場所である。

通庸は刀を振る青年に、徒手ながら飛びついた。格闘は数十分続き、傍観していた友人たちも捨て置くことができずに、両人の間に割って入って引き分けたという。

通庸は十数カ所の手傷を負い、全身血だるまとなった。これをみた通庸の母は驚き、悲しみ、重傷の通庸にすがって「このままではお前も弟と同じことになる」と泣いて意見した。母の嘆きをみて通庸も大いに考えさせられ、薩摩藩も、この二人を遠いところ

鹿児島市高麗町の甲南中学校正門付近に立つ「三方限出身名士顕彰碑」

に引き離して結末を付けたとされる。

「三島の原点はこの郷中教育にある。おとこ気が強く、行きすぎると理を忘れて突っ走る。いい面でも悪い面でも三島は薩摩《さつま》隼人《はやと》、郷中出身者なのです」と福田さんは説明する。

欧米の力知り維新主導

西郷隆盛と大久保利通の家は、鹿児島市維新ふるさと館を挟む甲突川沿いの至近距離にあった。

西郷は1827年、下加治屋町で生まれ、三つ下の大久保は幼い時に高麗町から加治屋町に越してきた。加治屋郷中では互いに励まし、学び合う仲間だった。

大久保のさらに五つ下の三島通庸は、甲突川対岸の上之園生まれで、同じ郷中ではない。しかし近接地にあったから指導を受ける機会はあっただろう。

1859年、西郷と大久保ら郷中出身者は、脱藩して倒幕の烽火《のろし》を上げようとした。三島の名前が出てくるのはこの後、国父島津《しまづ》久光《ひさみつ》が京都守護の大任に当たることになってからである。三島も選ばれて一行に加わり、京都で薩摩藩士が斬り合った寺田屋騒動に遭遇した。三島は西郷に傾倒し、西郷亡き後は大久保に密着した。外様の薩摩が明治維新を主導できたのは、偉大な2人の先輩の存在があったことは間違いない。

しかし地元の研究者は「決してそれだけではなかった」と指摘している。

維新ふるさと館特別顧問の福田賢治さんは「薩摩が広い海を抱え、海外の情報をいち早く知って活用できたこと」を最も大きな理由に上げている。「島津重豪《しげひで》や斉彬など開明的リーダーの出現もあるが、交易を通じて藩財政改革を成功させ、西洋の進んだ文化や技術などを導入できたこと」「薩英戦争に敗れて国防意識が高まり、いち早く軍備の準備が図れたこと」が大きかったと解説する。

優れた研究者を抱えていた水戸藩などが「尊王攘夷」へと突き進んだ中で、欧米の実力を知る薩摩藩は「尊王倒幕」へとしなやかに変わっていった。

福田さんは「鎌倉時代以降、薩摩を７００年も支配し続けた島津家が、主家の近衛《このえ》家との関係を大切にし、幕末にはこのつながりを利用して朝廷に働き掛けをしてきたことも奏功した」とみている。

鹿児島市内の三島生家付近

地頭就任

三島政治の原型 都城に

宮崎県北諸県郡三股町の三股小学校にある三島通庸公之像

宮崎県都城市立庄内小学校に立つ三島通庸遺徳之碑

＊三股小学校（三島通庸公之像）
〒889-1901 宮崎県北諸県郡三股町樺山4489(校内)

＊庄内小学校（三島通庸遺徳之碑）
〒885-0114 宮崎県都城市庄内町12680(校門南隣)

1869(明治2)年9月、地頭として都城に赴任した三島通庸は都城領を上荘内郷、下荘内郷、梶山(現三股町)に三分割し、下荘内郷の地頭は辞任した上で上荘内郷と梶山郷の地頭となり、教育の振興や神社の復興、住宅地の造成、道路建設を推進した。三島の没後20年に当たる1909(明治42)年、当時の庄内村が遺徳之碑を建てている。

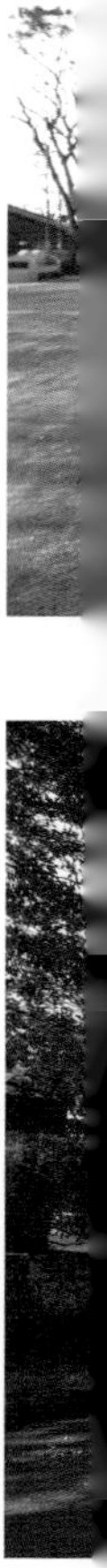

宮崎県都城市は人口16万2千人、鹿児島中央駅から特急で東北東へ1時間半ほどの位置にある。三島通庸は1869（明治2）年9月初旬、鹿児島から鹿児島藩（薩摩藩）が支配する日向《ひゅうが》国都城の地頭として赴任した。地方長官としての初仕事である。

都城界隈《かいわい》を歩いてみると、領主館があった中央部の旧下荘内郷では、三島を知る人が意外と少ない。

ところが北西部の旧上荘内郷にある*庄内小学校には三島の巨大な「遺徳之碑」がそびえ、東部の*三股小学校にも三島の胸像が立っている。彼が明治初期の都城地頭だったことは児童たちも知っていた。庄内小には「維新のはじめ三島氏が 心つくして世のために のこせし功したいつつ」とたたえる校歌まで残る。

三島への毀誉褒貶は、地方長官としてのスタート時点からあった。

都城は、鹿児島藩主の分家筋に当たる都城島津家が治めてきた地域だった。『都城市史』によると、都城島津家もほかの島津一門と同様、幼君が領地返還を願い出て1869年8月、鹿児島に移住し、3万4千石の領主から一士族になった。

旧臣たちはこれを気の毒に思い「幼君を地頭に」と藩に訴えたが、西郷隆盛は頑として応じない。こんな経緯の中で藩大参事の西郷は、三島に白羽の矢を立て、島津分家旧領地の地頭に抜てきする。

こうして三島は誰もが二の足を踏みそうな都城の地頭になった。しかし門閥もない下級藩士の新地頭に、旧臣はなじもうとしなかった。それどころか、都城入りした三島を着任早々から、排斥しようとした。

戦前の郷土史研究者が著した『稿本都城市史』は、都城随一の漢学者が「君臣の情義というのは、天地のもと、人倫の道である」として、旧領主の地頭任命を取りはからうよう三島に書状で求めたエピソードを紹介している。

書状の文面は穏やかだが「新任のお前ではダメだから旧主に替われ」という、事実上の不信任状だった。これに怒った三島は、漢学者の士族の身分をはぎ取って平民に落としてしまう。

この一件で三島と都城士民の緊張はさらに高まった。南日本新聞社編『鹿児島百年』などによると、ある朝、地頭役宅に掲げていた「地頭三島弥兵衛《やへえ》」と大書された門標が、たたき割られ、泥溝に投じられているのが見つかった。

● 三島通庸（鹿児島、都城、東京府時代）関連年表

1835（天保６）	薩摩国鹿児島郡武村上之園に生まれる
1850（嘉永３）	薩摩藩の上之園郷中に入る
1855（安政５）	上之園郷中で喧嘩となり、隈之城に送られる
1862（文久２）	島津久光が藩兵率いて入京。三島も従う。寺田屋騒動に連座
1868（明治元）	戊辰戦争で越後、会津を転戦。10月、藩の会計・民事奉行に
1869（明治２）	都城島津家の幼君元丸が鹿児島に移住。三島が都城の地頭になる
1871（明治４）	東京府庁入りし権参事に
1872（明治５）	銀座煉瓦街の建設にあたる

激怒した三島は厳しい取り調べを行うが、犯人はとうとう見つからず、三島は「これでは都城を中心とした運営方針を放棄せざるを得ない」として、1カ月もたたないうち、鹿児島に引き上げていった。

しかし三島は地頭職を投げ出したわけではなかった。それはこの年11月、鹿児島藩知政所が打ち出した二つの新政策からも分かる。

一つは都城島津家が支配していた領地の分郷だった。

都城を上荘内、藩庁があった下荘内、梶山（後に下三股）の三郷に分け、その上で三島を上荘内と梶山の地頭に任命し、三島を排除しようとした下荘内郷は近隣の高城郷地頭が兼任した。『稿本都城市史』によると、都城の山林・田畑の多くは上荘内と梶山郷にあって都城士民が所有していたが、分郷後は他郷での土地所有が禁じられた。

この新政策によって、下荘内に住んで薪炭米粟の供給を受けてきた都城の士民は経済的に打撃を受けた。

もう一つは農地改革の断行である。検地の末、都城士民の田畑屋敷を没収し、その上で均一に分配して住民平等の取り扱いをしたという。

新政策は、西郷から信任を得ていた三島の献策だったとされる。三島は都城から関係者を呼んで都城の実情を入念に調査し、次に打つ手を考えていたのだ。

三島は直ちに上荘内郷の建設に着手し、地頭役宅を置いた。先頭に立って道路を開削し住宅市街地、学校、堤防を建設。都城や鹿児島から士族や商人を呼ん

都城母智丘(もちお)神社は1870(明治3)年、都城地頭となった三島通庸が社殿を立て、参道に桜を植えて再興し、母智丘神社と命名した。財部駅から歩いて50分。母智丘という名の神社は三島神社がある栃木県那須塩原市にもある
宮崎県都城市横市町6691

三股開拓の碑には三島が新たに三股郷をつくり、その中心を原野だった山王原に決めて70戸を移転させ発展させたことが刻まれている
宮崎県北諸県郡三股町大字樺山3993-9　早馬神社境内

で産業を奨励した。

梶山郷も同じような手法で開拓を進めており、後の三股町にある神社の碑文には「地頭三島が広茫たる原野で狐狸《こり》の巣窟だった所に土木を起こすなどしたので、今日の盛況をみることができた」と刻まれている。

地頭となって2年2カ月。藩による支配体制は消滅し、三島は大任を果たして鹿児島に戻った。都城市文化財課長の武《たけ》田《だ》浩《ひろ》明《あき》さんは「三島は後に山形、福島、栃木県令などを務めるが、治政の原型はこの都城地頭時代にあったのではないか」と指摘している。Ⓣ

サイドヒストリー

東京で銀座煉瓦街を建設

1871年（明治4）年11月、三島通庸は東京府に出仕し、間もなく参事に昇格した。

明治期の三島研究者の著書には「南州（西郷隆盛）既に通庸の器を知り、且《かつ》都の城の治績を観《み》たり、甲東（大久保利通）亦《また》通庸に見る所あり」とある。都城地頭時代の剛腕ぶりにほれ込んだ西郷が、大久保と相談し呼び寄せたようだ。

この直後の1872（明治5）年2月、東京の中心地で大火災が起きた。『東京百年史』は「折からの強風で銀座から京橋、築地と広がり、中心地の34町、28万坪を焼失。被災者は5万人に達した」と記している。

これをきっかけに明治新政府は、新国家の帝都にふさわしい東京の改造計画、防災都市づくりに腐心する。三島は、そのモデル事業といえる「銀座煉瓦《れんが》街」の建設に前向きだった。

茨城県の三島研究者幕内満雄さんの著書によると、事業の推進者は政府側では井上馨《いのうえかおる》と渋沢《しぶさわ》栄一《えいいち》、東京府では三島だった。

しかし監督官署である大蔵省と東京府とではその事業への手法を巡り、対立が深刻化していた。三島は、賛意を示さない府知事由利公正《ゆりきみまさ》らを説得し、その端緒を開いたとされる。

『東京百年史』によると、煉瓦街の建築工事は、技術と経験を欠き資金と資材にも乏しい政府と東京府にとって難工事だった。結局、工事は英国人技師ウォートルスが受け持ち、1875（明治8）年5月までにガス燈《とう》の並ぶ洋式煉瓦街が新名所として誕生する。しかし裏通りの被災地は、居住者が煉瓦家屋を待たずに木造家屋を着工してしまい、当初の計画よりも大幅に縮小後退したという。

那須野が原博物館前館長の金井忠夫さんは「三島は鹿児島にある石橋の甲突《こうつき》五橋を見て育っており、ウォートルスによる煉瓦街計画を許容しやすかった。彼の洋風建築の原点はこの銀座煉瓦街だと思う」と話す。

明治初期の東京銀座煉瓦街（『東京百年史』から転載）

山形県令

地方に風穴、集権化進める

三島通庸は1874（明治7）年末、東京の教部省在任のまま、酒田県令として赴任し、鶴岡県令を経て1876（明治9）年夏、統一山形県の初代県令に就いた。

その三島が建てた螺旋階段《らせんかいだん》付きの3階建て洋風館が、山形市の中心部にある*霞城《かじょう》公園の一角に残されている。1879（明治12）年1月、同市七日町に建てられた県立病院は後に山形市立病院「済生館本館」として使われ、昭和に入って国の重要文化財となり、「市郷土館」として公園内に移築された。

洋風のデザインでありながら、日本伝統の木造建築技法と東南アジアの技法を取り入れている。地元の宮大工らがわずか7カ月で仕立てており、明治初期の擬洋風建築の傑作といわれている。

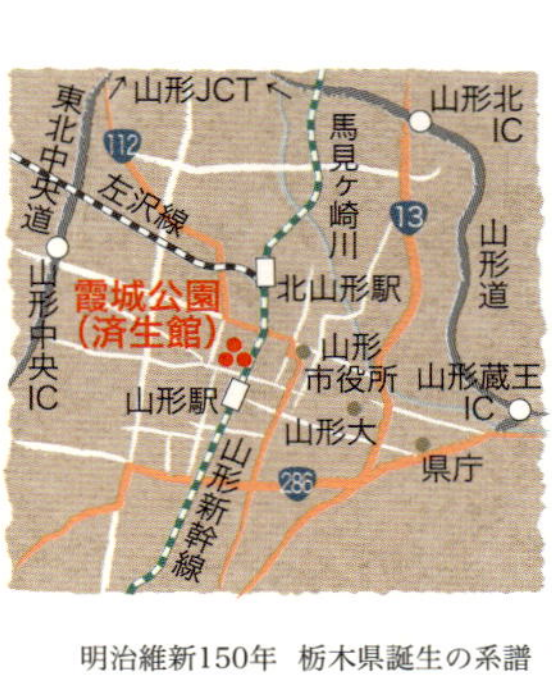

＊霞城公園（旧済生館本館）
〒990-0826 山形県山形市霞城町1-1
【交通】JR奥羽本線山形駅から徒歩10分
初代山形県令三島通庸の命により、明治11年に着工・落成した山形県立病院。太政大臣三条実美によって「済生館」と命名された。後に山形市立病院として使用され、昭和41年に国重文に指定された。

三島が建てた３層の「済生館」。現在は山形市の霞城公園に移築されている

鶴岡市の＊致道《ちどう》博物館内に移築された旧西田川郡役所も、三島が鶴岡県令時代に造らせた建物だ。山形市に三島が建てた瀟洒《しょうしゃ》な初代県庁舎は残念ながら焼失してしまったが、山形県には旧鶴岡警察署など明治時代の洋風建造物が数多く残されている。

三島はなぜ、かつての敵地にこれほどの洋風のインフラを整備したのだろう。致道博物館学芸部長の本間《ほんま》豊《ゆたか》さんは「こうした洋風建築を通して、県民に『もう戦乱の世は終わった。時代は変わったのだ』と認識させる意味もあったのではないか」と指摘する。

戊辰戦争で旧幕府軍の主力となった

庄内は、米沢とともに明治新政府から「難治の地」とみられていた。

１８７３（明治６）年、征韓論が起こって政府は分裂し、西郷ら参議５人が下野したが、旧庄内藩士は戊辰戦争後の西郷による寛大な処置もあって、西郷に恩義を感じていた。そんな事情から、１８７７（明治10）年に起こった西南戦争前後、政府は庄内藩の拠点だった鶴岡士族の動向に神経を尖《とが》らせていた。

政府側には内務省が設置され、初代内務卿に大久保利通が就いた。『山形県史』によると、内務、大蔵、工部３省はこれを機に連携を強め、内政重視の政策を展開していく。三島の酒田県令任命もその重要な政策推進の一つだったという。

当時の酒田はワッパ騒動という過納租税の返還を求める農民運動で揺れており、三島はこの鎮圧の特命を受けて赴いている。三島は県官吏の入れ替えなどでワッパ

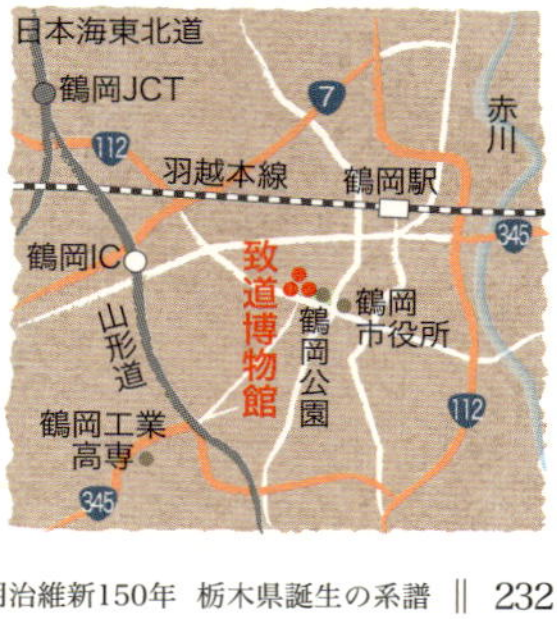

＊致道博物館

〒997-0036 山形県鶴岡市家中新町10−18

【交通】JR羽越本線鶴岡駅から徒歩30分、または庄内交通バス湯野浜温泉方面行で12分、致道博物館下車

名称は庄内藩校「致道館」に由来しており、典籍、版木、祭器など多くの藩校資料の保存とともに藩学の伝統を主とした古典研究も行われている。1950（昭和25）年、旧荘内藩主16代酒井忠良さんが土地建物、文化財などを寄附した。酒井氏は徳川四天王の酒井忠次を祖とし、3代忠勝が1622（元和8）年に入部した。

騒動を落ち着かせ、翌年、騒動のない鶴岡に県庁を移して鶴岡県とした。

そして政府と頻繁に連絡を取り、鶴岡士族の西南戦争への従軍が困難であることに理解を求め、三島自身が「西郷に加担するのではないか」という風説も打ち消した。大久保はこの三島のワッパ騒動の処置ぶり、鶴岡県令時代の学校教育、士族授産事業などの実績に強く感銘を受け「行政手腕を高く評価した」という。

三島はその後、県令として山形県に赴任するが、これに先立って大

鶴岡市の致道博物館にある旧西田川郡役所。明治天皇の東北御巡幸で御宿舎になった

●三島通庸（酒田、鶴岡、山形県令時代）関連年表

1871（明治 4）.11	東京府権参事（後に参事）
1872（明治 5）.11	教部省出仕
1874（明治 7）.12	酒田県令（教部大丞兼任）
1875（明治 8）. 8	酒田県を鶴岡県に改め県庁を鶴岡県に
1876（明治 9）. 8	統一山形県令（初代）
9	サクランボの試作始まる
12	栗子山隧道着工（〜13年10月）
1877（明治10）. 2	西南戦争始まる。9月に西郷隆盛が自刃し西南戦争終わる
11	山形県庁舎が落成
1878（明治11）. 5	大久保利通が暗殺される
1882（明治15）. 1	福島県令兼務となる
7	山形県令解任。福島県令専任に

久保に会い、「各府県に先じて殖産興業の基を実現する」と決意を述べている。そして重点政策として「道路の開削」「教育の進捗《しんちょく》」「病院・西洋医の養成」「勧業の振興」を挙げ、「租税、出納、警察のことも厳重に取り締まる」と約束した。

『山形県史』は「内地優先を図り、富国強兵によって万国と対峙《たいじ》するという大久保の方針とも一致するところだった」と記している。

三島は「地域開発の基本は道路にある」として道路の整備に最も力を注いだ。日本大人文科学研究所の元研究員小形《おがた》利彦《としひこ》さんによると、万世大路、関山新道の二つで全体の6割近い公費を費やしており、中でも万世大路はアジア初の本格的な山岳工事だった。

大久保利通（国会図書館）

特に栗子山隧道《ずいどう》は外国人の指導を仰いだ大変な工事で、当時、世界に3台しかない米国製の鑿岩機《さくがんき》を輸入するほどだった。

現在の山形県の道路の骨格、グランドデザインは三島によって作られたといっても過言ではないという。

小形さんは「山形で時代を先取りした道路政策ができたのは、大久保や薩摩系を中心とした技術官僚の力、地域の有力者の動き、三島の的確な判断とスピード感あふれる指示などがうまく絡み合ったからで、背景にあるのは三島のすさまじいまでの情報収集と分析だった」と指摘する。

ただ過重な民費、労力負担を地元に求めたため、三島に対しては称賛と不満が交錯している。

小形さんは「三島がこれほど急いだ背景には対外政策があった。山に囲まれた地方に風穴を開け、首都圏と直結することで中央集権国家としてまとまれれば、諸外国にも対抗していける、という思いが強かったのではないか」とみている。T

旧山形県庁の一角にある山形市 湯殿山神社。初代山形県令三島通庸が県庁の守護神として建立した。
山形県山形市旅篭町 3-4-6

功語らずの西郷に感動

山形県の庄内地区には、薩摩の西郷隆盛に学ぶ勉強会があり、酒田市には南洲《なんしゅう》神社が立っている。

薩摩藩と庄内藩は200年前から対立の歴史があったとされ、幕末には庄内藩が薩摩江戸屋敷に討ち入るという事件が起きた。1867（慶応3）年12月、庄内藩を中心とした兵が薩摩藩邸を取り囲み、砲撃を加えて焼き払ってしまった。

事件がきっかけとなって旧幕府軍はやがて朝敵となり、庄内藩は会津藩などとともに戊辰戦争で新政府軍と戦った。最後に帰順した庄内藩に明治以降、西郷の精神を学ぶ勉強会があるのも不思議だが、庄内の人々は戦いの後に西郷が取った態度に感謝している。

荘内南洲会発刊の『南洲翁遺訓に学ぶ』によると、1868（明治元）年9月、鶴岡にある庄内藩校の致道館で藩主の酒井忠篤《さかいただずみ》と新政府軍の参謀黒田清隆《くろだきよたか》*が帰順の会談に臨んだ。厳粛な空気の中、上段に座った黒田が降伏条件を言い渡し、正装して下座に位置した酒井は粛々とこれを受けた。終わると黒田は静かに下座に回って酒井を上座に召し「お役目のためのご無礼お許しを」と述べて座談に入った。勝者の尊大高慢さは一切なく、降伏条件も極めて寛大なものだったという。

庄内藩は1868（明治2）年1月、藩主が東京芝での蟄居《ちっきょ》と藩の会津転封を命じられる。この時、藩幹部が転封阻止のため東京に出て黒田を訪ね、先の寛大な処置に対する礼を述べたところ、黒田は「あれは西郷先生の強い指示でやったことであり、先生はその後、すぐに引き上げようとされた。私は庄内がどんな行動を取るのか心配だったが、西郷先生は『降伏すればそれでいい。後は同じ日本人ではないか。いまさら敵味方という時期ではない』と言われた。私はそれに従っただけです」と明かした。

庄内の人々は、黒田の率直な態度と、西郷の庄内藩に対する王道的な処置、自らの功を一切誇らない風格に感動したという。

黒田清隆（国会図書館）

西郷隆盛（国会図書館）

＊**黒田清隆** くろだ・きよたか（1840—1900）　父は鹿児島藩士。戊辰戦争では五稜郭の戦いを指揮し、維新後は開拓長官として北海道経営にあたり、札幌農学校の設立、屯田兵制度の導入などを行った。第1次伊藤内閣の農商務相をつとめたのちに首相となり、大日本帝国憲法の発布式典にかかわった。枢密院議長などを歴任。

福島事件、加波山事件

圧政に抗い民権派蜂起

茨城県の筑波山に連なる加波山*（標高709メートル）は、1884（明治17）年9月に栃木県令三島通庸の暗殺を企て自由党員が立てこもった「加波山事件」の現場として知られる。

加波山事件を伝える「旗立石」。自由党の急進派16人が、ここから少し登った加波山頂に義旗をひるがえし、檄文をとばした

＊加波山（旗立石）
〒300-4403 茨城県桜川市真壁町長岡
【交通】桜川筑西ICから車で20分

山頂にある加波山神社から少し南下したところに石碑「旗立石」があり、「自由魁《さきがけ》」「政府顛覆《てんぷく》」と書かれた義旗が山頂に翻った歴史を伝えている。三島の圧政に憤った福島、栃木両県などの10～30代の自由党員16人が言論や訴訟でなく三島暗殺と政府打倒を企て、手製の爆裂弾を携え蜂起した。あえなく鎮圧されたが、彼らはなぜ、過激な行動に走ったのか。

鍵となる人物は稲葉村（壬生町）の豪農鯉沼九八郎《こいぬまくはちろう》だった。しかし暗殺計画のリーダーに推されていた鯉沼は爆裂弾を製造中に誤爆し、左手を失う重傷を負って離脱。もう一人、事件で指導的役割を果たしたのが福島県三春町出身で弱冠19歳の河野広躰《こうのひろみ》だった。

鯉沼と河野は1884年初頭に東京で出会い、意気投合した。福島県の自由民権運動研究者高橋哲夫《たかはしてつお》さんは著書で「これが（三島の暗殺を謀るという）河野の行動を決定的なものにした」と指摘する。

1882（明治15）年、福島県令（山形県令兼務）に着任した三島はすぐに会津若松と那須郡、米沢（山形）、水原（新潟）を結ぶ「会津三方道路」開設を決めた。福島県は国内でも自由民権運動の盛んな地方。関係地の反発が予想された。その中心には、広躰の叔父で自由党幹部河野広中《ひろなか》がいた。

「火付け強盗と自由党は管内に一匹もおかぬ」

この時、三島は政府の意向を背景に、こう豪語したとされる。三島は自分の意に沿わない郡長を更迭し、耶麻郡（喜多方など）など会津6郡の連合町村会を組織して、農民に三方道路の工事労役を強要することを決めさせた。反発する町会は解散を命じ、県会にも臨席しなかった。

業を煮やした県議が4月の県会で「県令に理由をただすべきだ」と憤った。これに賛同した議長の河野広中は、議長席を下りて「専断を施す三島県令の行為は議会を侮辱する以外の何ものでもない」と対抗意識をあらわにした。

三島が臨席要請に頑として応じないため、県会は予算案などを否決。しかし三島は内務卿に伺い出て予算執行の許可を受けた。したたかだった。

三春町役場脇の広場に立つ河野広中像。同じ像が福島市の福島県庁敷地内にも立っている

1882年11月、過酷な労役に反発した千人以上の農民が喜多方で蜂起した。三島はこれを鎮圧するとともに、この紛争を口実に広中ら自由党員を大量に逮捕する。これが「福島事件」といわれる。三春町歴史民俗資料館元館長の佐久間《さくま》真《まこと》さんは「どんな理由でも利用して自由党をつぶそうとした」とこの事件を憤る。

農民闘争の中心地だった耶麻、河沼、大沼郡には、福島事件、加波山事件の歴史を伝える顕彰碑が7～8カ所に立っている。喜多方市の喜多方歴史研究協議会元会長の赤城《あかぎ》弘《ひろし》さんは「農民運動は結果的に押しつぶされてしまったが、自分たちの権利を守ろうと権力に立ち向かったことは大きな意味があった」とみている。

壬生町に立つ鯉沼九八郎の顕彰碑

このとき捕縛された広躰が、絶食と福島署で雪中に立たされるという拷問を受けながら、気丈にも詠んだ歌が残っている。

「見せばなや 胸もあばらもたちわりて 国に尽せし赤き心を」

広躰は政府転覆を謀ったとして東京に護送されたが、1883年4月放免された。拷問に耐えきれず、死んだ同志もいた。高橋さんは著書で「広躰は釈放されるや、無謀な専制政府を倒すには政府高官の暗殺、武力革命もやむを得ないと考えるようになった」とみている。

福島自由党が壊滅的打撃を受ける中、広躰は同志を集めつつ、栃木県令（福島県令兼務）となった三島を追うように栃木県に入る。その際、三春町の同志の仲介で7歳年上の鯉沼と会い、同じ志を抱く2人はたちまち意気投合したという。

鯉沼は「義兵を挙げて藩閥政府を倒す」とする民権派新《あら》井《い》章吾《しょうご》とも離反。『壬生町史』は「鯉沼は革命による「行動主義」を取り、実行型の福

鯉沼九八郎
（壬生町歴史民俗資料館提供）

河野広躰
（三春町歴史民俗資料館提供）

島自由党員と行動を共にした」と解説する。鯉沼の家を拠点に爆裂弾の製造実験が繰り返された。

だが、ロシアの革命家にならって爆裂弾で栃木県庁開庁式を襲い、三島を暗殺する鯉沼らの企ては失敗。加波山事件参加者は強盗・殺人罪で死刑7人など重刑を受ける。広躰は無期、鯉沼は懲役15年が科された。

「民権派も道路造成そのものには反対しなかった。三島県令の激しい弾圧の末、武力闘争に行き着いた。鯉沼たちの行動は、考え得るあらゆる合法活動が閉ざされるなかで起こしたことではないか」。加波山事件に詳しい宇都宮市の歴史研究者大嶽浩良さんはこう指摘する。

那須野が原博物館前館長の金井忠夫さんは「三島の能力を買っていた明治政府は、あえて民権運動の盛んな福島県の県令に充てた。当時後ろ盾になっていた松方正義の指示を受けて、中央集権国家の礎である道路建設を強力に進めたのだろう」とみている。

K

●福島事件、加波山事件　関連年表

1874（明治 7）. 1	征韓論で下野した板垣退助らが民撰議院設立建白書を提出
1880（明治13）. 4	集会・結社の自由を規制した集会条例公布
1881（明治14）.10	板垣らが自由党を結成。河野広中も結成に参画する
12	自由党福島部設立
1882（明治15）. 1	三島通庸が福島県令となる（山形県令兼任）
3	大隈重信らが立憲改進党結成
11～12	会津三方道路の土木工事強制に反対する農民らが蜂起し、これを機に多数の自由党員が逮捕・処罰された（福島事件）
1883（明治16）.10	三島が栃木県令となる（福島県令兼任）
1884（明治17）. 2	栃木県庁を宇都宮に移転
9	自由党急進派が茨城県で蜂起する（加波山事件）
10	自由党解党

正造、順法貫くも逮捕

三島通庸県令に対する反抗運動として、鯉沼九八郎らは暗殺という過激な闘争に打って出た。これに対し、県内の多くの民権派は鯉沼らと一線を画した。その一人、県議の田中正造は、あくまで合法的な議会闘争を貫いた。

陸羽街道（現在の国道４号の前身）の開削を巡って１８８４（明治17）年8月、乙女村（小山市）で争いが起きた。『小山市史』によると、工事が強行されるさなか、作業員の集まりが悪いと憤った巡査と作業員らの間で一大騒動に発展。73人を捕縛した上、一部村民が拷問された。正造は事件後、同村に入り、独自に調査した。その後、上京して山縣有朋内務卿らと面会し、三島県令の暴状を訴えている。

塩原新道の工事費の不足分を県費で支出しようと開かれた臨時県会では、正造が先頭に立って、立憲改進党系県議らと共に反対した。「行政上の都合」で押し切ろうとした県に対し、県会は議権の侵害であるとして参事院に提訴することを決めた。

この頃、加波山事件が起き、関東一円で自由党員ら３００人が逮捕されるが、同党員ではない正造も収監された。た

足尾銅山を視察する田中正造ら一行。
撮影場所は小滝坑の排水処理沈殿池前（小野崎敏さん所蔵）

だ、どの案件による嫌疑なのか不明なままで、三島県令と激しく対峙した正造は巻き添えになったとされる。

　正造研究の第一人者で元熊本大文学部長の小松裕《こまつひろし》さんは著書の中で、「『法』を尊重することは議員としての正造の大きな特徴だった。三島県政の土木工事に反対するときも、まず府県会規則を盾として抵抗し、暴挙や激化を抑える側にいた」とみている。

塩原の恩人

新道開削、国内有数温泉に

那須塩原市の塩原温泉には、明治以降の発展に欠かせない「三恩人」がいる。文学で塩原の名を世に広めた奥蘭田《おくらんでん》と尾崎紅葉《おざきこうよう》。そして、陸羽街道（国道４号）に直結する塩原新道（国道４００号）を開削した栃木県令三島通庸だ。新道沿いに立つ*紀恩碑などで毎年9月、３人をたたえる感謝祭が開かれる。

「道路が通ったからこそ文学者なども訪れ、山あいのひなびた湯治場だった塩原が県外にも開かれた観光温泉地になった」

塩原温泉観光協会副会長で老舗旅館を営む臼井《うすい》祥朗《さちお》さんは、３人の中でも塩原発展の大もとを造った三島こそ、「恩人中の恩人です」と感謝の言葉を惜しまない。

＊三島通庸紀恩碑
〒329-2921 栃木県那須塩原市塩原七ツ岩近く
【交通】西那須野塩原ICから25分。またはJR那須塩原駅・JR西那須野駅からJRバス関東の塩原温泉バスターミナル行乗車、七ツ岩吊橋下車

塩原新道を開削した三島県令の功績をたたえる紀恩碑

明治初期、東側の関谷地区から塩原温泉まで上るには、幅約2メートルの古道を使っていた。会津西街道などから入る道もいくつかあったが、いずれも人馬で山肌を縫うように通行しなければならない。

新道の計画が動きだすのは1882（明治15）年のことだ。福島県令だった三島が会津三方道路の工事に着手し、会津若松から田島を経て栃木県境に向けて進められた。栃木県側の開削が待たれた。

宇都宮市の元県立文書館職

員篠崎学美《しのざきがくみ》さんによると、この年の4月、栃木県令の藤川為親は、両県境の山王峠から旧奥州街道に達する道路はどこを通るのか、三島に問い合わせている。これに対し、三島は「三斗小屋、板室、関谷を経て大田原に至る」と述べ、その後、「山王峠から尾頭峠を経て塩原、親園に達する路線」に変更した。

「数年を待たずに新道が落成するのは疑いない。会津や新潟県北部の貨物が新道に集まってくる。那須野ケ原に与える利益は少なくない」。同年9月、『栃木新聞』に結社農場「那須開墾社」のこんな見解が載った。

農場は印南丈作、矢板武らが2年前に創設したが、水利面などで苦慮していた。三島も隣接地で農場経営を始めていた。

まだ路線が確定しない時期に既定事実のような記事が掲載されたことについて、三島の事績を研究した宇都宮市の丸山光太郎《まるやまこうたろう》さんは、著書の中で「三島は印南、矢板らと会っては勇気づけていた。希望を与えるため、新道開削を必ずやってみせると断言したことが記事につながったのではないか」とみている。

県会の反対に遭い道路改修事業などで進捗がみられなかった藤川に代わり、1883(明治16)年10月、三島が栃木県令(福島県令兼務)に就任した。

三島は陸羽街道、塩原新道の事業を指揮し、新道の接点を旧奥州街道沿いの親園村から陸羽街道と交差する三島村（旧西那須野町）に変更した。三島の農場によってできた村である。「偶然なのか」。県会で追求されたが、計画を押し通した。

陸羽街道は、国家的プロジェクトである那須野ケ原開拓を進める上で、重要な輸送路と位置付けられた。陸羽街道と塩原新道の交差する地域に商業地や郡役所など公的機関を集積させる―。那須野が原博物館の前館長金井忠夫さんによると、三島はこんな都市計画を描いていたという。

三島は塩原の振興まで意識して路線を決めたのか。金井さんは「政府の先兵だった三島が路線決定にどこまで関与したか分からないが、塩原を通したのは東北と東京を直結させる上で、より近いルートを選んだ結果だろう」と推測する。

三島県令が整備した主な県内の道路

塩原新道（国道400号）

塩原温泉―山王峠は県会の決議で開削後まもなく廃道となった

陸羽街道（旧国道4号、宇都宮市の大通り含む）

宇都宮以南は改修、宇都宮―氏家は新道、氏家―白河（福島県）は原街道を大改修

旧日光市街の国道119号

神橋までの石段（約1.5km）を撤去し一般道にした

鹿沼市の大通り

道の中央にあった水路を埋め、両側に堀を設けるなど改修

栃木市の大通り

道の中央にあった水路を埋め、両側に堀を設けるなど改修

足利市の旧国道50号（旧三間道路）

佐野境の寺岡から桐生（群馬県）境の小俣まで約24kmを幅約5.5m（3間）に改修

※「とちぎの土木遺産」（土木学会関東支部栃木会発行）などを基に作成

新道は三島村で幅約10メートル、その先は約7メートルとした。まっすぐ関谷まで延びた後、古道沿いの斜面を切り開き、12の橋を架けながら塩原に達する。三島村から塩原を経て山王峠まで計約52キロの開削は作業員延べ約35万人を要し、着工から9カ月でおおむね完成した。

1884（明治17）年10月、三島村で行われた開道式は三条実美太政大臣、大蔵卿らそうそうたる政府高官が顔をそろえた。その後、一行は新

三島村で行われた塩原新道開道式直前の風景（県立文書館提供）

道を通りながら、3日かけて会津若松に到着し、会津三方道路の開道式に臨んだ。民権派を弾圧してまで開削を強行した三島は、どんな思いで臨席したのか。

新道沿線は、全村焼き払われた塩原をはじめ、戊辰戦争の戦場となったルートに重なる。三島家と代々交流のある臼井さんは「三島は新政府、旧幕府両者の融和を意図していたのではないか」。金井さんは「新しい時代を知らしめようとした」との見方を示す。

三島がどこまで見通していたか不明だが、新道開削から2年後、東北本線が開通すると塩原に観光客が押し寄せた。三島は、塩原に別荘を設け、警視総監在任中の1888（明治21）年に病気で亡くなる直前まで療養で利用していたという。K

宇都宮藩保護、文豪も魅了

平安時代に発見された塩原温泉は、江戸期に入ると宇都宮藩が、大地震で壊滅的被害を受けた元湯に代えて箒川沿いの下塩原（現在の温泉街）や新湯を湯治場として整備した。

宇都宮藩は藩内唯一の温泉場として塩原温泉を手厚く保護した。江戸中期の戸田《とだ》忠真《ただざね》、忠余《ただみ》両藩主は湯治と巻狩を行った。日光市歴史民俗資料館・二宮尊徳記念館によると、今市で農村振興に尽力した晩年の二宮尊徳《にのみやそんとく》は、塩原温泉の湯を馬で今市まで運んでこさせ、療養に活用していた。

塩原温泉は名湯として知られたが、藩を超えて自由な往来ができない江戸期、客層は限られ

1884（明治17）年に撮影された塩原温泉の古町（県立文書館提供）

た。幕末は会津西街道の再整備に伴って地域内の往来が減った。さらに戊辰戦争で全村焼き払いに遭ったため、明治に入っても客足は停滞した。

それだけに、塩原温泉郷土史研究会元会長の君島栄七《きみじまえいしち》さんは「地域は新道と鉄道を手放しで喜んだ。新しい文化がどんどん入って来た」とする。

奥蘭田が書いた紀行文『塩渓紀勝』によって塩原温泉が紹介されると、それまで箱根や伊香保に出向いていた文豪が次々と訪れた。田山花袋《たやまかたい》、室生犀星《むろうさいせい》、斎藤茂吉《さいとうもきち》ら多くの作家が塩原を題材に執筆したことで相乗して広まっていく。

代表作『金色夜叉《こんじきやしゃ》』で塩原の名を高め、早世した尾崎紅葉をはじめ、保養を兼ねて訪れた文学者も少なくなかった。

その一人、夏目漱石《なつめそうせき》は生死の境をさまよった後、恩師と末娘を亡くし心身とも疲弊して塩原に来た。そして1週間の滞在後、千円札にも使われた肖像写真を撮っている。塩原文学研究会代表千葉昭彦《ちばあきひこ》さんは「漱石はその後、作品も書いた。塩原で英気を養ったのではないか」とみている。

高橋由一

三島の事跡 洋画で伝える

高橋由一『丁髷姿の自画像』（笠間日動美術館蔵）

幕末から明治にかけて『鮭《さけ》』『花魁《おいらん》』など質感豊かな油絵を描き、日本洋画界の礎を築いた下野国佐野藩出身の高橋《たかはし》由一《ゆいち》。

彼は山形、福島、栃木3県で県令を務めた三島通庸が手がけた地方都市の姿を油絵、石版画にし、洋画を通して三島の事跡を伝えた人物でもある。

その一つ、山形県と福島県境の「栗子山隧道《ずいどう》図（西洞門）」は、閉ざされた山国に風穴を開け、明治の新風を吹き込もうとした三島の峻烈《しゅんれつ》な思いを私たちに伝えている。栗子峠のトンネル開削については、当時の政府内に「絶対に不可能」と反対する声が多かったという。しかし戦前の研究者の著書によると、三島は「この峠の開削が東北交通の根幹であり、東北開発には最も必要なこと」として反対論を退け、5年間で全長870メートルに及ぶ難事業を成功させた。着工を前に福島県令山吉盛典《やまよしもりすけ》と綿密に協議し、ルートが一致したことも事業をスムーズにした。

そして1881（明治14）年10月3日、三島は両県をつなぐ新道を完成させて栗子山隧道の山形県側に東北巡幸中だった明治天皇を迎えている。

『明治天皇記』によると、隧道の米沢口に設けられた行在所《あんざいしょ》には王座の次に、三島の郷土鹿児島の先輩で後援者だった内務卿「大久保甲東《こうとう》（利通）像」、米沢藩主の祖先である「上杉鷹山《うえすぎようざん》肖像」、そして「栗子山隧道図」が飾られた。3点とも由一が製作した油絵であり、このうち「栗子山隧道図」は当時の宮内省に買い上げられた。

明治天皇は天覧の後、三島が心血を注いで開削した栗子山隧道を福島県側に通り抜け、新道に「いつまでも人々に愛される道となるように」と願いを込めて「万世大路」

という名を下賜した。三島はこの後の開通式で「これによって人々が往来し、物貨が行き来できる。歓喜に堪えない」と祝辞を述べた。

日本大人文科学研究所の元研究員小形利彦さんは「栗子峠の隧道工事を成し遂げ、開業式に明治天皇の行幸と天覧があり、喜びは大きかったに違いない」と解説する。三島がこの時、作らせて配ったという杯が地元の有力者のもとに残されているという。

由一は1828（文政11）年、佐野藩江戸藩邸詰

●高橋由一 関連年表

1828（文政11）	佐野藩の江戸藩邸に生まれる
1836（天保 7）	佐野藩主掘田正衡の近習を務める
1866（慶応 2）	横浜に英国人報道画家C・ワーグマンを訪ねて入門
1875（明治 8）	京都博覧会に「鮭」、わが国初の洋画展に「乾魚図」を出品
1880（明治13）	宮城県博覧会で一等賞牌を受ける。この年「明治天皇御影」上納
1881（明治14）	三島の委嘱で「大久保利通像」「上杉鷹山像」などを描く
1884（明治17）	三島の委嘱で栃木、福島、山形県の新道200図を写生する
1885（明治18）	「山形市街図」などを描く。石版画『三県道路完成記念帖』上梓
1894（明治27）	東京・根岸の自宅で死去。66歳

高橋由一が描いた栗子山隧道図
（宮内庁三の丸尚蔵館所蔵）

めの武術指南役の家に生まれた。しかし体が弱かったため画学の道に転じた。栃木県立美術館の史料によると、はじめは狩野派を学んでいたが、西洋の版画に接して強い衝撃を受け、後に幕府の蛮書調所画学局で学び、次いで英国人の報道画家のチャールズ・ワーグマンに油

彩の技法を学んだ。

１８８１年、明治天皇の東北・北海道巡幸とほぼ同じ時期に由一は三島の委嘱を受けて山形県に出発。「栗子山隧道図」など山形県下の記録画制作の旅に出た。そして１８８４（明治17）年、三県下にまたがる新道の完成を記念した石版画集「三県道路

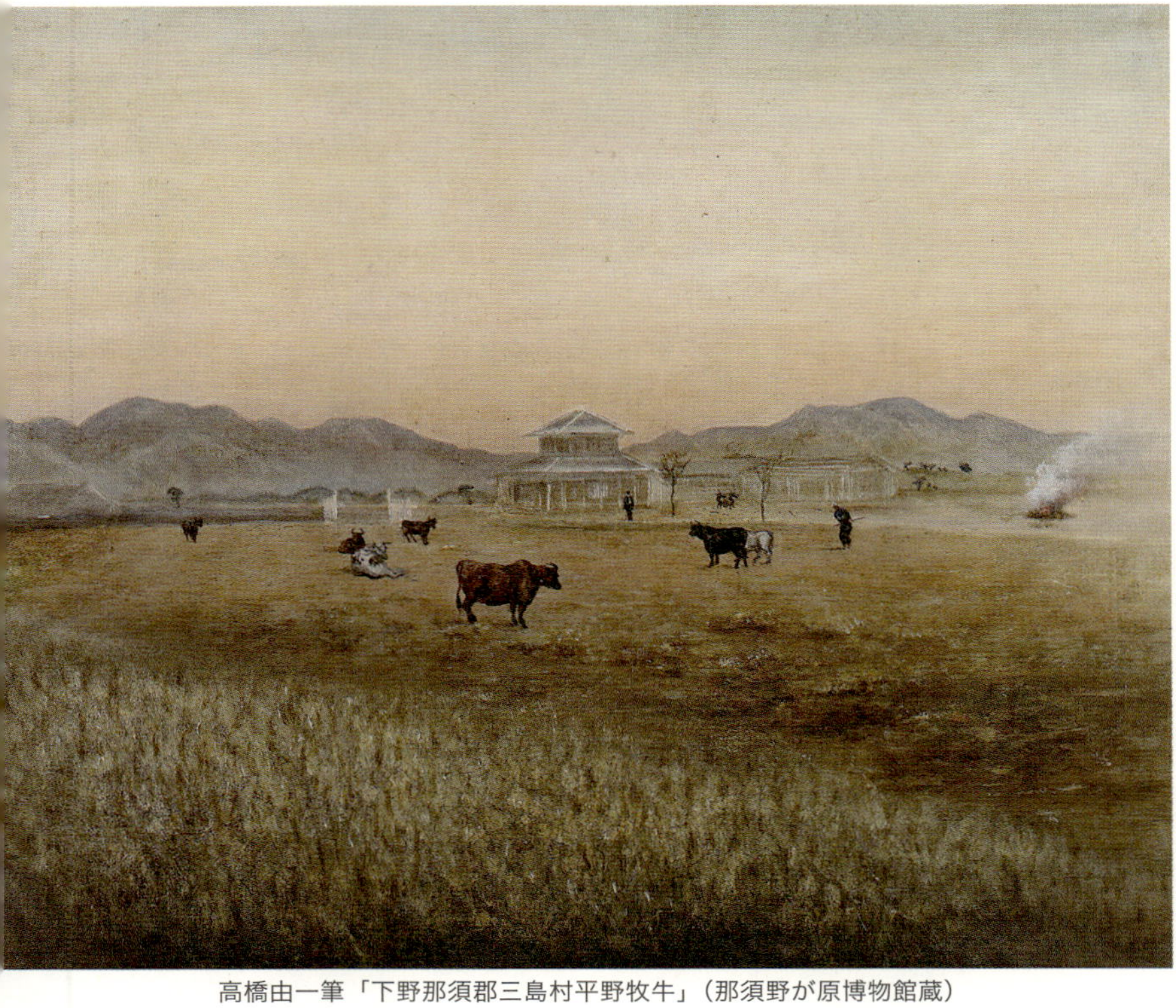

高橋由一筆「下野那須郡三島村平野牧牛」（那須野が原博物館蔵）

完成記念帖」を出版した。

那須野が原博物館前館長の金井忠夫さんは「由一が三島に出会ったのは洋画拡張運動に陰りが見えていた時期で、由一側から持ちかけ、その拡張を三島に託した。絵を見た三島は近代的な構図で記録したいと考えたと思う。由一は明治前期に本格的油絵に挑んだパイオニアだった」と話す。

三島のもとで描いた記録画には「栗子山隧道図」のほか「山形市街図」「栃木県庁ノ図」「下野那須郡三島村平野牧牛」などがある。由一の作品は黒田《くろだ》清輝《せいき》ら俊英の登場で埋没した時期があった。

再評価されたのは1964年(昭和39)年、神奈川県立近代美術館の「高橋由一展」で、三島を通した由一の旺盛な洋画普及活動、子源吉《げんきち》が記した一級史料が紹介されたことがきっかけになった。

栃木県立美術館研究員の志田《しだ》康宏《やすひろ》さんは「由一には洋画とその技術を日本に根付かせたいという思いがあり、それが自らの事跡を残したいという三島の思いと合致し、記録性の高い作品が残された。由一の作品は明治前期の洋画を考える上でベースの一つになっている」とみている。T

三島の子「いだてん」に

三島通庸には12人もの子どもたちがいた。

那須塩原市にある三島神社の史料によると、長男弥太郎《やたろう》は横浜正金銀行（後の東京銀行）頭取から日銀総裁となり、2女の峰子《みねこ》は大久保利通の2男牧野伸顕《まきののぶあき》に嫁いでいる。

東京に戻ってから生まれた5男弥彦《やひこ》は水泳、野球もこなす万能選手で、日本が初めて五輪に参加した1912（明治45）年のストックホルム大会に陸上短距離選手として出場した。当時の大日本体育協会は前年秋に国内予選会を行い、短距離で東京帝大（現東大）の三島、長距離で東京高師（現筑波大）の金栗四三《かなくりしそう》を選出。『日本体育基本文献集』によると三島は100メートル、400メートル、800メートルで1位となり、金栗もマラソンの予選で当時の世界記録を27分も縮める大記録を出していた。

しかし、たった2人の選手で臨んだ日本人初参加のストックホルム大会は大惨敗に終わった。三島は予選会よりも記録は良かったが、体格で上回る外国人選手には全く歯が立たなかった。世界のマラソンに初めて挑んだ金栗も、暑さのために途中で意識を失い、完走できなかった。

NHK大河ドラマ「いだてん」（2019年）は、このストックホルム五輪での大惨敗から1964年の東京五輪までを描く物語で、前半の主役金栗役は中村勘九《なかむらかんく》郎《ろう》、三島役は生田《いくた》斗《とう》真《ま》が演じている。

ストックホルム大会に出場した三島弥彦（中央）と金栗四三（左隣）
（熊本県和水町教育委員会所蔵）

那須野ケ原開拓

華族農場 後世にも注目

那須連山の麓に広がる那須野ケ原は1999年12月、内閣総理大臣の諮問機関である国会等移転審議会が「移転先の最有力候補地」と答申した約4万ヘクタールに及ぶ複合扇状地である。

東北自動車道・西那須野塩原インターを降りたところに那須野が原公園など400ヘクタールに及ぶ国公有地があり、当時の渡辺文雄知事は「ここなら中核施設がすんなり建設できる」とアピールした。種地となる国公有地とともに注目されたのが、松方正義ら明治の元勲が所有した多くの華族農場だった。

「明治期の開拓の歴史があったからこそ広い土地が残った」。那須塩原市文化財保護審議会の元会長磯忍《いそしのぶ》さんは、首都機能移転時にも関心を集めた旧華族農場の存在の大きさを語る。

＊千本松牧場（松方別邸）
〒329-2747 栃木県那須塩原市千本松
【交通】西那須野塩原ICから2分。またはJR那須塩原駅・JR西那須野駅からJRバス関東の塩原温泉バスターミナル行乗車、千本松下車（松方別邸は通常一般公開なし。道路際から外観を見学）

新政府は明治初期、殖産興業を進めるため東日本に多くあった未墾の地の開拓を一気に進めようとした。那須野ケ原もその有力な候補地だった。

しかし、那須野が原博物館の史料によると、国営の牧羊場は千葉県の取香牧に、国営開拓事業は福島県の安積原野に決まる。

栃木県では水利面から那須野ケ原開拓の機運が高まりつつあった。那珂川上流の水を鬼怒川に流し、夏はかんがい用に、それ以外の時期は水運に利用する―。初代県令鍋島幹が1876（明治9）年に打ち出したこの「大運河構想」に県北の有力者印南丈作、矢板武が共鳴。水田などのかんがいと東京へ直結する物資輸送の実現に向けて突き進んだ。

ところが県が国費による運河開削を内務卿伊藤博文に願い出たものの、認められない。このため印南と矢板は1879年、運河開削請願のため、安生順四郎県会議長らと上京。この時、伊藤と勧農局長の松方正義が福島県安積疏水の起工式に赴くことを知る。

「この機を逃してはならない」。印南らは松方を訪ね起工式後の那須野ケ原視察を懇請する。旧西那須野町の史料はこのエピソードに触れ「松方が直ちに視察を了承したのは、殖産興業に強い情熱を持っていたためだろう」と記している。

松方はこの後、福島県入りした松方を訪ねた矢板に、「那須野ケ原は米国風農業に最も適している。運河は後回しにして開墾事業に着手すべきだ」と助言した。これが1880年、印南、矢板らによる結社農場「那須開墾社」の設立に直接結びつくことになる。

伊藤と松方は安積疏水の起工式後、約束通り那須野ケ原を訪れ、烏が森の丘の上で一帯を望ん

「烏が森丘上の想像画」（草野栄龍作画）。印南らが烏が森丘上で、伊藤内務卿、松方勧農局長に那須野ケ原開拓について説明する場面（那須野が原博物館提供）

で惜しみない援助を誓ったとされる。

運河構想は開墾事業へと大きく転換した。那須野ケ原で最も早い民間の農場「肇耕《ちょうこう》社《しゃ》」を創設した三島も松方と同郷で、開設には松方の勧めがあったという。『西那須野町史』によると、山形県令だった三島は東京と任地を往来する途上で那須野ケ原を歩いており、「この地は耕せば良い農地になる」と開拓を夢見ていた。

那須野ケ原での官有地貸し下げは、内務卿となった松方の下で行われた。『栃木県史』は三島に続く、大山巌、西郷従道の農場開設も旧薩摩藩士の人脈が生かされているとする。

松方は1893（明治26）

千本松牧場地内にある松方別邸。*1903（明治 36）年、松方正義によって建てられ、現在も当時の様子を色濃く残している（那須野が原博物館提供）

年、千本松の植林地約1100ヘクタールを長男名義で購入した。不況などで経営が苦しくなった那須開墾社が事業縮小のため、一括して買収を懇願した土地だった。那須疏水以北で水利の便がなく、松方が紹介した三菱社長の岩崎弥之助《いわさきやのすけ》が断ったため、一時在野にあったこともあって、取得したという。

松方は牧畜に力を注ぎ、自ら大農法を継続した。ただ、畜産と畑作は赤字が続いた。三島の農場もやせた土

地で収入は低く、不足分は三島家本邸でまかなったといわれる。

那須野ケ原は40の農場のうち、19を華族農場が占めた。いずれの数も本州最大規模である。華族たちは西洋貴族にあこがれ、東京に近い那須野ケ原に大地主となる夢を描いたものの、現実は厳しかった。

那須野が原博物館前館長の金井忠夫さんは「地元出資による那須開墾社が疲弊してやめていく中、華族農場は我慢に我慢を重ねて経営を続けた。華族農場がなければ（那須野ケ原は）原野に戻っていたのではないか」とみている。K

松方正義（那須野が原博物館提供）

品川、特異な農場を経営

華族が夢見た欧米式の大農場経営は、那須野ケ原では厳しかった。「松方デフレ」による金融引き締め策の副作用で、膨大な資本力を要する経営がたち行かなくなった一方、疲弊した農村から労働者が流入し、ほとんどの農場が小作制を主体とする経営に転換していった。

そうした中で、松方正義だけは大農経営を貫いた。那須野が原博物館の前館長金井忠夫さんは「もう一人、ポリシーを持っていた人物がいた」と品川弥二郎《しながわやじろう》の名を挙げる。

農商務大輔《たいふ》だった品川は1883（明治16）年、華族農場「品川開墾（後に傘松農場）」を開き、稲作中心の在来農法による特異な農場経営を行う。用水を集めやすい那須野ケ原最南端の湯津上原を選んで多くの移住者を入れ、一定の土地を分与するなど農民の自立を促した。

農場では、移住者の福利厚生を図って信用組合を設立した。後に農場経営を引き継ぐ平田《ひらた》東助《とうすけ》と共に、ドイツ留学で学んだ信用組合制度を実践したいとの思いからだった。これは、全国の先駆けとなる信用組合として名高い。

品川は信用組合法案を起草し、平田と共に成立に尽力するが、衆議院解散などのため2度にわたって廃案となった。しかしその熱意は１９００（明治33）年、産業組合法として結実。法成立の翌朝、重病だった品川は息を引き取った。

傘松農場は那須野ケ原でほかに類を見ない50パーセントの水田化率を誇った。移住者は１９３５（昭和10）年頃で約１２０戸に達した。品川の名は大田原市に地区名として残り、農場事務所跡に顕彰碑が立っている。

傘松の前での職員と移住民の記念写真（那須野が原博物館提供）

那須疏水

地元の熱意 要人後押し

明治時代に造られた約110キロにおよぶ那須疏水は、戦後に国営那須野原総合農地開発事業の基盤水路として受け継がれ、疏水を含む330キロの水路網が那須野ケ原の広大な田畑を潤している。

この国家的事業の那須疏水を実現させた立役者が県北の有力者、印南丈作と矢板武で、地元の人々は毎春、那須疏水の起工式が行われた那須塩原市の烏ケ森で開墾記念祭を開き、2人の偉業をたたえている。

矢板武（那須野が原博物館提供）

印南丈作（那須野が原博物館提供）

三島農場の馬鈴薯の出荷風景（那須野が原博物館提供）

那須野ケ原土地改良区連合専務理事の星野《ほしの》恵美子《えみこ》さんは「印南、矢板ら先人の血のにじむ努力があったからこそ、現在の発展がある」と賛辞を惜しまない。

那須野ケ原には1880（明治13）年から欧米式の大農法による農場が開設される。しかし『西那須野町史』によると、当時の那須野ケ原は生活用水を得ることさえ簡単でなかった。

飲用水確保のため、山形県令三島通庸が創設した農場「肇耕社」と印南が社長を務める「那須開墾社」は水路の開削を願い出たところ、1度目の請願で「開拓に不可欠」と国から認可された。

素早い対応の背景には松方正義の存在が大きかったとされる。『那須疏水百年史』は、「(1879年に)那須野ケ原を検分した松方が起業基金の実権を握る内務卿の地位にいた」ことを理由に挙げている。

こうして、1882年には飲用水路本幹が那珂川上流から千本松まで完成する。しかし、開拓が進む那須野ケ原の需要を満たす水量にはほど遠かった。

那須野が原博物館の史料によれば、この年までに11農場が開設され、計約9400ヘクタールに達していた。農民の多くは水田開発を願い、かんがい用水を望んだ。各農場の総代となった印南、矢板は水路開削の猛烈な陳情を県、国へ展開する。

旧西那須野町の史料によれば、2人が目指したのは初代県令鍋島幹が打ち出した「大運河構想」だった。鍋島は那珂川から鬼怒川まで開削し、通船とかんがいの両方を図ろうとした。

印南と矢板は、なぜこの運河構想にこだわったのか。那須塩原市文化財保護審議会元会長の磯忍さんは「矢板は運送業を営み、印南は奥州街道佐久山宿の旅館の養子となった。物資輸送の重要さを知る2人は、大量に運搬できる運河によって地域に大きな利益が生まれると考えた」とみている。

ただ、東北本線の鉄道敷設が進む中、運河は時代遅れとされつつあった。それでも2人は1884（明治17）年、農商務卿西郷従道らに宛てた県令三島の内申を携えて上京し、政府要人に運河開削の陳情を繰り返した。

これを受けて西郷は開削資金約15万円の支出を太政大臣三条実美に求めたが、認められなかった。県予算が約30万円という時代に、運河開削費はあまりにも巨額すぎた。

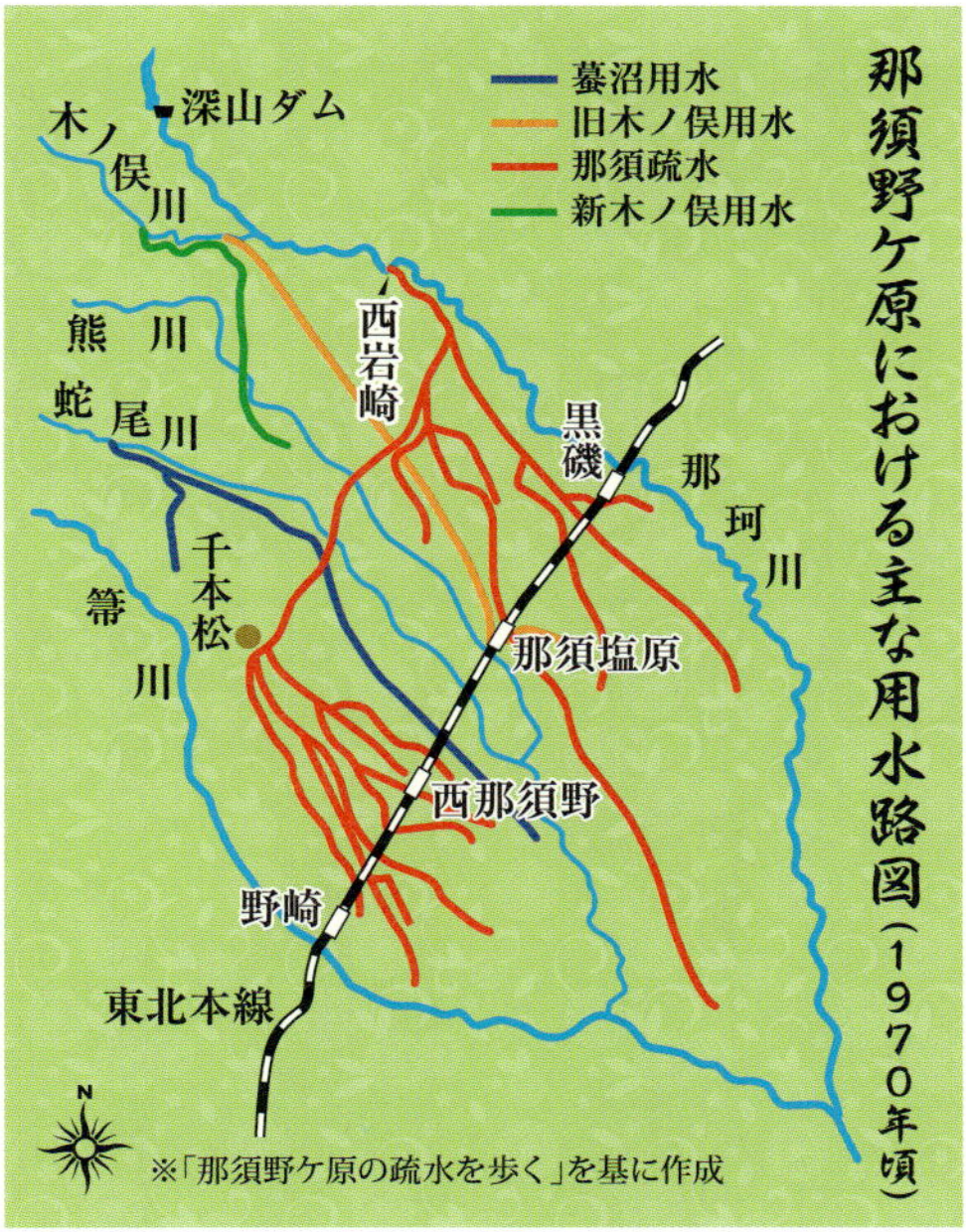

那須野ケ原における主な用水路図（1970年頃）
※「那須野ケ原の疏水を歩く」を基に作成

「この上は私費で掘り始め、地元の熱意を示そう。それでもだめなら全財産を投げ出す」。印南と矢板は運河の開削構想が一向に進展しないため、西岩崎の取水口から独自に隧道の試験掘りを始める。

このころ三島に提出した嘆願は「灌漑《かんがい》疏水」となっており、運河を断念したことがうかがい知れる。しかし資金はやがて底をつき、工賃の支払いが滞る事態に追い込まれてしまう。

こうした中、印南、矢板は6回目の上京をし、三条太政大臣、山縣有朋内務卿、大山巌陸軍卿ら要人に水路開削の陳情を行った。要人の間を回ること87日間。1885（明治18）年4月になって、ついに国費10万円の供与が認められた。

那須野が原博物館前館長の金井忠夫さんは「印南、矢板の決死の陳情とともに農場を持つ政府高官がいたから那須疏水が生まれた」と指摘する。

那須疏水の開削には、栃木県令から内務省土木局長になっていた三島の力も大きかった、といわれる。

疏水工事の最中に矢板が三島へ宛てた手紙には「那須野ケ原の開

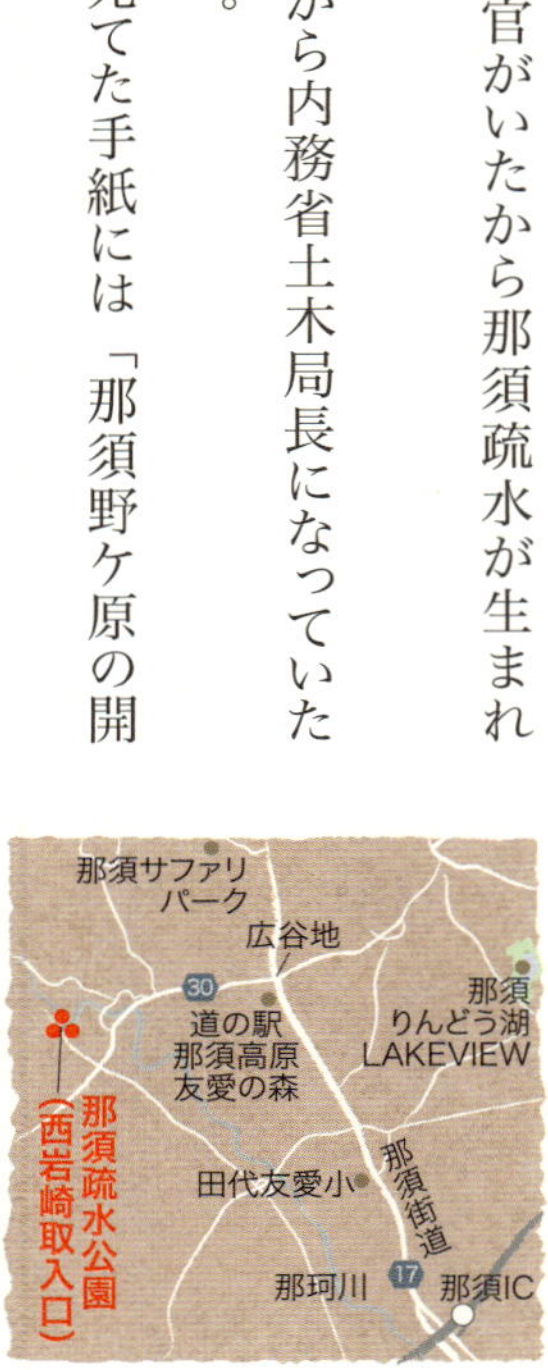

＊那須疏水公園（西岩崎取入口）
325-0101 栃木県那須塩原市西岩崎230
【交通】那須ICから15分

墾が始まって以来、深く気にかけ配慮していただいた。おかげで開墾のめどがついた」と報告した上で、矢板が「欣《きん》喜《き》雀躍《じゃくやく》とはまさにこのこと」と感謝の言葉を添えていた。

1885（明治18）年9月、三島の農場で行われた那須疏水の通水式には北白川宮能久親王らが臨席した。

当時の下野新聞をみると、三島はその10日後、内閣顧問黒田清隆を招いて、西岩崎の取水口から舟で千本松まで下った。磯さんは「同じ鹿児島県出身の黒田を伴い、三島は鼻高々で疏水の流れる那須野ケ原を案内したことだろう」と推測する。Ⓚ

1885（明治18）年に開設された那須疏水の西岩崎取入口。*
現在は閉鎖され、すぐ下流の取水口から取水している

「三大疏水」に九州人尽力

明治政府は、殖産興業を推し進めるため、福島県の安積原野、そして那須野ケ原の開拓に必要な疏水を開削した。一方、幕末の「禁門の変」による大火や東京遷都によって衰退した京都では、復興の象徴として疏水が位置づけられた。

明治期に造られた「安積疏水」「那須疏水」と京都の「琵琶湖疏水」は、いずれも国営事業による「三大疏水」と呼ばれる。

那須野が原博物館前館長の金井忠夫さんは「三大疏水のいずれにも関わり、中心的な役割を果たした人物がいる」として政府職員南一郎平《みなみいちろべい》の名を挙げる。

南は島原藩領（大分県宇佐市）の庄屋の家に生まれた。私財をなげうち、1世紀以上、難工事の壁に阻まれ続けた地元の広瀬用水を完成させた。その手腕が日田県令松方正義に認められ、その後、内務省の水利担当職員に抜擢《ばってき》される。

南は大分で培った在来の技術を注ぎ込んで、1879（明治12）年に始まる安積疏水、続く那須疏水の開削工事を指揮した。安積の「十六橋水門」はアーチ橋を連ね、那須野ケ原では熊川と蛇尾川の川底を隧道で横断させた。いずれの工事も南が大分から連れてきた石工集

当初の西岩崎取水口（那須野が原博物館提供）

団が担った。
　通船と発電を主目的とする琵琶湖疏水で、南は北垣国道《きたがきくにみち》京都府知事に請われて路線を調査し、技術上ゴーサインを出した。後に鉄道局事務官で退官した南は土木会社を興し、トンネル工事中心の鉄道敷設事業にまい進する。宇佐市の史料によると、松方は民間に転じた南を「隠れたる実業界の偉人」と称賛したという。

遷都建議

東京から「上州へ」と提言

1886（明治19）年7月、三島通庸は首都建設を進める内閣直属の臨時建築局副総裁に就任した。総裁は英国留学経験がある開明派の外務大臣井上馨で、三島は前年12月に警視総監に就いており、建築局副総裁も兼ねた。

鹿鳴館外交と呼ばれる欧化政策を進めていた井上は、諸外国と対等の条約を結ぶためにも、首都東京を欧州並みの街並みに改造し、中心地に洋風の官庁街を建設しようとしてい

井上馨（国会図書館）

た。三島研究者の幕内満雄さんの著書によると、井上はこの実現のため、かつて銀座煉瓦街の建設で共に仕事をした三島に副総裁のポストを用意し、臨時建築局に取り込もうとした。

首都改造に強い関心を持っていた内務省は、この人事に大変な脅威を感じ、内務大臣山縣有朋らが猛烈な反対工作を行ったが、井上の巻き返しもあって三島の副総裁が決まったという。

幕内さんは「臨時建築局が取り組んでいる欧州風の官庁集中計画は、理念からいっても三島好みのものだった」と記している。

ところが１８８６年12月、井上と三島が総理大臣伊藤博文に提出した第一建議の内容は、首都改造ではなく「東京近傍に便宜の地を選んで都を移す」首都移転だった。首都東京は当時からいくつかの問題点を抱えており、多くの政財界人が夏場は東京を脱出し、箱根や軽井沢、日光といった避暑地で過ごしていた。

建議書は首都東京について「低湿地で水質が悪く病疫が多い」「地震も頻発している」「外寇《がいこう》の影響を受けやすく、一朝事あればたちまち砲煙弾雨《ほうえんだんう》の巷《ちまた》となり皇居を保安できない」と「不便不利」を挙げ、「本都とするには足らない」と断じている。

三島が遷都提言した群馬・埼玉の一帯

その上で「東京は離宮として残し、首都を東京から20〜30里（80〜120キロ）程度で、西北に山岳があっても東南に広い平たん地があり、寒暖の差が少なく排水のいいところに移すべきだ」と提言した。

具体的には「上州赤城山麓南方の新田、佐位、那波などの諸郡、さらに利根川の一帯を挟んで武州の幡羅《はたら》、榛沢《はんざわ》、児玉などの諸郡に求めるべきだ」と訴えた。上州の新田郡は今の群馬県太田市であり、佐位郡は伊勢崎市と境町周辺、那波郡は伊勢崎市と玉村町周辺、そして武州の諸郡は埼玉県本庄市、深谷市、熊谷市などを指している。

そして政府には「最低限3里（12キロ）四方の用地を速やかに買収して」「まず宮城を造り、続いて諸官衛を移して新首都を形成すべきである」と上州・武州に新首都を迅速に造るよう求めている。

●三島通庸 関連年表

1883（明治16）.10	福島県令兼栃木県令に
1884（明治17）.11	内務省土木局長
1885（明治18）.12	警視総監
1886（明治19）. 2	内閣直属の臨時建築局を設置
7	兼臨時建築局副総裁に就任
12	東京近傍への首都機能移転を提言
1888（明治21）.10	警視総監在職中に死去。53歳

三島らの遷都構想は、これ以前に政府の元老院議長で日本赤十字社を創設した佐野常民がまとめた「本庄（埼玉県）遷都論」を、群馬側にまで拡大した内容だった。那須野が原博物館前館長の金井忠夫さんは「三島の脳裏には、薩摩藩時代の薩英戦争が深く刻まれていたのかも知れない。中央集権を進めても、中央が脆弱では、何のための集権なのかという思いもあったのではないか」とみている。

移転の候補地については、第一国立銀行を創設し、深谷市出身だった渋沢栄一の影響を指摘する見方もあるが、東京・北区にある渋沢史料館学芸員の清水裕介《しみずゆうすけ》さんは「渋沢が首都移転にかかわったことを示す史料はみつかっていない」とした上で「この時期には、内務省と外務省が首都改造を巡って主導権争いを始めており、井上は『首都移転』を政治的駆け引きの材料にしようとした可能性もある」と指摘している。

渋沢栄一（国会図書館）

これを裏付けるかのように井上と三

島は、「首都移転」の建議と同時に東京改造に関する第二建議と参考意見を提出し、「首都移転が、閣議を尽くしても到底、施行ができないときは、臨時建築局の職掌管中に東京市区改正（東京改造）を加える」よう求めた。内務省が進める都市計画業務の所管を外務省に移し、東京改造の業務一本化を意図したとみられている。

清水さんは「三島の建築局副総裁の人事自体が非常に政治的なことであり、井上の真意については当時の政治情勢を踏まえて慎重に検討する必要がある」と話している。T

三島が首都移転先に挙げた群馬県南部のうちの旧新田郡（現太田市）

激務たたり現職で倒れる

首都移転の話は何度も浮かんでは消えている。

１９６４（昭和39）年の東京オリンピックの前は、首都で厳しい水不足が続いたため、建設大臣だった河野一郎《こうのいちろう》が「東京じゃどうにもならん」と静岡県浜名湖周辺への遷都を唱えたことがある。

１９９２（平成４）年には「国会等の移転に関する法律」が制定され、東京への一極集中解消や地震災害対策、地方分権などを検討した。

明治時代の臨時建築局に三島通庸が加わって遷都を建議したのも、三島が地方都市の建設を手掛けていた剛腕プランナーだったからだろう。三島は１８７７（明治10）年から3、4年で山形県庁の正面に広い道路を通し、その両側に師範学校、県警本部、郡役所、勧業博物館、警察、病院などを建造した経緯がある。

当時、山形を訪れた英国女性のイザベラ・バードは『日本奥地紀行』で「それらはいずれも立派なる道路と町の繁栄にふさわしく調和している」と絶賛した。日本大人文科学研究所元研究員の小形利彦さんは「欧化政策を在来の手法で体現し、『明治政府はすごい』と人々に

高橋由一が描いた「山形市街図」（山形県郷土館「文翔館」蔵）

思わせた」と解説する。三島はこの後、同じような手法で栃木県庁の建設も指揮している。

三島ならば海外の人々も驚くようなハイカラな洋風建築の首都を造っていたかも知れない。建設業の傍ら三島を研究した宇都宮市の丸山光太郎さんは「三島が首都移転を成し遂げていたら、関東大震災であれほど甚大な損害を被ることはなかっただろう」と記している。

しかし1888（明治21）年秋、三島は激務がたたって病に倒れ、都内麹町の警視総監官舎で現職のまま亡くなった。53歳だった。臨時建築局はその後、廃局に追い込まれた。

近代化を担った人々
―政治、殖産で先進的役割―

第4部では明治以降、本県に影響を与え続けた人々に光を当てる。富国強兵、殖産興業のスローガンの下、栃木県では那須野ケ原が開拓され、宇都宮に県庁が移転し、足利・佐野にも織物の生産地が育っていった。江戸時代の水上交通は鉄道と道路交通に変わり、本県は先進的役割を担った。

産業面では古河財閥の創始者古河市兵衛《ふるかわいちべえ》が衰退した足尾銅山を再生させ、足尾を人口では県内第2の町に押し上げた。

後にその鉱毒事件で苦しみ、大戦への歩みを始めてしまった時代でもあった。

「軍都」宇都宮の呼び名は「14師団」の宇都宮駐留が背景になっているが、師団長の鮫島重雄《さめしましげお》は軍道に桜の植樹を発案して「桜通り」を誕生させた人物だった。織物のまち足利には京都の織物研究者近藤徳太郎《こんどうとくたろう》が栃木工業学校長兼技師として着任し、鎌倉幕府の正史『吾妻鏡』も取り上げた足利銘仙を再ブレークさせた。

旧日光田母沢御用邸の土地と建物の所有者の一人だった小林年保《こばやしねんぽ》は、日光田母沢の出身で、やがて静岡銀行の頭取となり静岡経済界のトップに上り詰めた。政治の世界では、帝国議会開設時に薩長中心の藩閥政府に対峙した民党の怪物政治家星亨《ほしとおる》が落下傘候補として本県に降り立った。

衆院議長・星亨

怪物政治家 凶刃に倒れ

東京・永田町の国会前庭に立つ憲政記念館は、広報紙『時計塔』で「憲政の十傑」を取り上げ、尾崎行雄《おざきゆきお》や板垣退助、伊藤博文、原敬《はらたかし》らを顕彰している。この中には明治時代に栃木1区（芳賀、河内）を選挙区とし、第2代衆議院議長になった星亨も含まれている。

彼は若くしてバリスター・アット・ロー（法廷弁護士）という国際的学位を取得し、日本人で初めて代言人（弁護士）となった。後に政治家に転身すると、薩長中心の藩閥政府に挑んで政党政治を確立しようとし、郵便事業を管轄する逓信大臣、駐米公使にも就いた。

彼の進めた政党政治の原型を引き継いで完成させたのが、平民宰相といわれた原だとされる。星は「押し通る」とあだ名が付くほどの強引な政治手法と金権腐敗の元凶と

星亨（左）とその家族（国立国会図書館蔵「星亨関係文書のアルバム」から）

みなされたこともあって、壮絶な死の後も評価は芳しくなかった。

しかし東京商船大名誉教授の有《あり》泉貞夫《いずみさだお》さんが著書の中で「明治憲法体制は星亨という稀有《けう》の資質と条件の持ち主の活動に媒介されて辛くも実現したのではないか」と指摘するなど、研究者の間からは再評価の声が上がっている。

星は1850（嘉永3）年、江戸新橋八官町（現在の東京・銀座西8丁目）の左官棟梁《とうりょう》の家に生まれた。『時計塔』などによると、父親が蒸発してしまったため食べ物にも困る貧困生活の中で育ったが、母親と再婚した巫医《ふい》に引き取られ星姓を名乗った。

前島密《まえじまひそか》の下で英学を修めるなどした後に各地で英語教師を務め、陸奥宗光《むつむねみつ》の知遇を得て大蔵省入りし、横浜税関長に就いた。そして英国に渡り、留学すること3年でバリスターの資格を得る。

1877（明治10）年秋に帰国すると、政府筋に交渉して司法省に代言人（弁護士）職を設けさせて就任。

1882（明治15）年夏には、自由党に入党し、民権運動に与する。ただ、当時の自由党はあまりにも無組織だったので寄付金を募り、各府県に勧誘組織を置き、平易な党機関紙を発行して、その資金を負担した。逮捕された自由党員の無料弁護、党勢拡張のための地方遊説なども行っている。

●星亨 関連年表

1850（嘉永 3）	江戸で生まれる
1874（明治 7）	大蔵省で横浜税関長。9月に英国留学
1877（明治10）	英国で法廷弁護士の資格を取得し帰国。後に代言人（弁護士）に
1882（明治15）	自由党に入党
1885（明治18）	4月に新潟で入獄し、10月に満期出獄
1887（明治20）	本籍地を宇都宮へ
1888（明治21）	出版条例違反などで逮捕。石川島に入獄
1892（明治25）	第2回総選挙で栃木1区より代議士に当選。衆議院議長に就任
1893（明治26）	衆議院議長不信任案可決。議員を除名される
1896（明治29）	駐米公使に就く
1898（明治31）	不在のまま第5回総選挙で当選。駐米公使を免ぜられる。 憲政党を創立し第2次山県内閣との提携を主導
1899（明治32）	東京市議に当選
1900（明治33）	立憲政友会結成に参画。第4次伊藤内閣で逓信相に就くも3ヵ月で辞任
1901（明治34）	東京市会議長に就任。市庁で刺殺される。52歳

第2回衆院議員選挙の当選者と次点者

	当選者	得票数	次点者	得票数
第1区	星　亨	1,823	横堀　三子	1,405
第2区	新井　章吾 岩崎万次郎	2,885 2,660	田村順之助	139
第3区	田中　正造	733	木村半兵衛	642
第4区	塩田　奥造	763	和田　方正	523

1884（明治17）年、星は新潟の演説で「政府が徴兵制をしき、農商工業に関与し、宗教、教育に干渉し人間に等級を設けている」と藩閥政府を批判し、警官から演説会の解散命令と呼び出しを受けた。しかし召喚を無視したため、官吏侮辱罪で逮捕され有罪になった。

当時の自由党は福島、加波山、大阪などの事件と政府の弾圧、さらに党内の激しい闘争で苦境に追い込まれており、星の勾引もあって解党へと進んだ。

出獄後、言論の自由や不平等条約の改正、地租軽減を求める三大事件建白運動で中心的な役割を担い、立憲自由党の幹事となった。自らも1892（明治25）年の第2回衆院議員総選挙に栃木1区から立候補し当選。公約の通り、帝国議会で衆議院議長に選出された。

ところが自らの汚職疑惑が持ち上がり、否定したものの1年半後の議会で「議長信任欠乏の動議」を出され、議決されてしまう。憲政記念館課長補佐の岩間《いわま》一樹《かずしげ》さんによると、星は「自分を任命したのは天皇であり議会ではない」と開き直って議長席に居座るが、議場が大混乱に陥ったため衆議院は星を懲罰にかけ、除名処分で決着させた。星は議場を去る時に「近日、再び諸君と相まみえる」と言い放ち、その言葉通り、第3回総選挙で衆議院に復帰した。星の怪物像を増幅させるエピソードといえる。

その後の大隈内閣で星は外相が予定されていたが、大隈が拒否したため、伊藤博文と立憲政友会を立ち上げ、第4次伊藤内閣では逓信大臣に就いた。しかし、東京市の疑獄事件に関係してわずか3カ月で大臣のイスを棒に振ってしまう。

そして1901（明治34）年6月、東京市会議員も兼ねていた星は東京市の参事会に侵入してきた剣術師範伊庭《いば》想太郎《そうたろう》の凶刃に倒れ、52年の生涯を閉じた。右脇腹を短刀でえぐられ絶命したという。

憲政記念館の元資料管理課長伊藤《いとう》光一《こういち》さんの著書によると、犯人の伊庭は検事の到着を待つわずかな時間に「東京市政を紊乱《ぶんらん》汚職し市民の徳義心を被害した」と趣意書を読み上げた。

一方、政友会で星と並び立った原は日記で「世人の想像するが如《ごと》き奸悪《かんあく》をなすものにあらず。淡泊の人にて金銭はきれいなる男だった」と記し、これを否定した。没後には それを裏付けるように多くの借財が残されていたという。星については言論活動弾圧の中で国会開設と政党政治の基盤作りにも尽力し、藩閥政治の転換に重要な役割を果たしたという見方もある。

岩間さんは「衆議院議長が除名された例は彼以外にない。それほど毀誉褒貶の激しい人物であり、それがついて回ったところがある。自由党で彼が行った政治は利益誘導政治と批判されているが、政治自体が利益の分配であり、仕方のないところもある」と話す。Ⓣ

サイドヒストリー

元祖落下傘 本県から立つ

小山にあった星亨の別荘（国会図書館蔵『星亨関係文書のアルバム』から）

星亨（国会図書館）

星亨は1887（明治20）年4月、本籍地を東京から宇都宮に変え、当時の下野新聞に広告を出している。それによると国会議員への第一歩は、宇都宮江野町から始まった。1892（明治25）年ごろには新石町に居を構え、小山にも別荘を所有していたようだ。

星はなぜ、縁のない栃木県を地盤にしようとしたのだろうか。

宇都宮市の歴史研究者大町雅美さんの著書によると、星亨の宇都宮寄留は下都賀郡水代村（現・栃木市大平町）出身の自由党員から勧誘があったが、栃木町民との話し合いが進まず、豪商・在地有力者の多い宇都宮に決まった。星自身も「栃木県には同志が多く、奥羽のことを計るに便利」と述べている。

当時の県内自由党には全国的な党組織で頭角を現していた新井章吾派とこれに対抗する勢力があった。1892年の第2回総選挙では、星が新井の対抗勢力に乗って栃木1区から立候補し、新井派の元県会議長横堀三子《よこぼりさんし》と戦った。

選挙戦で星は「このたび、何の因果か栃木第1区より候補者に立った。そもそもそれは選挙区の名誉である。諸君はこの名誉を重んずればわが輩をして当選せしめよ。諸君が衆議院へ送ってくれれば、その議長となることを星自身が保証する」と演説し、栃木県民の度肝を抜いた。

『栃木県史』によると、星陣営と横堀陣営は連日、芳賀、河内の山野で衝突を繰り返し、川や水田を挟んで短銃、村田銃、仕込《しこ》み杖《つえ》が入り乱れ、山野を血に染める実戦さながらの光景がみられ、金銭が乱れ飛んだ。このため品川弥二郎内相が、東京の消防夫3千人を栃木県に派遣しようとしたという。

横堀を制した後、星は公約通り衆議院議長に就任。その後の県議選では新井派の18人に続いて星派を11人と躍進させ、田中正造率いる改進党を9人に抑えるなど、県政地図を大きく塗り替えた。

新井章吾（大町雅美さん著『新井章吾』から転載）

鉱山王 古河市兵衛

足尾を日本最大の銅山に

古河市兵衛（古河機械金属提供）

明治期の実業家古河市兵衛は「鉱山王」とも呼ばれた。京都で零落した庄屋の家に生まれ、豆腐売りの行商から身を立てて、古河財閥の基礎を創った。廃山同然だった「足尾銅山」を日本最大の産銅量を誇る山に押し上げ、足尾を県内人口で宇都宮に次ぐ産業都市に発展させた。

県立博物館学芸員の大越惟弘さんは「足尾銅山には鉱毒事件という負の側面もあったが、一時期とはいえ、日本の殖産興業政

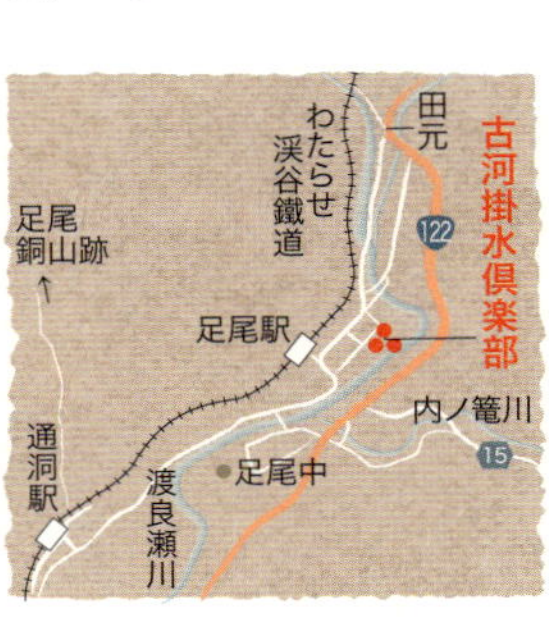

＊古河掛水倶楽部
〒321-1512 栃木県日光市掛水2281
【交通】わたらせ渓谷鉄道足尾駅から徒歩2分
（見学は要予約）

策に大きな影響をもたらしたことは間違いない。その陰には、市兵衛の進取の気性と不屈の精神があった」と話す。

1874（明治7）年、市兵衛は43歳で大きな岐路に立たされた。『古河市兵衛翁伝』などによると、この頃、市兵衛は三井組などと並ぶ豪商、小野組からのれん分けした「糸店」の経営を任されていた。

小野組は政府の為替方として政府や各県の公金を無利子で運用でき、市兵衛も生糸、鉱山などの事業を広げていた。しかし、政府が豪商に対して預かり公金の厳しい取り立てを始めたことから、状況は一変する。

直ちに担保金を用立てできなかった小野組は、やむなく閉店を決定。すると日本で最初に設立された第一国立銀行も、総貸出額の5割近くを小野組に貸し付けていたことから共倒れが危惧される事態となった。

小野組の整理方法を話し合う席上、第一銀行総監の渋沢栄一が「どのようにしてもらえるか」と問うと、市兵衛は「銀行には決して迷惑をかけない」と落涙し覚悟を示した。そして私財もすべて差し出したため、第一銀行はたいした損失を被らず危機を脱した。

渋沢史料館学芸員の清水裕介さんは「渋沢は『古河が正直に行動してくれたおかげ

で難を逃れることができた』と何度も言っている。この一件で古河は渋沢の信頼を得た」とみる。

裸一貫となった市兵衛は鉱業に再起をかけた。

「鉱業は国家の急務で、新山を開き、休山を興し、産出が盛大になれば、人々の就業に道を開き、私自身進歩できる」。鉱山採掘の許可願でこう訴えた。銅は重要な輸出品で、政府は民間の採掘も認め、鉱業の近代化を推し進めていた。

市兵衛の第一歩は小野組破綻の翌1875（明治8）年、払い下げを受けた草倉銅山（新潟県）に始まる。1877年には、周囲の反対を押し切って相馬家（福島県）代表志賀《しが》直道《なおみち》と足尾銅山の共同経営に乗り出した。

幕府直轄で250年以上続く足尾銅山は、掘り尽くされたともみられていた。古河鉱業『創業100年史』によると、1876年上期の産銅量はわずか30トンだった。

市兵衛の見方は違った。「歴史がある名山。必ず成功する」。そう信じて草倉銅山な

●古河市兵衛 関連年表

1832（天保 3）	京都で庄屋・木村家の次男として出生
1842（天保13）	家業を助け豆腐の行商を始める
1858（安政 5）	古河家の養子となり市兵衛と改名
1862（文久 2）	豪商「小野組」に入り、生糸買い付け方を一任される
1874（明治 7）	小野組が閉店
1875（明治 8）	新潟・草倉銅山の経営に着手
1877（明治10）	足尾銅山を買収（共同経営）
1880（明治13）	渋沢栄一が経営に参加
1884（明治17）	大鉱脈発見
1888（明治21）	足尾銅山が古河家単独経営となる
1891（明治24）	田中正造が足尾鉱毒事件に関し帝国議会で質問書提出
1896（明治29）	第1回の「足尾銅山予防工事命令」
1897（明治30）	予防工事が完了
1903（明治36）	病気のため死去

明治20〜21年、足尾・本山の倉庫付近。コメなどを運ぶ牛馬が行き交う
(「小野崎一徳写真帖『足尾銅山』」より転載)

どの利益を注ぎ込み、創業から4年後、鉱脈を掘り当てた。さらに大鉱脈を見つけると産銅量は飛躍的に伸び、1893（明治26）年は5千トン超で全国1位である。

市兵衛の度重なる苦境を救ったのが渋沢だった。草倉銅山では共同経営の相馬家が撤退し、単独経営となった市兵衛に第一銀行から特別融資を行った。足尾銅山では協約を巡る裁判の仲裁に入り解決に導いた。

もう一人の師友に後の外務大臣陸奥宗光がいた。市兵衛と心が通い合った陸奥は、子どもがいなかった市兵衛の跡継ぎとして次男を養子に出している。

市兵衛はこの2人以外、政官の要人との交際を避けた。市兵衛の評伝を書いた砂川《すながわ》幸雄《ゆきお》さんは「市兵衛の世間に対する腰の低さは、われわれにはとても想像できないほどだった」と指摘する。

鉱山主となっても市兵衛の生活は質素で、使用人も厚遇したという。一方で外国人と談論し、果敢に最新技術を取り入れた。足尾銅山には日本初となるロープウエーや大規模水力発電所、私企業初の電話を導入し、設備の近代化を図った。

銅山の隆盛に伴い労働者や技術者が流入し、足尾は先進の産業都市へと発展した。人口は大正初期に3万人を超え、足利を抜いて県内第2位となる。足尾歴史館（現・古河足尾歴史館）館長の長《なが》井《い》一《かず》雄《お》さんは「山林とわずかな農地しかなったこの山に、市兵衛は病院や学校を造り、町を造って自分の『夢』を実現した」と捉えている。

市兵衛が買収・経営した主要鉱山は銅山など

全国35カ所に及んだ。「鉱山に対しては特殊な感覚を持ち、その能力は非凡だった。楽しみは事業を盛んにすることで、利益はかすのように考えていた。実に勇ましい愉快な性質の人だった」。渋沢は市兵衛の没後、こう懐かしんだという。K

足尾銅山の迎賓館として建てられた*「古河掛水倶楽部」内にある食堂。建物は現在、古河機械金属の福利厚生施設として活用され、一般公開もしている

「国に責任」貫いた正造

足尾銅山の事業拡大に伴い、精錬所から出た鉱毒による渡良瀬川流域農民、漁民の被害が社会問題化した。後に公害問題の原点とされる足尾鉱毒事件である。

事件解決に向け、奔走したのが政治家田中正造だ。正造が向けた批判の矛先は、直接の加害者である事業主ではなく、あくまで管理、責任を負う国家だった。

政府を追及する正造が最大の武器としたのが帝国憲法だ。「日本臣民はその所有権を侵さるることなし」。この条文を盾に「被害農民は鉱毒のために田宅を奪われ、明らかに所有権を侵害されている」と訴え、鉱業停止を迫った。

１８９６（明治29）年に起きた渡良瀬川大洪水で鉱毒被害が1府5県に拡大すると、被害民の大挙請願運動（大押し出し）に発展する。しかし正造は3回目まではこの運動に反対したという。

正造研究者の赤上剛《あかがみたけし》さん（埼玉県草加市）は「憲法は集団的請願を認めていなかった。正造は国会を当てにして裏切られ続けたが、それでも法的秩序を守る立場を貫いた」と解説する。

一方、古河市兵衛は政府の「鉱毒予防命令」に従い作業員延べ60万人を雇い、約１００万円をかけて予防工事を実施した。しかし、連年の洪水で被害は収まらず、正造は天皇直訴を決行する。

市兵衛は、反対運動のリーダー正造をどうみていたのか。正造の半生を描いた映画『襤褸《らんる》の旗』に、市兵衛役の志村喬《しむらたかし》が「会ったことはないが、田中という人物は大した人物らしいな」とつぶやく場面がある。〝敵〟ながら命をかけて被害民の側に立つ正造を、不屈の鉱山王も認めざるを得なかったのではないか。

第14師団

市挙げて「軍」を誘致

宇都宮は宇都宮明神（宇都宮二荒山神社）の門前町であり、城下町であり、宿場町だったが、明治後期からは「軍都」とも呼ばれるようになった。

桜を植えたばかりの軍道＝
宇都宮市、1909 年ごろ（『戸祭地域の歴史再発見』から転載）

戦国時代末に宇都宮城下を焼かれ、戊辰戦争でも２度戦火にまみれた。しかし「第14師団」が誘致されると、軍が落としていく資金でにぎわう商都として勢いを取り戻している。

師団司令部（現在の国立病院機構栃木医療センター）から兵器廠《しょう》（県中央公園）に至る南北約２キロの「軍道」は、両側が桜並木だったこともあり市民の憩いの場にもなった。県歴史文化研究会元常任委員長の大嶽浩良さんは「14師団が宇都宮に入った当時は殺風景だったが、２代目師団長鮫島重雄の発案で軍道に桜が植えられて、季節を問わずにぎわった」と振り返る。

鮫島重雄（下野新聞社『栃木県歴史人物事典』から）

「軍都」へのきっかけとなったのが１９０４（明治37）年から始まった日露戦争だった。すさまじい消耗戦の中で、日本軍の大本営は翌年春、「６個師団の増設」を計画する。この動きを知った宇都宮市民有志らが県議会を巻き込んで師団設置運動を起こした。

『栃木県史』によると、これを受けて県議会が１９０５（明治38）年末、白仁《しらに》武《たけし》知事に「師団の設置意見書」を提出。意見書は「新たに4個師団を増設すると聞いているが、師団設置には最良の地」と栃木県への誘致を表明した。翌年には「その兵営敷地は本県より寄付する」と一歩進めた条件を提示した。

背景には商業者など宇都宮市関係者からの強い誘致要望があったとされる。大嶽さんは「当時の宇都宮市は産業都市を目指したが難しかった。それで商業都市の性格を強めていくが、そのためには安定した消費集団がどうしても欲しかった。人口が1万人

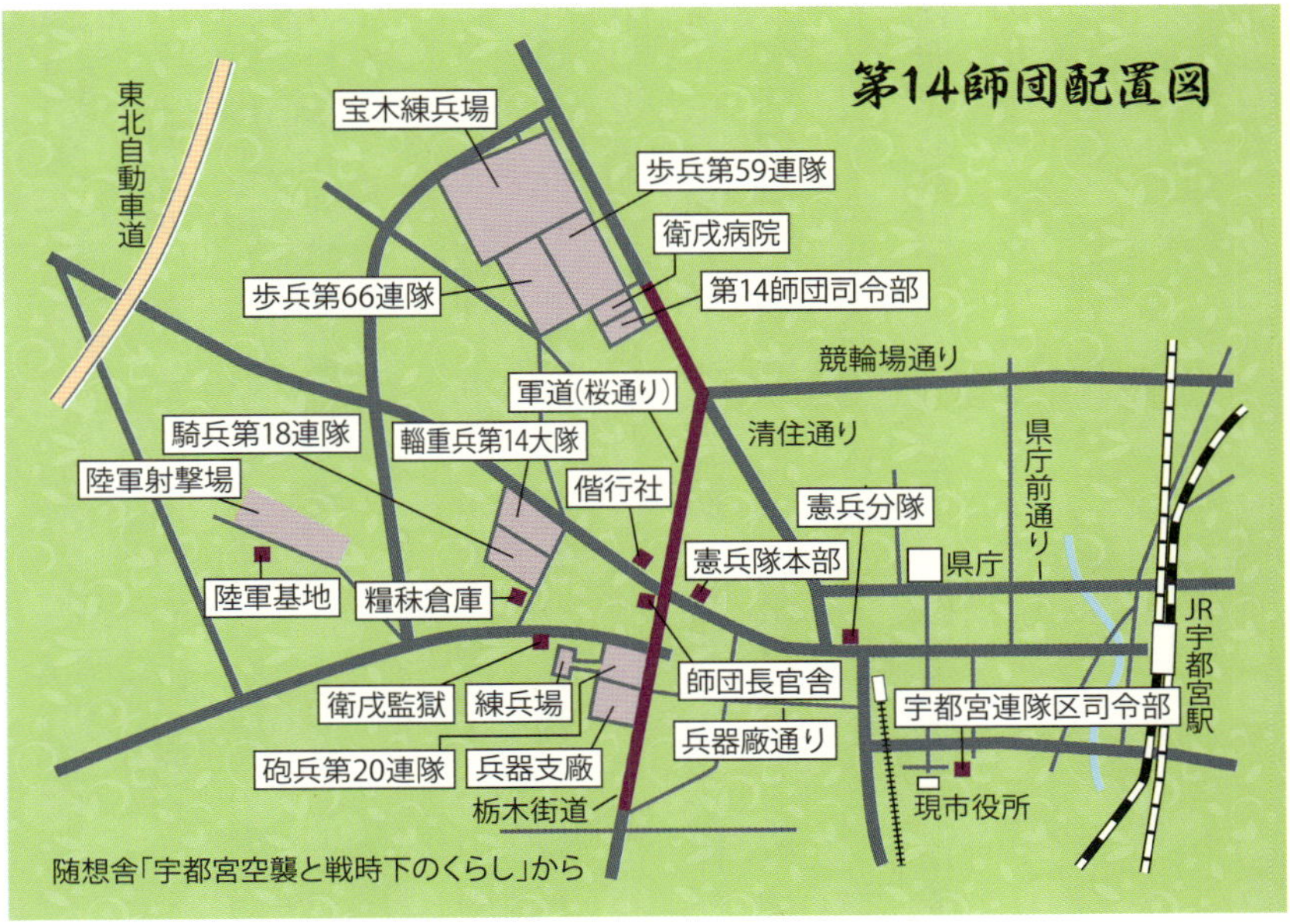

随想舎「宇都宮空襲と戦時下のくらし」から

●第14師団 関連年表

1904（明治37）．2	日露戦争始まる
1905（明治38）．4	第14師団、九州小倉で編成される。宇都宮で師団誘致運動起こり12月、県議会が知事に意見書提出
1906（明治39）．7	中将鮫島重雄が第14師団の師団長に
1907（明治40）．9	14師団の衛戍地を宇都宮に決定
1908（明治41）．11	師団司令部などが宇都宮に入る
1909（明治42）．5	軍道両側に桜の苗木を植樹
1919（大正 8）．4	シベリア出兵
1923（大正12）．	関東大震災で帝都警備
1932（昭和 7）．	上海・満州を転戦

も増える師団はまさにその消費集団だった」と説明する。

そして１９０７（明治40）年５月には当時の下野新聞が「第14師団の宇都宮駐屯」を報じた。県を挙げての募金活動が実り、総面積で１６０ヘクタール近くの敷地が寄付金によってまかなわれた。

『県史』によると、第14師団は九州・小倉で編成され、中国の遼陽を経て１９０７年10月には姫路に凱旋《がいせん》。その後宇都宮に落ち着き、１９０９（明治42）年５月までに師団司令部や歩兵２個連隊、騎兵１個連隊、砲兵１個連隊、輜重《しちょう》兵１個大隊の移転を終えた。師団創設時は関西、中国、九州の兵士で固められていたが、移住後は北関東出身者に入れ替わっていったという。

宇都宮駐屯時の師団長だった鮫島は鹿児島県出身。毎日正午、野砲で空砲を撃たせ住民に時を知らせるなど、市民目線の指導者として知られた。

大嶽さんによると、師団の宇都宮入りを最も歓迎したのは市内商業者だった。市内の消費は目論見《もくろみ》通り飛躍的に伸びた。1911（明治44）年の市予算は15万円ほどだが、師団が同市内で消費した額はその6倍以上の96万円余に及んだといわれる。

周辺には軍需工場が置かれ、食糧や生活用品が地元から調達された。商業者らは、やって来た大消費団に対応するため、野菜組合をつくった。一方、農業者も協同組合を通して師団からし尿を買って野菜を直接販売した。そのため、「商圏を奪った」と争いになることもあったという。

大嶽さんは「師団の兵隊数は軍事秘密だったが、当時の史料をみると、兵隊だけで1万人ぐらい増えており、商人には実に魅力的な存在だった」と話す。

逆に労働運動が盛んだった足尾では、師団の誘致に反対運動が起こった。「軍隊によって労働運動の弾圧が行われるのではないか」と懸念されたという。

第14師団はその後、シベリア出兵、上海出動、満州転進などを経て太平洋戦争を迎え、40年の歴史に幕を閉じた。戦後、師団の跡地は宇都宮中央女子高や作新学院高、国立栃木病院などの教育・医療施設に転用され、その面影はほとんど残されていない。Ⓣ

鮫島の思い「桜通り」に

足利銀行本店（宇都宮市桜４丁目）の東側にある「桜通り」は明治後期、宝木練兵場まで往復する軍用道路で、市民の通行は禁じられていた。

下野新聞社刊「第14師団史」によると、１９０８（明治41）年、宇都宮入りした師団長鮫島重雄が「師団の創設を記念しこの軍道を桜の道にしたい」と発案。これを知った市の首脳が県民に募金を呼び掛けた。

こうして苗木は師団司令部正門から日光街道、さらに日光街道の交差点から睦町交差点付近まで2キロにわたって植樹され、「軍道」は栃木県を代表する桜の名所になった。

県立博物館の名誉学芸員柏村祐司《かしわむらゆうじ》さんは「桜のシーズンはもちろん、サーカスやお化け屋敷などができて露店が立ち並び、仮設の料理店も出て芸者衆まで置かれるほどにぎわった」と戦前の人たちの記憶をたどる。２キロにわたって植樹された桜の本数は5百本から5千本まで諸説あるが、柏村さんは「片側ずつ５００本、合わせて千本だった」と説明する。

宇都宮の「軍道の桜」は、作家向田邦子《むこうだくにこ》さんのエッセー『父の詫《わ》び状』にも出てくる。向田さんが5歳ぐらいの時に、保険会社の宇都宮支店長だった父親が軍道近くに家を借り、一家でよく花見をしたようだ。

鮫島は陸軍大将となり、1916（大正5）年の退役後も宇都宮に住んだ。桜並木は1963（昭和38）年、道路拡張に伴って切り倒され、今はない。

縁の桜が、鮫島の別邸を引き継いだ宇都宮グランドホテルに残されている。明治天皇から賜ったという山桜で、現在も見事な花を咲かせている。

1962（昭和37）年春、宇都宮市の軍道（現在の桜通り）で「桜を送る会」が開催された

小林年保らと御用邸

魅力的別荘地　本県に集中

明治以降、栃木県民は皇室の存在をより身近に感じられるようになった。

県の史料によると明治期に整備された国内の主な御用邸は11カ所あり、県内には日光御用邸、日光田母沢御用邸、塩原御用邸ができた。大正期には那須御用邸、昭和40年代には御料牧場（高根沢）が建てられ、那須御用邸とともに現在も使われている。

明治維新に伴う首都移転で明治天皇が京都から東京に移ると、栃木県には御用邸などが集中し、皇族にとっても重要な避暑地、療養の場となった。

県立博物館学芸員の大越惟弘さんは「明治期に道路や鉄道が整備され、栃木県は日光や塩原を中心に避暑、観光地として知名度が高まった。皇族の方々にも気に入られる条件がそろっていた」と説明する。

中でも江戸、明治、大正期の建築技術の粋を集めた旧日光田母沢御用邸は、現存する最大規模の旧御用邸本邸とされる。

造営は、皇太子嘉仁《よしひと》親王（後の大正天皇）による1896（明治29）年の日光御用邸行啓がきっかけだった。

約10ヘクタールの広大な敷地の大半は民有地だったが、県の史料によると、この行啓直後から宮内省による用地買収が始まる。

御用邸の新設には軽井沢も候補地に挙がったが、1899（明治32）年1月の新聞『日本』は「比較の末、日光御料地内に決まった」と報じた。日光近代史研究家の福田《ふくだ》和《かず》美《み》さんは「もともと核となる建物と広大な庭園があったからこそ日光にできた」と推測する。

小林年保（金谷ホテル歴史館提供）

御用邸の核となったのは、日光奉行所の同心から静岡経済界の重鎮となった日光出身の実業家小林年保が造った約2・3ヘクタールの敷地にある別荘だった。年保は静岡第三十五国立銀行（現・静岡銀行）頭取、静岡商業会議所初代会頭に就いた後、療

日光田母沢御用邸記念公園にある小林年保が建てた旧別邸。
この建物は御用邸の一部として皇后御座所などに使われた

養のため日光のこの別荘で晩年を過ごした。

代々奉行所同心の家に生まれた年保は1868年、自身も同心として戊辰戦争で日光東照宮の警護に奔走する。そして、幕府崩壊後も「無《む》禄《ろく》でも生涯を徳川家臣として仕えたい」と、徳川家とともに駿府（静岡県）に移った。

静岡では新政府吏員、銀行家へと転身し質素、倹約を徹底した。年保が自らを厳しく律し、経済人として身を立てたのは、徳川家の名誉回復をしたいという思いもあったという。

福田さんによると、静岡を代表する資産家になった年保は1889（明治22）年、静岡第三十五銀行の他銀行との合併祝賀会を開き、官民750人を招待した。隠居中の最後の将軍徳川慶喜は上座の招待席で能楽のうたげに酔いしれた。

年保は栃木県でも独力で銀行を設立し、幼なじみの金谷《かなや》善一郎《ぜんいちろう》に多額の融資を行って「金谷ホテル」の開業を支援するなど、地元の発展にも貢献した。

1895（明治28）年、年保は病没するが、その3年後、隠居を解かれた慶喜が明治天皇と宮中で歓談し、天皇から静岡での長年の苦労をねぎらわれたという。

別荘は長男竹雄《たけお》に受け継がれ、御用邸として提供された。福田さんは「年

県内の御用邸と御料牧場

	造営、設定時期	設置理由など	備　考
日光御用邸	1893（明治26）年	内親王常宮・周宮静養のため	日光東照宮の朝陽館を買収改修。1963（昭和38）年国から払い下げ受け、その後日光山輪王寺本坊として使用
日光田母沢御用邸	1899（明治32）年＝以後、1921（大正10）年まで増改築	皇太子嘉仁親王（後の大正天皇）静養のため	1947（昭和22）年廃止。現在、日光田母沢御用邸記念公園として使用
塩原御用邸	1904（明治37）年	嘉仁親王静養のため	1964（昭和39）年～2013年（平成25）国立塩原視力障害センターとして使用。御座所は「天皇の間記念公園」に移築されている
那須御用邸	本邸＝1926（大正15）年、付属邸＝1935（昭和10）年	昭和天皇皇后、皇太子夫婦、皇族方静養のため	現在も使われている
御料牧場	1969（昭和44）年	成田新空港建設に伴い、下総御料牧場（千葉県）の移転先として業務を引き継いだ	現在も使われている

※日光田母沢御用邸記念公園の資料、高根沢町史などを基に作成

保にとって日光は古里であり、徳川家の象徴だった。天皇家と徳川家のわだかまりが解け、一族も別荘が御用邸になれば年保の意思を継ぐことになると考えた」と話す。

こんな経緯があってか、大正天皇の日光田母沢御用邸ご訪問は、皇太子時代を含め974日間にも及んだ。

同じように大正天皇に愛されたのが塩原御用邸だった。

塩原御用邸は、1888（明治21）年に3代栃木県令三島通庸が建てた別荘を基に造られた。

ただ、三島家と代々交流のある那須塩原市教育委員の臼井祥朗さんは「通庸はもともと自分の別荘にと建てたのではなかった」と説明する。それを裏付けるように通庸の長男弥太郎は『塩原名勝記』の中で「(通庸は)離宮として献納を願い出て、1度はご検分にもなった」と記している。

通庸は、悪疫流行や外寇対策として首都を東京から関東近郊に移す遷都構想を描いていた。それとともに別荘地を非常時における皇室の一時的な移転場所とする考えだった、という。

結局、離宮建設は許可されなかったが、地元では「離宮ができるのならば共有地を献上したい」と11軒の旅館が連名で申し出た。これも許可されなかったが15年ほど後、嘉仁親王が3年にわたって三島別荘に一時滞在したのを機に別荘が献上された。

「離宮を願って志を達せず、今日その目的がかなったのだから、泉下で父も喜んでいるだろう」。弥太郎はこうも書き残している。K

1915(大正4)年、大正天皇即位を祝い塩原御用邸前に集まった人々。この祝いが「塩原温泉まつり」の起源となった（臼井祥朗さん提供）

サイドヒストリー

那須御用邸、松方誘導か

那須御用邸は、昭和天皇をはじめ皇族の静養のために建設された。那須が選ばれた背景には、総理大臣を務め、那須野ケ原に別荘を有した松方正義の存在があったとされる。

山楽の階上で那須野ケ原を展望する摂政宮(下野新聞より)

1923（大正12）年8月、摂政宮（後の昭和天皇）が初めて那須温泉を行啓した。開業間もない旅館「山楽」に着くと、侍従武官長の奈良武次《ならたけじ》（鹿沼市出身）らを伴い、まっ先に2階に上がり雄大な景色を見渡した。そして高台に上って茶臼岳の噴火口を眺めた。下野新聞は「よほどお気に召したと見えて（昼食後）再び登られた」と報じている。

行啓は松方別邸滞在中に行われた。松方は明治、大正天皇の信任厚く、嘉仁親王も松方別邸を訪問した。松方は1924年に病没したが、その2年後、那須山麓に那須御用邸が建設されている。

山楽の前支配人で那須塩原市文化財保護審議会委員の高根沢広之《たかねざわひろゆき》さんは「山楽では、摂政宮殿下の那須ご訪問が御用邸造営のきっかけになったと伝わっている。ご訪問を導いたのは松方だろう。塩原御用邸として献上された別荘を建てた同じ薩摩出身の三島通庸を意識したのではないか」とみている。

栃木県初の工業学校長・近藤徳太郎

織物のまち足利の大恩人

渡良瀬川とその支流の蓮台寺川の間にある足利市今福町の住宅街には、「織物のまち足利」の出発点になった一角がある。

1885（明治18）年、この地に足利の人々が「足利織物講習所」をつくり、後に栃木県が講習所を母体に「県工業学校（後の足利工業高）」を創設した。

足利織物は1859（安政6）年の横浜開港後、安価な輸入綿糸の活用によって隆盛をみたが、『近代足利市史』などによると、出荷額の増加に伴って粗製乱造に走る業者が出たほか、松方デフレの影響もあり一時、輸出が停滞した。

その黎明期に、県工業学校の初代校長として迎えられたのがフランス留学を経て京都に戻っていた繊維技術者近藤徳太郎《こんどうとくたろう》だった。足利工業高教頭の大河原《おおかわら》

＊**足利工業高等学校**
〒326-0817 栃木県足利市西宮町2908−1
【交通】JR両毛線足利駅・東武足利市駅から徒歩25分。足利IC・太田桐生ICから車で15分

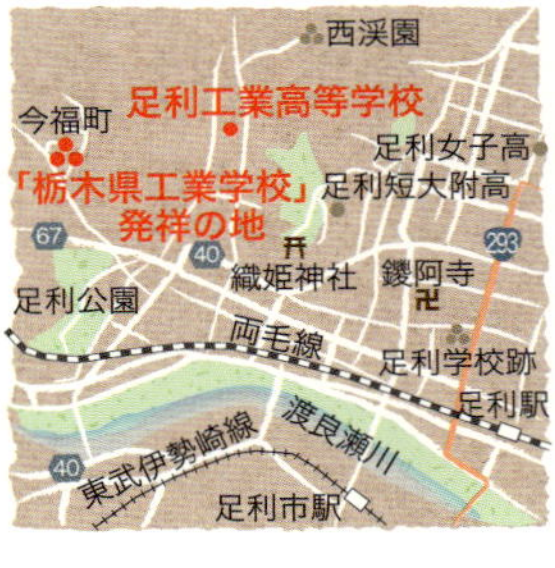

近藤徳太郎（前澤輝政さん著『近藤徳太郎　織物教育の先覚者』から転載）

啓守《ひろし》さんは「22年間も学校長を務めるなどして足利の織物を世界で通用するものにしようと意気込み、足利を『織物のまち』と位置づけさせた」と説明する。

足利織物の歴史は奈良時代までさかのぼる。8世紀に「足利産の織物が朝廷に献上された」と『続日《しょくに》本紀《ほんぎ》』にあり、鎌倉時代の吉田《よしだ》兼好《けんこう》『徒然草』にも「足利の染め物」が登場する。

ただ商品としての足利織物が成立するのは、江戸中期だったという。足利市の歴史研究者日下部《くさかべ》高明《たかあき》さんの著書によれば、「きるい」と呼ばれた絹綿の着尺織物が商品化されて全国に出荷され、高い評価を得た。

明治に入って外国製の安価な綿糸が出回るようになると、足利の織物業者はこれを買い入れて絹綿交織物の生産を拡大する。1874（明治7）年の「府県物産表」をみると、栃木県は絹織物、綿織物、絹綿交織物を生産し、全国の織物生産額の13％余りを産出する国内有数の織物県であり、足利はその中心にあった。

1885（明治18）年には内外の若者に近代的織物技術を学ばせるため、渡良瀬川左岸の今福町に足利織物講習所を創設。後に足利銀行を設立し、地元業者の資金不足を支えた荻野万太郎《おぎのまんたろう》は講習所の1期生だった。そして1888年に両毛鉄道会社が足利―小山間で営業を始めると、海外向けの絹織物が国内を上回り、足利織物は息を吹き返した。

この立役者が栃木県工業学校の初代校長兼県技師の近藤徳太郎である。徳太郎は京都のフランス学校で製糸や撚糸《ねんし》、養蚕を学んだほか、絹織物の産地として著名なフランス・リヨンの織物工場やイタリア、スイスで現場実習を受け、帰国後、京都府織殿長、京都織物株式会社の織物部技師長、さらに京都市染織学校で教壇に立つなどした。

そして1895（明治28）年、県立移管となった栃木県工業学校初代校長として足利にやって来た。40歳までを京都とのかかわりの中で暮らし、京都復興の担い手として

1895年、足利市今福町に設立された栃木県工業学校（県立足利工業高提供）

足利市今福町の「栃木工業学校」発祥の地に立つ記念モニュメント

嘱望されていた徳太郎は、どうして北関東の機業地に赴任してきたのか。

足利工業高の卒業生で、県文化財調査研究会委員を長く務めた歴史研究者前澤輝政《まえざわてるまさ》さんは著書の中で「東国行きを決意させた心中には、5年前に京都織物会社を解雇された無念さがくすぶっていたのではないか」と推測している。

足利の産業界、栃木県の強い要請、農商務省の斡旋《あっせん》も心を動かしたかも知れない。日下部さんの研究論文によると、徳太郎の月給は80円で、この年に設立された足利銀行の頭取荻野万太郎の月俸15円を大きく上回る破格の待遇だった。

徳太郎は22年間、校長兼教師として工業教育の確立、織物技術の近代化指導に情熱を注いだ。

1904(明治37)年には栃木県技師にも任じられ、本県全域の織物・繊維産業振興にかかわった。前澤さんは「教育熱心な教師であり校長だった。農商務省の博覧会審

●近藤徳太郎 関連年表

1856(安政 3)	京都中京東洞院六角堂で誕生
1874(明治 7)	京都仏学校卒業
1875(明治 8)	京都府の内命で東京の勧業寮試験場で製糸、撚糸、養蚕業を修める
1877(明治10)	京都府官費生として仏国に留学
1889(明治22)	京都織物会社織物部長に就任
1890(明治23)	京都織物会社を退職。京都西陣の川島織物織場長に就任
1894(明治27)	京都市染織学校の教師に
1895(明治28)	栃木県工業学校(現足利工高)の校長兼教員に
1904(明治37)	栃木県技師に任じられる
1917(大正 6)	栃木県工業学校を退職。横浜撚糸織物会社を創立し取締役に
1920(大正 9)	横浜撚糸織物会社を退社。11月に逝去

＊足利工業高の本館前には、教え子たちが立てた栃木県工業学校初代校長近藤徳太郎の胸像がある

議官、県の図案調整所長、繊維関係の審査長を務め、両毛地方の起業家たちの良き指導者でもあった」と振り返っている。

そして1917（大正6）年の退職と同時に旧友と横浜撚糸織物株式会社を創設し、絹織物の会社経営を試みたが1920年4月、病のため退社し、11月に亡くなった。学校東側の長林寺に葬られている。

足利工業高の創立110周年の折に徳太郎の伝記を著した前澤さんは、末尾に「余人をもって代え難い貴重な人物であり、栃木県、両毛機業地、特に足利では忘れてはならない大恩人である」と記している。T

サイドヒストリー

瓦全、文化財保護に情熱

足利市は考古学の分野でも本県の草分け的存在の丸山《まるやま》瓦全《がぜん》（１８７４〜１９５１年）を輩出している。

瓦全については昨年、県考古学会顧問の竹澤謙《たけざわけん》さんが『とちぎの知の巨人』と題する評伝を出版するなど、県内から再評価の動きがある。

彼は油店経営の傍ら、文化財の調査研究を進め、史跡足利学校、日光杉並木街道の保護を訴えるなどして「文化財保護の鬼」といわれた。

最も知られているのは１９１９（大正８）年に佐野市の寺院でオランダの人文学者エラスムス立像を発見、保護したことだろう。

もともとエラスムス立像は１６００（慶長５）年、ウィリアム・アダムス（三浦按針《みうらあんじん》）らが乗船し、大分県に漂着したオランダ船リーフデ号の船尾に飾られていた。オランダの木像としては最古とされ、オランダ政府から返還を求められいたが、竹澤さんによると瓦全の流

丸山瓦全（丸山直樹さん蔵）

エラスムス立像（龍江院蔵）

出阻止活動もあって戦前の国宝に指定され、国内にとどまった。

瓦全は1922（大正11）年に塩谷町の佐貫石仏（国史跡）も発見した。当時から瓦全はこの石仏を「数十尺の金剛界の大日如来坐像《ざぞう》」と指摘していたが、その90年後の県立博物館によるレーザー計測調査で瓦全の知見の正しさが確認されている。大田原の上・下侍塚古墳を調査し、1925年に日本で最初に「前方後方墳」と名付けたのも瓦全だった。彼は戦中の金属類回収令を受けて、下野新聞に「梵鐘《ぼんしょう》献納について」寄稿し、銘文の記録保護を呼びかけてもいる。

竹澤さんは「こうした実績を残せたのは、地元足利や県内だけでなく、高橋健自《たかはしけんじ》や柳田国男《やなぎだくにお》ら日本の考古学、民俗学研究者らとのネットワークを築いてきたことにある」と説明する。

上野文七郎らと商都宇都宮

"開化"象徴　大消費地に

宇都宮は明治後期の「第14師団」設置によって「商都」の名にふさわしい消費基盤を確立するが、それ以前の大きな転機が１８８４（明治17）年の栃木町からの県庁移転であった。

宇都宮への県庁移転を断行した３代県令三島通庸は、同時に諸官庁・学校の移転や建築を行う。さらに屈曲していた陸羽（奥州）街道を直線に造り替えて「大通り」を開通させ、大通りと交差する宇都宮二荒山神社の馬場を改修したという。

１８８５（明治18）年には東北本線が宇都宮まで延伸する。宇都宮市発行の『うつのみやの歴史』は「町の景観を一変させ、消費人口を増大させた」としている。

県歴史文化研究会元常任委員長の大嶽浩良さんは「三島は宇都宮駅開設を見越し、意図的に新たな街を造ろうとした」と解説する。

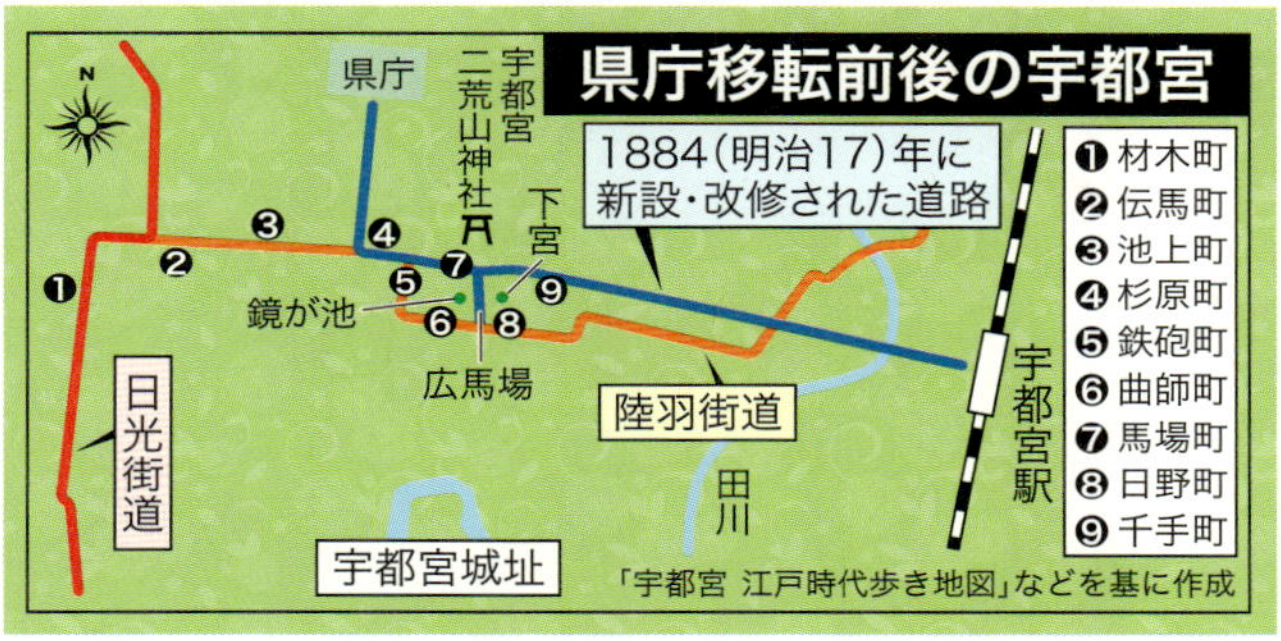

三島は1884（明治17）年11月に内務省へ転出するが、その後、宇都宮は三島が意図した都市構想が機能しだす。

それまで日光、陸羽両街道の宿場の面影をとどめる繁華街だった池上町や材木町から、人の流れが二荒山神社前の広小路「広馬場」に移る。大通りは呉服太物商、洋服商や荒物商などが次々と出店した。

下野新聞は1887（明治20）年の招魂社（下宮）例祭のにぎわいを報じた記事の中で、広馬場を中心に千手町、曲師町、鉄砲町など「寸地あまさずの人出」と記している。別の記事では、この近辺の洋品店、洋酒店について「欧米の物品を扱うだけに開化商人というべきか」と報じた。

広馬場は時計、洋服、牛鍋、パン店をはじめ、バリカンを使った理髪所など文明開化を象徴する商品や技術を扱う見世が集まった。壬生町の郷土史研究家藤田《ふじた》好三《こうぞう》さんは「芝居小屋など興行も盛んに行われ、県内随一のにぎわいをみせた」と話す。にぎわい創出に貢献した一人に地元・鉄砲町の名主上野文七郎がいる。文七郎は、家伝の薬種商とともにガラスや洋酒の販売を手がけた〝開化商人〟で、宇都宮市の上野記念館の史料によると、栃木の片岡写真館と並ぶ明治黎明期の本格的写真館主でもあった。

三島は県令を務めた山形、福島、栃木の土木事業の成果を文字、写真、絵画で記録しているが、栃木・福島の写真97点は文七郎が撮影したとされる。

宇都宮の人々はこの時代、宇都宮二荒山神社の社格回復運動と栃木町からの県庁移転請願運動に取り組んでいた。河内郡長の川村伝蔵、鉄砲町の豪商鈴木久右衛門《すずききゅううえもん》らと協力して奔走した中に、文七郎もいた。川村は鬼怒川左岸で大嶹商舎を経営し、鈴木は自宅が明治天皇の行在所となるほどの実力者だった。

県庁移転から約20年後、今度は商業者らによる強力な要望活動が実って第14師団が誘致されると、大きな消費力が生まれる。宇都宮駅前は運送業が栄え、師団の影響もあって旅館や土産店が立ち並んだ。

この頃、銀行・会社の事務所は大通りに集中し、呉服店と西洋洗濯店、ちょうちん

宇都宮二荒山神社前のバンバ通り。左のはんこ店「鏡池堂」は1875（明治8）年創業で、当時と同じ業態で営む数少ないしにせだ

店とランプ商など新旧業種が混在し、近代都市に向かうきざしが表れた。

『うつのみやの歴史』によれば、師団誘致後の１９１０（明治43）年、宇都宮市の商業者は全人口の52％を占めた。鉄道など交通機関の発達もあって、鹿沼や真岡など周辺の人々を集客する一大消費地となった。

そして、「商都」の象徴として１９２５（大正14）年、本格的な百貨店の先駆けとなる上野呉服店馬場町支店（上野百貨店）が開業した。文七郎の一族ではないとされるが、3代目社長上野《うえの》修二郎《しゅうじろう》さんは「開店して6カ月間、国鉄駅からバンバ（広馬場）に向かって人波がアリの行列のように続いた」と盛況ぶりを語った。

一方、『宇都宮市史』によると、第1次大戦による景気の反動などで不況が慢性化し、宇都宮の商業者にも大きな打撃を与えた。

大嶽さんは「第2次大戦前まで激しい景気変動があったが、宇都宮は第14師団が安定した消費集団となったことで、打撃を軽減できた面はある。工業の振興が遅れたため、商業に活路を見いだそうとした宇都宮は消費都市として近代化を歩んだ。上野百貨店が広馬場にできたことでにぎわいが決定的になり、それは戦後まで続いていった」と話す。K

大正時代の宇都宮二荒山神社前大通り。
神社の鳥居が見え、その東隣に３階建ての上野呉服店馬場町支店が立つ
（「写真でつづる宇都宮百年」から転載）

銀行設立、瀧澤ら尽力

殖産興業を進める明治政府は金融制度の確立を急いだ。そのため国立銀行の設立が相次ぎ、その波が私立銀行に移ると、1890（明治23）年の銀行条例制定を機に銀行興隆の第2期を迎えた。宇都宮では翌1891年、宇都宮初の地方銀行「下野銀行」が開業する。

『うつのみやの歴史』によれば、発起人は宇都宮や県北東部の有力者たちで、初代頭取は県北の実業家矢板武が就いた。取締役には、第四十一国立銀行（栃木町）の頭取となった氏家の大地主瀧澤喜平治《たきざわきへいじ》も名を連ねた。

この頃まで県内の銀行設立は、第四十一国立銀行や佐野銀行など県南地方に集中しており、県央、県北への金融機関の必要性も出てきていた。さくら市の学芸員池田真規《いけだまき》さんは「矢板、瀧澤らは下野銀行を足がかりに県央、県北地域を発展させたいとの思いが強かった」とみている。

下野銀行は、積極的に経営を展開し貸出金は堅調に伸びた。『足利銀行史』によると、ピークの1922（大正11）年は約1370万円に達した。宇都宮市の1922年度予算約75万円の18倍の額に相当する。

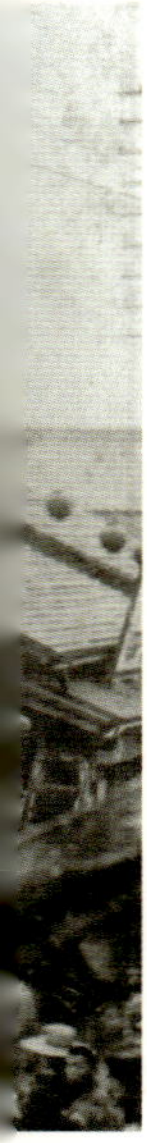

　宇都宮には、下野銀行設立から5年後に第2の地方銀行として宇都宮銀行、次いで栃木県が設立準備を進めた半官半民の県農工銀行が創立する。さらに地元の豪商らによって地方銀行の設立が相次ぎ、大正初期には7行ほどが営業した。

　しかし、戦争などの影響で好況、不況を繰り返す景気の荒波にもまれ、地方銀行は倒産、合併を余儀なくされた。下野銀行は日光の西沢金山への不良貸しなどが響いて体質が悪化し、1928（昭和3）年、ついに解散した。

1891（明治 24）年、宇都宮・大工町に開業した下野銀行。県央、県北の人々を中心に創設された（さくら市ミュージアム–荒井寛方記念館所蔵）

明治維新150年

小藩分立 荒波越え栃木県に

「明治150年」の節目の年に、戊辰戦争に関係した鹿児島や佐賀、福島などを歩いた。江戸幕府を倒した「薩長土肥」の中心にいた薩摩藩の拠点地周辺には多くの観光客が訪れ、至る所に「維新150年」と書かれたのぼり旗が立っていた。

鹿児島では1877（明治10）年の西南戦争で親子兄弟が敵味方に分かれて激戦を繰り広げた。地元の人々は戦死した薩軍の西郷隆盛を神様のように扱い、西南戦争の翌年、東京・紀尾井町で凶刃に倒れた内務卿大久保利通ら政府軍の鹿児島出身者とは距離を保った。栃木県令になった三島通庸に至っては知らない人が少なくない。

しかし今では洋装姿の大久保像が甲突川にかかる橋の上に立ち、2年前には西郷南洲顕彰館前に「恩讐を超えて」という碑もできた。鹿児島市維新ふるさと館特別顧問の福田賢治さんは「それ以来、大分わだかまりが消え、三島ら鹿児島から出て行った人た

ちへの理解も進んだ」と説明する。

　戊辰戦争で「朝敵」とされた会津若松にものぼり旗はあったが、こちらは「戊辰150年」だった。

　会津藩は新政府軍から賊軍の首魁《しゅかい》とみなされ、最後の将軍徳川慶喜よりも憎まれて標的とされた。栃木県出身の直木賞作家中村彰彦《なかむらあきひこ》さんは、福島民友新聞の連載で「幕末の藩主松平容保が京都守護職を務め、尊王討幕派の動きを圧迫し続けたからにほかならない」とその理由を説明している。

　若松城天守閣郷土博物館によると、会津藩は降伏の後に取りつぶされ、藩士たちはその後、本州最北端の下北半

2018年5月、会津若松市で開催された戊辰150周年記念歴史シンポジウム

島に与えられた新所領に移るなどして、悲劇的な運命をたどった。

容保は何度かの辞退の末、幕府のため、朝廷のためならばと京都守護職を受けた。経緯を知る孝明天皇は「朕《ちん》の存念貫徹の役、まったくその方の忠誠にて、深く感悦のあまり、右一箱これを遣わすものなり」と容保に直筆の手紙を下賜した。容保の没後、彼が人には見せずに大事に保管していたその「御宸翰」が見つかったという。

容保は孝明天皇が大きな信頼を寄せていた人物だったが、孝明天皇が逝去すると「朝

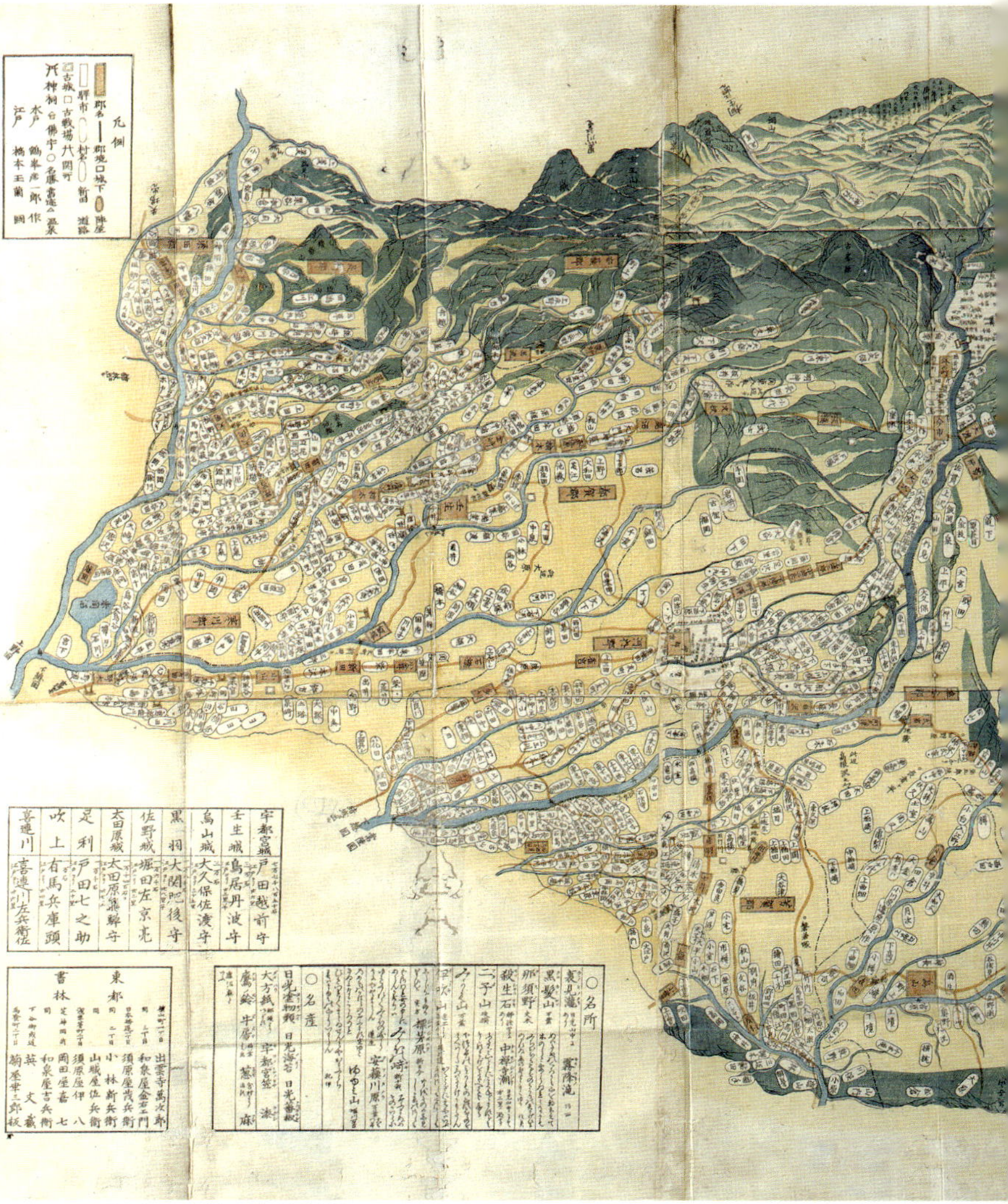

下野国全図（栃木県立博物館）

敵」になった。若松城天守閣郷土博物館副館長の中岡進さんは「会津藩は正義に基づいて戦ったが、結果として敗れ、日本史的には『賊軍』となった。歴史には表と裏があるのです」と指摘する。

栃木県では県立博物館がテーマ展「下野国から栃木県へ」を開催し、「栃木県誕生」の経緯を詳しく解説している。栃木県は小藩分立の地だったために時代の荒波にもまれ、戊辰戦争では戦場になった。

『栃木県史』によると、3万石以上は宇都宮藩（7万石）、壬生藩（3万石）、烏山藩（3万石）しかなかった。徳川氏の武将だった譜代はこの3藩に加えて足利（1・1万石）、吹上（1万石）、佐野（1・6万石）、高徳（1・1万石）の7藩で、大田原藩（1・1万石）、黒羽藩（1・8万石）、喜連川（5千石）の3藩は外様だった。

下野には古河（下総）や下妻（常陸）、秋田（出羽）、水戸（常陸）、会津（陸奥）など他国藩領が点在し、多数の旗本知行領があって錯雑としていた。

江戸の幕府に近い位置が、栃木県を恩賞の地にしやすかったのかも知れない。

徳川御三家の一つで隣接の水戸藩は35万石の大藩で、幕末の維新史で最初の火付け役になった。藩研究者の後裔《こうえい》である山川菊栄《やまかわきくえ》さんの著書によると、長州藩の吉田松陰《よしだしょういん》のよ

軍都宇都宮の面影を残す宇都宮中央女子高の「赤レンガ倉庫」

うな思想家でも、水戸学研究者の書を読んで尊王攘夷の思想を固めている。水戸藩は薩摩や長州より一歩も二歩も先んじていたという。

しかし幕末の水戸藩は天狗党と諸生党に割れるなどして内戦の末に人材を失い、維新の中心にはなれなかった。

譜代の宇都宮藩は、江戸の支配に加えてこの水戸藩の影響も受け、戊辰戦争では自らの態度をなかなか決められなかった。一方に付けば一方に攻められ、どうあっても厳しい末路しか想像できなかったからだ。

宇都宮藩は最終的に新政府側に

歴代栃木県知事（赤は薩長土肥出身の官選知事、青は公選知事）

代	氏　名	出身地	就任年月
1	鍋島　幹	佐　賀	1871（明治 4）年11月
2	藤川　為親	佐　賀	1880（明治13）年10月
3	三島　通庸	鹿児島	1883（明治16）年10月
4	樺山　資雄	鹿児島	1885（明治18）年 1月
5	折田　平内	鹿児島	1889（明治22）年12月
6	佐藤　暢	鹿児島	1894（明治27）年 1月
7	江木　千之	山　口	1897（明治30）年 4月
8	千頭　清臣	高　知	11月
9	荻野　左門	新　潟	1898（明治31）年 8月
10	溝部　惟幾	山　口	1899（明治32）年 1月
11	菅井　誠美	鹿児島	1902（明治35）年12月
12	白仁　武	福　岡	1904（明治37）年 1月
13	久保田政周	北海道	1906（明治39）年 8月
14	中山巳代蔵	岡　山	12月
15	岡田　文次	山　形	1911（明治44）年 8月
16	北川　信従	高　知	1914（大正 3）年 6月
17	平塚　広義	山　形	1916（大正 5）年 6月
18	山脇　春樹	京　都	1922（大正11）年10月
19	大塚　惟精	熊　本	1924（大正13）年 6月
20	藤岡　兵一	石　川	1926（大正15）年 9月
21	別府総太郎	山　口	1927（昭和 2）年 5月
22	藤山　竹一	佐　賀	1928（昭和 3）年 6月
23	森岡　二朗	奈　良	1929（昭和 4）年 7月
24	原田　維織	鹿児島	11月
25	浅利　三朗	岩　手	1931（昭和 6）年 1月
26	豊島　長吉	香　川	12月
27	半井　清	東　京	1932（昭和 7）年 6月
28	萱場　軍蔵	宮　城	1934（昭和 9）年 7月
29	松村　光磨	佐　賀	1936（昭和11）年 3月
30	足立　収	高　知	1937（昭和12）年10月
31	山県　三郎	東　京	1940（昭和15）年 4月
32	桜井安右衛門	東　京	1942（昭和17）年 1月
33	安積　得也	東　京	1943（昭和18）年 7月
34	相馬　敏夫	長　野	1944（昭和19）年11月
35	小川　喜一	徳　島	1946（昭和21）年 1月
36	池田　清志	鹿児島	1947（昭和22）年 3月
37〜38	小平　重吉（初代公選知事）	栃　木	4月
39	小川　喜一	徳　島	1955（昭和30）年 2月
40〜43	横川　信夫	栃　木	1959（昭和34）年 2月
44〜46	船田　譲	栃　木	1974（昭和49）年12月
47〜50	渡辺　文雄	栃　木	1984（昭和59）年12月
51	福田　昭夫	栃　木	2000（平成12）年12月
52〜	福田　富一	栃　木	2004（平成16）年12月

就いたため旧幕府軍に攻められ、宇都宮城は戦国時代末と同じように火の海になった。戊辰戦争と太平洋戦争で戦火に遭ったのは、河井継之助の長岡と宇都宮ぐらいだという。

明治の日本は欧米列強並みになることを目指し、軍事、産業力を強化しようとした。明治中期に入ると宇都宮は県令三島のもとで県都となり、明治末期には第14師団を迎え入れて軍都となっている。4万人ほどだった宇都宮の人口は軍と結びついて5万人を超え、商都として発展した。

栃木県の歴代官選知事は、36人のうち半数近い17人が「薩長土肥」の出身者だった。これは栃木県が首都東京と東北の間に位置し、徳川の神領日光を有する戦略的地域だったことと無関係ではないだろう。

県歴史文化研究会の元常任委員長大嶽浩良さんは「鹿児島のように江戸から離れた大名ほど伸び伸びと統治し力をつけたが、栃木県はそういう歴史的背景もあって官民一体の国づくりができなかった。だから『おらが国』と自慢して語ることが少ない。しかしもともと深い歴史があり、文化的素養のある地域も少なくない。これからは時間をかけてアイデンティティーを高めていくことが大切ではないか」と訴える。T

あとがき

足で書いた栃木県誕生の系譜

本書は特別編集委員の綱川栄氏と樺沢修氏が、明治維新一五〇年を記念して本県の誕生を40回に分けて叙述したものである。従来のシリーズより紙面も拡大され、幕末維新期から明治時代にかけて本県政治史を第1部「新政府軍と旧幕府軍」、第2部「藩から県へ」、第3部「剛腕県令」、第4部「近代化を担った人々」の4部に分け、本文にサイドヒストリーと名打ったコラムを加え論述したものである。

特徴の第一はこの間の研究動向を的確につかみ、わかりやすく平易な表現で読者に伝えたことである。たとえば「新政府軍と旧幕府軍」の中の「黒羽藩主の死」では、従来自殺説、事故死説、他殺説と混沌としていた大関増裕の死を、城代家老浄法寺高譜日記から研究者の間では最近は他殺説が強いと紹介したこと等である。

第二は全国各地にわたる広範囲な取材を展開したことで、東京はもとより、新潟・福島・宮城・長崎・

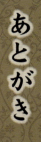

大阪・佐賀・長崎・鹿児島・宮崎・山形・茨城・群馬など都府県の研究者を訪ね現地を歩いた。新聞記者ならではの足で書いた歴史叙述である。第3部の「剛腕県令」のところでは、三島通庸の県政の原型を宮崎県都城での地方長官時代にあったとするなど原点に遡る一方、民権運動弾圧者としての政治家の側面に加え、道路開削や那須野ヶ原開拓そして遷都建議など多面的な三島像を提供している。

本書にはこの他に宇都宮での戊辰戦争が描かれている。土方歳三隊による放火で町の大半が焼かれ、宇都宮城も焼失し、宇都宮藩側が敗北した事件である。宇都宮町（市）が戊辰戦争とアジア・太平洋戦争によって二度も兵火を受けたことはよく知られた事実であるが、戊辰戦争ではどのようにして焼かれたのかはあまり知られていない。町が焼かれると文化・行政・経済面で断絶に近い停滞が見られ、市民の歴史意識にも同じ傾向が生じ、歴史を尊び伝承していこうとする気風が希薄化するなど、物質面だけでなく精神文化面での損失は計り知れないものがある。

こうした傾向を克服し、歴史のアイデンティティーを確立し、県民の歴史意識の向上に寄与していくことは重要な作業であるが、それは何よりこのようなシリーズが様々に展開されることで醸成されていくことを確信している。

元栃木県歴史文化研究会常任委員長　大嶽 浩良

明治維新150年 栃木県誕生の系譜 関連年表

赤文字＝栃木県関連人物・項目
青文字＝栃木県外関連項目

西暦	年号	事項
1828	文政11	高橋由一、佐野藩の江戸藩邸に生まれる
1832	天保3	古河市兵衛、京都で庄屋・木村家の次男として生まれる
1835	天保6	三島通庸、薩摩国鹿児島郡武村上之園に生まれる
1836	天保7	高橋由一、佐野藩主掘田正衡の近習を務める
1837	天保8	大関増裕、遠州横須賀城に生まれる
1842	天保13	北島秀朝、武茂郷の神官の次男として生まれる
		古河市兵衛、家業を助け豆腐の行商を始める
1850	嘉永3	星亨、江戸で生まれる
		三島通庸、薩摩藩の上之園郷中に入る
1853	嘉永6	ペリー浦賀に来航（6月）
1855	安政2	三島通庸、上之園郷中で喧嘩となり、隈之城に送られる
1856	安政3	近藤徳太郎、京都中京東洞院六角堂で生まれる
1858	安政5	水戸藩に「戊午の密勅」降る（8月）
		安政の大獄始まる（9月）
		古河市兵衛、古河家の養子となり市兵衛と改名
		北島秀朝、馬頭郷校で尊王攘夷の思想を学ぶ
1859	安政6	徳川斉昭に国許永蟄居の命（8月）
1860	万延元	大老井伊直弼、水戸藩浪士らに暗殺される（桜田門外の変）（3月）
		徳川斉昭、水戸城に没す（8月）
1861	文久元	水戸藩士、江戸の英国公使館を襲う（東禅寺事件）（5月）

西暦	和暦	事項
1862	文久2	宇都宮藩、幕府からのアメリカ公使館警護の命令を拒否（8月） 大関増裕、大関家の養子となり家督を継ぐ（10月） 皇女和宮の降嫁を勅許（10月） 宇都宮藩主侍講を務めた大橋訥菴ら捕縛される（11月） 老中安藤信正、水戸・宇都宮藩士に襲われる（坂下門外の変）（1月） 宇都宮藩、幕府から山陵修補の許可を得る（閏8月） 宇都宮藩、山陵修補開始。戸田忠至が山陵奉行となる（10月） 大関増裕、陸軍奉行に就任（12月） 古河市兵衛、豪商「小野組」に入り、生糸買い付け方を一任される 島津久光が藩兵率いて入京。三島通庸も従う。寺田屋騒動に連座
1863	文久3	大関増裕、病気を理由に幕府公職を辞す（3月） 大関増裕、学問所（作新館の前身）に関する規定を発する（6月） 大関増裕、黒羽藩内で洋式砲術を開始（6月） 薩英戦争（7月） 会津・薩摩藩が公武合体派と結び宮中の尊攘派追放（8月18日の政変） 北島秀朝、香川敬三らと上洛
1864	元治元	天狗党、攘夷を訴え筑波山に挙兵（3月） 天狗党が宇都宮に入り、宇都宮藩に攘夷決起への同調求める（4月） 天狗党の分派、栃木町を焼き打ち（6月） 第1次長州征討（7月） 禁門（蛤御門）の変が起きる（7月） 天狗党、加賀藩に投降（12月） 北島秀朝、脱藩し西国に逃れる
1865	元治2	天狗党不始末により宇都宮藩主戸田忠恕が隠居・謹慎となる（1月）

年表

1865	元治2	幕府、天狗党の武田耕雲斎ら352人を敦賀で処刑（2月）
	慶応元	宇都宮藩、幕府から奥州棚倉へ国替えを命じられる（3月）
		大関増裕、海軍奉行に就任（7月）
		宇都宮藩、山陵修補の功により棚倉国替え中止（10月）
		宇都宮藩の山陵修補が完成（12月）
1866	慶応2	坂本龍馬の仲介で薩長同盟が成立（1月）
		宇都宮藩戸田忠至が1万石分与され、高徳藩成立（3月）
		大関増裕、黒羽藩に農兵制を設ける（3月）
		第2次長州征討（6月）
		黒羽藩領内で百姓一揆がおこる（11月）
		孝明天皇が崩御（12月）
		高橋由一、横浜に英国人報道画家C・ワーグマンを訪ねて入門
		北島秀朝、香川敬三の手引きで岩倉具視を訪問。以降、岩倉の側近となる
1867	慶応3	大関増裕、若年寄（海軍副総裁、海軍奉行兼務）となる（1月）
		徳川慶喜が大政奉還（10月）
		大関増裕、黒羽領内で狩猟中に急死。王政復古の大号令（12月）
1868	慶応4	鳥羽・伏見の戦い（戊辰戦争始まる）（1月）
		徳川慶喜、上野寛永寺で謹慎。恭順に不満を持つ幕臣たちは独自行動を取る（2月）
		新政府の奥羽鎮撫軍、仙台に入る（3月）
		輪王寺宮、駿府で官軍大総督有栖川宮と会談（3月）
		神仏分離令が出される（3月）
		宇都宮藩が新政府軍の派遣を要請（3月）
		江戸無血開城（4月）
		新政府軍と旧幕府軍が小山、宇都宮、安塚などで戦う（4月）

明治元

東照宮御神体、会津へ向かう（4月）
旧幕府軍、今市から日光へ。そして日光を退去（4月）
鎮撫軍下参謀世良修蔵討たれる。白河口の戦い始まる（閏4月）
新政府軍、上野の彰義隊を総攻撃。輪王寺宮、上野から逃れる（5月）
奥羽越列藩同盟が成立（5月）
古河に下総野鎮撫府設置（5月）
佐賀藩兵らが真岡代官所を襲撃し代官らを処刑（5月）
鎮撫総督九条道孝ら、仙台を発ち秋田へ向かう（5月）
黒羽藩、奥州出陣（5月）
奥羽北越同盟軍政総督府「討薩の檄文」を発する（6月）
下野知県事を創設。鍋島道太郎（後に貞幹）を知県事に任命（6月）
下総野鎮撫府、古河から宇都宮へ（6月）
鎮撫総督九条道孝、秋田に入る（秋田藩、同盟を離脱）（7月）
輪王寺宮、仙台城下の仙岳院に入る（7月）
輪王寺宮、白石（宮城）に移る。奥羽越公議府できる（7月）
米沢藩、降伏を申し入れる（8月）
会津戦争（8月）
明治に改元（9月）
仙台藩、降伏を申し入れる（9月）
会津藩降伏（9月）
庄内藩、降伏を申し入れる（9月）
三島通庸、戊辰戦争で越後、会津を転戦。10月、藩の会計・民事奉行に
北島秀朝、江戸遷都の建白書を岩倉に提出
東照宮御神体、日光へ還座（11月）

1869 明治2
日光県設置（2月）
五稜郭の戦い（5月）
箱館の榎本軍が降伏（戊辰戦争終了）（5月）
黒羽藩、新政府から永世禄1万5千石が与えられる（6月）
版籍奉還。諸藩が土地と人民を返還（6月）
都城島津家の幼君元丸が鹿児島に移住。三島通庸が都城の地頭になる

1870 明治3
喜連川藩、日光県に合併（11月）
北島秀朝、下総開墾事業を推進

1871 明治4
近代社格制度で宇都宮二荒山神社が「国幣中社」に（5月）
第1回廃藩置県を断行。全国3府302県に（7月）
三島通庸、東京府権参事（後に参事）（11月）
第2回廃藩置県。下野国内は栃木県と宇都宮県に整理統合（11月）

1872 明治5
北島秀朝、和歌山県権令に
三島通庸、銀座煉瓦街の建設にあたる
新橋―横浜間に日本初の鉄道が開業
三島通庸、教部省出仕（11月）

1873 明治6
宇都宮二荒山神社、「県社」に降格。日光二荒山神社が「国幣中社」に（2月）
栃木県と宇都宮県が合併し、栃木県となる（6月）

1874 明治7
征韓論で下野した板垣退助らが民撰議院設立建白書を提出（1月）
北島秀朝、佐賀県令に（4月）
星亨、大蔵省で横浜税関長。9月に英国留学
豪商・小野組が閉店
三島通庸、酒田県令（教部大丞兼任）（12月）

1875 明治8
三島通庸、酒田県を鶴岡県に改め県庁を鶴岡県に（8月）

西暦	和暦	事項
1876	明治9	古河市兵衛、新潟・草倉銅山の経営に着手 高橋由一、京都博覧会に「鮭」、わが国初の洋画展に「乾魚図」を出品 安生順四郎ら県内有志が上京、旧幕臣などに日光の社寺保全を相談（保晃会関連） 近藤徳太郎、京都府の内命で東京の勧業寮試験場で製糸、撚糸、養蚕業を修める 北島秀朝、長崎県令となる（5月） 三島通庸、統一山形県令（初代）（8月） 新田郡など上野三郡、栃木県から群馬県に帰属（8月） 三島通庸、栗子山隧道着工（～明治13年10月）（12月） 満願寺（輪王寺）三仏堂が解体される（保晃会関連） 明治天皇巡幸、三仏堂の旧観維持のためお手許金を下賜（保晃会関連）
1877	明治10	西南戦争始まる。9月に西郷隆盛が自刃し西南戦争終わる（2月） 山形県庁舎が落成（三島通庸、酒田・鶴岡・山形県令時代）（11月） 縣信緝らが内務省に出頭し、宇都宮二荒山神社復格運動を始める（12月） 古河市兵衛、足尾銅山を買収（共同経営） 近藤徳太郎、京都府官費生として仏国に留学 星亨、英国で法廷弁護士の資格を取得し帰国。後に代言人（弁護士）に 宇都宮二荒山神社の社殿（現在の本殿）竣工 北島秀朝、コレラに感染し長崎に没す（10月）
1878	明治11	大久保利通が暗殺される（5月）
1879	明治12	宇都宮二荒山神社「式外社」を取り消し（5月） 安生らが政府高官に日光の保存を求める（保晃会関連） 保晃会発足
1880	明治13	集会・結社の自由を規制した集会条例公布（4月） 渋沢栄一が足尾銅山の経営に参加

1880 明治13

高橋由一、宮城県博覧会で一等賞牌を受ける。この年「明治天皇御影」上納
保晃会、東京に出張所を設ける
保晃会会長に元会津藩主の松平容保東照宮宮司を選出

1881 明治14

板垣らが自由党を結成。河野広中も結成に参画する（10月）
自由党福島部設立（12月）
縣信緝没する（59歳）（12月）
高橋由一、三島の委嘱で「大久保利通像」「上杉鷹山像」などを描く
日本鉄道会社創立

1882 明治15

三島通庸が福島県令となる（山形県令兼任）（1月）
大隈重信らが立憲改進党結成（3月）
永井貫一、公式の場で宇都宮への県庁移転を論じる（4月）
星亨、自由党に入党（5～6月）
三島通庸、山形県令解任。福島県令専任に（7月）
川村伝蔵ら県庁移転請願運動の準備始める（7月）
栃木町有志、署名を付け県庁据置の請願書を提出（12月）
川村らが内務省に県庁移転の請願書を提出（12月）
会津三方道路の工事強制に反対する農民らが蜂起、多数の自由党員が逮捕される（福島事件）（11～12月）

1883 明治16

宇都宮二荒山神社「国幣中社」に復格（5月）
三島通庸が栃木県令となる（福島県令兼任）（10月）
栃木県令藤川為親、島根県令に転出（10月）
川村伝蔵、町民有志に県庁移転の際の献金の必要性を説く（11月）
高崎線　上野―熊谷間開業

1884 明治17

栃木県庁、栃木町から宇都宮町に移転。河内郡役所を仮県庁に（1月）
宇都宮二荒山神社臨時大祭。「ひっくりかえるような大祭礼」に（3月）

		自由党急進派が茨城県で蜂起する（加波山事件）（9月）
		自由党解党（10月）
		三島通庸、内務省土木局長に（11月）
		古河市兵衛、足尾銅山にて大鉱脈発見
		高橋由一、三島通庸の委嘱で栃木、福島、山形県の新道200図を写生する
1885	明治18	那須疏水開削の国費が付く（4月）
		星亨、4月に新潟で入獄し、10月に満期出獄
		高橋由一、「山形市街図」などを描く。石版画『三県道路完成記念帖』上梓
		東北本線　大宮―宇都宮間開業（7月）
		三島通庸、警視総監に（12月）
1886	明治19	内閣直属の臨時建築局を設置（2月）。三島通庸、副総裁に就任（7月）
		三島通庸、東京近傍への首都機能移転を提言（12月）
		東北本線　宇都宮―黒磯間開業
1887	明治20	星亨、本籍地を宇都宮へ
		両毛鉄道会社創立
1888	明治21	星亨、秘密出版事件で逮捕。石川島に入獄（7月）
		三島通庸、警視総監在職中に死去。54歳（10月）
		足尾銅山が古河家単独経営となる
		両毛鉄道　小山―足利間開業
1889	明治22	両毛鉄道　前橋まで全線開業
		近藤徳太郎、京都織物会社織物部長に就任
1890	明治23	近藤徳太郎、京都織物会社を退職。京都西陣の川島織物織場長に就任
1891	明治24	田中正造、帝国議会で足尾鉱毒事件を追及（12月）
1892	明治25	星亨、第2回総選挙で栃木1区より代議士に当選。衆議院議長に就任（2月）

1893	明治26	星亨、衆議院議長不信任案可決。議長を除名される
1894	明治27	高橋由一、東京・根岸の自宅で死去。66歳
		近藤徳太郎、京都市染織学校の教師に
1895	明治28	近藤徳太郎、栃木県工業学校（現足利工高）の校長兼教員に
1896	明治29	第1回の「足尾銅山予防工事命令」（明治30年に完了）
		星亨、駐米公使に就く
1897	明治30	古社寺保存法成立（保晃会関連）
1898	明治31	星亨、不在のまま第5回総選挙で当選。駐米公使を免ぜられる。憲政党を創立し第2次山県内閣との提携を主導
1899	明治32	星亨、東京市議に当選
1900	明治33	星亨、立憲政友会結成に参画。第4次伊藤内閣で逓信相に就くも辞任
1901	明治34	星亨、東京市会議長に就任。市庁で刺殺される。52歳
1903	明治36	古河市兵衛、病気のため死去
1904	明治37	日露戦争始まる（2月）
		近藤徳太郎、栃木県技師に任じられる
1905	明治38	第14師団、九州小倉で編成される。宇都宮で師団誘致運動起こり12月、県議会が知事に意見書提出（4月）
1906	明治39	中将鮫島重雄が第14師団の師団長に（7月）
1907	明治40	第14師団の衛戍地を宇都宮に決定
1908	明治41	第14師団司令部などが宇都宮に入る（11月）
1909	明治42	第14師団、軍道両側に桜の苗木を植樹（5月）
1916	大正5	保晃会解散
1917	大正6	近藤徳太郎、栃木県工業学校を退職。横浜撚系織物会社を創立し取締役に
1919	大正8	第14師団、シベリア出兵（4月）
1920	大正9	近藤徳太郎、横浜撚系織物会社を退社。11月に逝去
1923	大正12	第14師団、関東大震災で帝都警備
1932	昭和7	第14師団、上海・満州を転戦

参考文献

足利銀行調査部 編 『足利銀行史』 足利銀行社 1985年

足利市教育委員会 編 『木村半兵衛の明治十六年の日誌』 足利市 2018年

足利市史編さん委員会 編 『近代足利市史 第一巻 通史編』 足利市 1977年

阿部昭・永村眞 編 『図説栃木県の歴史』 河出書房新社 1993年

雨宮義人 『宇都宮二荒山神社誌 資料編』 二荒山神社 1988年

荒川区立荒川ふるさと文化館 編 『三ノ輪の殿様―あらかわの大名屋敷』（企画展図録） 荒川区教育委員会 2016年

新川武紀 編 『郷土史事典 栃木県』 昌平社 1978年

荒川敏雄 『画聖 田崎草雲』 アポロン社 1972年

有泉貞夫 『星亨』（朝日評伝選27） 朝日新聞社 1983年

粟野町 編 『粟野町誌 粟野の歴史』 粟野町 1983年

石井孝 『戊辰戦争論』 吉川弘文館 1984年

石川明範 「公園・結社・社交 保晃会の設立から拡大期における諸問題」『歴史と文化』4 栃木県歴史文化研究会 1995年

石川健 「県印と県名文字」『栃木県立文書館研究紀要』11 栃木県立文書館 2007年

板垣退助銅像改修期成会 編 『板垣退助銅像修復の栞』 板垣退助銅像改修期成会 1990年

伊藤光一 『親憲法と日本のあゆみ 明治 大正』 日本専門図書出版 2005年

伊藤重男 「川村迂叟と大嶹商舎―宇都宮最初の近代工業の創始者」 『うつのみや重宝記』27 随想舎 1991年

稲葉誠太郎 編著 『稲葉重左衛門日記―水戸天狗党栃木町焼打事件』 ふろんてぃあ 1983年

茨城県 『茨城県史 近世編』 茨城県 1985年

今市市史編さん委員会 『いまいち市史 通史編4』 今市市 2004年

臼井祥朗 「大正天皇と塩原御用邸、三島別荘からの変遷」 『那須文化研究』28 那須文化研究会 2014年

宇都宮学園・文星芸術大学 編 『開化商人上野文七郎と写真館上埜』（企画展図録） 上野記念館 2018年

宇都宮市 編 『うつのみやの歴史』 宇都宮市 1984年

宇都宮市議会 編 『宇都宮市議会史 資料編1』 宇都宮市議会 1995年

宇都宮市史編さん委員会 編 『宇都宮市史 第6巻 近世通史編』 宇都宮市 1982年
『宇都宮市史 第7巻 近現代編1』 1980年
『宇都宮市史 第8巻 近現代編2』 1981年

宇都宮市馬場町々会誌発行委員会 編 『馬場町ものがたり なつかしのバンバと未来への夜明け』 宇都宮市馬場町々会 1981年

大分県宇佐市 編 『日本三大疏水の父 南一郎平』（宇佐学マンガシリーズ5） 梓書院 2016年

大岡力	『地方長官人物評』	長島為一郎	1892年
大嶽浩良	『下野の戊辰戦争』	下野新聞社	2011年
	『下野の明治維新』		2014年
大田原市加治屋自治会郷土誌編纂委員会 編	『加治屋郷土誌』	大田原市加治屋自治会	1981年
大田原市佐久山地区活性化協議会 編	『愛郷炉談 改訂版』	大田原市佐久山地区活性化協議会	2010年
大田原市史編さん委員会 編	『大田原市史 後編』	大田原市	1982年
大町雅美	『栃木県鉄道史話』	落合書店	1981年
	『栃木県の百年』	山川出版社	1986年
	『自由民権運動と地方政治 栃木県明治前期政治史』	随想舎	2002年
	『郷愁の野州鉄道 栃木県鉄道秘話』	随想舎	2004年
大山柏	『戊辰役戦史』上・下	時事通信社	1968年
小形利彦	『山形県初代県令三島通庸とその周辺 来形140年』	大風出版	2013年
小野崎敏 編	『小野崎一徳写真帖「足尾銅山」』	新樹社	2006年
小野寺時雄	『南洲公遺訓に学ぶ』	荘内南洲会	2007年
小山市史編さん委員会 編	『小山市史 通史編3 近現代』	小山市	1987年
柏崎市史編さん委員会 編	『柏崎市史 下巻』	柏崎市史編さん室	1990年
金井忠夫	「品川開墾(傘松農場)の成立と展開—在来農法の導入と品川(傘松)信用組合」『那須文化研究』3	那須文化研究会	1989年
日下部高明	『京都、リヨン、そして足利 近代絹織物と近藤徳太郎』	随想舎	2001年
	「近代足利の織物意匠と近藤徳太郎」『歴史と文化』13	栃木県歴史文化研究会	2004年
黒磯市誌編さん委員会 編	『黒磯市誌』	黒磯市	1975年
	『黒羽町誌』	黒羽町	1982年
黒羽芭蕉の館平成22年度企画展運営委員会 編	『黒羽藩主大関家文書の世界』(企画展図録)	大田原市黒羽芭蕉の館	2010年
群馬県企画部世界遺産課 編	『世界遺産 富岡製糸場と絹産業遺産群』	群馬県企画部	2016年
憲政記念館	「憲政の十傑 星亨」『憲政だより 時計塔』11	憲政記念館	2017年
高知市立自由民権記念館 編	『板垣退助展—板垣死すとも自由は死せず』(特別展図録)	高知市立自由民権記念館	1994年
国立国会図書館参考書誌部 編	『三島通庸関係文書目録』	国立国会図書館	1977年
小桧山六郎、間島勲 編	『幕末・会津藩士銘々伝』上	新人物往来社	2004年
小松裕	『田中正造の近代』	現代企画室	2001年
坂本俊夫	『宇都宮藩 高徳藩』	現代書館	2011年
佐賀県立図書館編	『佐賀県近世史料 第5編 第2巻』	佐賀県立図書館	2015年
佐々木克	『戊辰戦争 敗者の明治維新』	中央公論新社	1977年
佐藤国男	『三島通庸伝』	三島通庸伝刊行会	1933年
塩原町誌編纂委員会 編	『塩原町誌』	塩原町	1980年

茂野吉之助 編 『古河市兵衛翁伝』 五日会 1926年
篠崎学美 「三島通庸と道路開削写真展について―栃木県下諸景撮影を中心にして」ほか『栃木県立文書館研究紀要』4 栃木県立文書館 2000年
柴田豊久 「東照宮百話抄「東照宮御神体の奥州御動座事件」」『大日光』11 日光東照宮 1958年
柴田宜久 『明治維新と日光 戊辰戦争そして日光県の誕生』 随想舎 2005年
司馬遼太郎 『王城の護衛者』 講談社 1971年
下野新聞社 編 『二里山の星霜 栃木県議会百年外史』 下野新聞社 1979年
鈴木武史 『星亨』 藩閥政治を揺るがした男』 中央公論社 1988年
鈴木棠三・小池章太郎 編 『藤岡屋日記 第10巻 近世庶民生活史料』 三一書房 1991年
砂川幸雄 『運鈍根の男 古河市兵衛の生涯』 晶文社 2001年
仙台市史編さん委員会 編 『仙台市史 通史編6 近代1』 仙台市 2008年
太政官 編 『復古記 巻46』(東京帝国大学蔵版) 内外書籍 1929年
『復古外記 奥羽戦記第18』(東京帝国大学蔵版) 1930年
高根沢町史編さん委員会 編 『高根沢町史 第3巻 史料編3 近現代』 高根沢町 1997年
高橋哲夫 『加波山事件と青年群像』 図書刊行会 1984年
高橋文雄 『日本陸軍の精鋭「第14師団史」』 下野新聞社 1990年
高村功一 「東照宮の明治大修繕事業―保晃会の活動を中心として」『大日光』61 日光東照宮 1989年
高山慶子 「宇都宮藩戸田家と江戸の金主―豪商川村伝左衛門と名主の馬込勘解由」『近世下野の生業・文化と領主支配』 岩田書院 2018年
田島町史編纂委員会 編 『田島町史 第2巻 通史2 近世』 田島町 1988年
田辺昇吉 『北関東戊辰戦争』 松井ピ・テ・オ印刷 1982年
鉄道博物館学芸部 編 『OH! MIYA HISTORY』(企画展図録) 鉄道博物館 2015年
東京百年史編集委員会 『東京百年史第二巻』 東京都 1972年
東京大学史料編纂所 『維新史料綱要』 東京大学出版会 1938年
東武鉄道 『日光軌道史』 東武鉄道株式会社日光事業部 1968年
栃木郷土史編纂委員会 『栃木郷土史』 栃木市 1952年
栃木県立文書館 編 『「もの」づくりにかけた先人の想い―栃木の近代産業と交通の発達』 栃木県立文書館 2007年
栃木県 『栃木県会沿革誌』 栃木県会 1897年
栃木県史編さん委員会 編 宇都宮市
『栃木県史 史料編 近現代2』 1977年
『栃木県史 史料編 近現代5』 1975年
『栃木県史 史料編 近現代7』 1978年
『栃木県史 通史編5 近世2』 1984年
『栃木県史 通史編6 近現代1』 1982年
『栃木県史 通史編7 近現代二』 1982年
『栃木県史 通史編8 近現代三』 1984年

栃木県立博物館 編	『幕末の陸海軍を率いた黒羽藩主 大関増裕―動乱の幕末となぞの死』（企画展図録）	栃木県立博物館	2004年
	『栃木県立博物館研究紀要 人文』22		2005年
	「栃木の鉄道」『栃木県立博物館研究紀要 人文』31		2014年
	『宇都宮藩主 戸田氏―その歴史と文芸』（企画展図録）		2016年
栃木県立文書館 編	『栃木の人車鉄道』（企画展図録）	栃木県立文書館	2009年
とちぎ生涯学習文化財団しもつけ風土記の丘資料館	『前方後円墳の名付け親―蒲生君平と宇都宮藩の山陵修補』（企画展図録）	栃木県立しもつけ風土記の丘資料館	2005年
戸祭歴史セミナー	『戸祭地域の歴史再発見』	戸祭地域コミュニティセンター	2018年
中郷村史編纂委員会 編	『中郷村史』	中郷村史刊行会	1960年
中山義助 編	『河野磐州伝』上	河野磐州伝刊行会	1923年
那須塩原市那須野が原博物館 編	『近代鉄道事情―那須野が原に汽笛が響く』（特別展図録）	那須塩原市那須野が原博物館	2011年
	『近代を写実せよ。―三島通庸と高橋由一の挑戦』（特別展図録）		2014年
	『塩原温泉ストーリー』（特別展図録）		2016年
	『那須野が原に農場を―華族がめざした西洋』（特別展図録）		2018年
那須疏水百年史編さん委員会 編	『那須疏水百年史』	那須疏水土地改良区	1985年
西方兵衛	『足利織維産業の啓発者 足工初代校長近藤徳太郎伝』	近藤徳太郎伝刊行会	1996年
西那須野開拓百年記念事業推進委員会第一専門部会「印南丈作・矢板武」発刊専門委員編集執筆	『印南丈作・矢板武―那須野が原開拓先駆者の生涯』	西那須野町	1981年
西那須野町・尾崎尚文	『高橋由一と三島通庸』	西那須野町	1981年
西那須野町史編纂委員会 編	『西那須野町史』	西那須野町	1963年
西那須野町史編さん委員会 編	「西那須野町の交通通信史」『西那須野町史双書』6	西那須野町	1993年
	『西那須野町の開拓史』		2000年
日光市史編さん委員会 編	『日光市史』中・下	日光市	1979年
日本経営史研究所 編	『古河鉱業 創業100年史』	古河鉱業	1976年
日本公園緑地協会 編	『日光田母沢御用邸記念公園 本邸保存改修工事報告書』	栃木県土木部	2003年
野島幾太郎著、林基・遠藤鎮雄 編	『加波山事件 民権派激挙の記録』	平凡社	1966年
羽曳野市史編纂委員会 編	『羽曳野市史 第2巻 本文編2』	羽曳野市	1998年
	『羽曳野市史 第6巻 史料編4』		1985年
平田元吉	『三島通庸』	洗心書院	1898年
福島県高等学校地理歴史・公民科（社会科）研究会 編	『福島県の歴史散歩』（歴史散歩7）	山川出版社	2007年
福島県 編	『福島県史 第4巻 通史編4 近代1』	福島県	1971年
福島県白河市 編	『白河市史 第2巻 通史編2』	白河市	2006年
福田和美	「日光奉行所同心小林年保の明治維新―避暑地日光成立史・補遺」『大日光』69	日光東照宮	1999年
福田賢治	『維新を歩く（1） なぜ薩摩が維新で中心的役割を果たせたのか』	鹿児島市維新ふるさと館	2018年

藤井徳行　「明治元年・所謂「東北朝廷」成立に関する一考察 輪王寺宮公現法親王をめぐって」『近代日本史の新研究』1　北樹出版　1981年
藤田倉雄　『県令 北島秀朝』　北辰図書　1981年
藤田好三　『続佐賀藩の総合研究』　吉川弘文館　1987年
星亮一　『羽越列藩同盟 東日本政府樹立の夢』　中央公論社　1995年
前澤輝政　『近藤徳太郎 織物教育の先覚者』　中央公論事業出版　2005年
前田厚　『稿本都城市史』　都城史談会　1989年
幕内満雄　『評伝 三島通庸 明治新政府で辣腕をふるった内務官僚』　暁印書館　2010年
松平一郎　「日光と松平容保」『大日光』56　日光東照宮　1983年
丸山光太郎　『土木県令・三島通庸』　栃木県出版文化協会　1979年
水原町教育委員会 編　『水原郷土誌料 第三十集』　水原町教育委員会　2001年
水原町史編さん委員会 編　『水原町編年史 第一巻』　水原町役場　1978年
水戸市史編さん委員会 編　『水戸市史 中巻5』　水戸市　1990年
南日本新聞社 編　『鹿児島百年(中) 明治編』　謙光社　1967年
三春町 編　『三春町史 第3巻 近代Ⅰ 通史編3』　三春町　1975年
壬生町 編　『壬生町史 通史編2』　壬生町　1989年
宮城県史編纂委員会 編　『宮城県史』　宮城県史刊行会　1966年
宮のにぎわい山車復活プロジェクト　『弘化四年 宇都宮二荒山神社 御祭禮絵巻』　宮のにぎわい山車復活プロジェクト　2018年
ミュージアム氏家 編　『瀧澤喜平治の華麗なる実業家ライフ』(企画展図録)　ミュージアム氏家　2002年
村上喜彦　『明治百年野州外史』　下野新聞社　1969年
真岡市史編さん委員会 編　『真岡市史 第7巻 近世通史編』　1988年
『真岡市史 第8巻 近現代通史編』　真岡市　1988年
森鷗外　「能久親王事蹟」『鷗外歴史文学集』1　岩波書店　2001年
安岡章太郎　『流離譚』　新潮社　1993年
山形県　『山形県史 第4巻 近現代編 上』　山形県　1984年
山川菊栄　『覚書幕末の水戸藩』　岩波書店　1991年
山澤学　「日光東照宮別所大楽院考」『大日光』82　日光東照宮　2012年
吉村彰　『彰義隊』　新潮社　2008年
渡辺文雄　『続・地酒で乾杯―21世紀"とちぎ新時代"をめざして』　ぎょうせい　1996年

◆デスク　宇賀神 いづみ

◆執筆・写真　綱川 栄／樺沢 修

◆図　版　稲葉 明男

◆編　集　桑原 純子

◆装　丁　imagical（イマジカル）

明治維新《めいじいしん》150年《ねん》 栃木県誕生《とちぎけんたんじょう》の系譜《けいふ》

2019年12月31日 初版第1刷発行
2021年 9月28日 初版第2刷発行

著　者　下野新聞社編集局

発　行　下野新聞社
〒320-8686 栃木県宇都宮市昭和1-8-11
TEL.028-625-1135（編集出版部）
FAX.028-625-9619

印　刷　株式会社シナノパブリッシングプレス

ISBN978-4-88286-741-8 C0021